バブル再び

日経平均株価が4万円を超える日

長嶋 修

Osamu Nagashima

小学館新書

はじめに

これから１９９０年を超える巨大なバブルがやってきます。

日経平均株価は４万円をはるかに超え、不動産をはじめとするあらゆる資産価格がさらに上昇するでしょう。

これまでのどの時代と比べても、現在はかつてないほどマネー総量が圧倒的に膨らみ、さらにはありとあらゆるデリバティブ（金融派生）商品も出揃っており、ビットコイン・イーサリアムといった仮想通貨市場も活性化しています。

ＮＦＴ（Non Fungible Token／非代替性トークン）を活用した、ＮＦＴアート作品の売買も行われています。ＮＦＴアートとはビットコインなど仮想通貨に使われているブロックチェーン技術を活用し、デジタルデータにおける「唯一性」を担保する仕組みのことで、とあるアーティストが、動画のＮＦＴを６６０万ドル（約7億５０００万円）、コラージュ作品の

ＮＦＴを約６９００万ドル（約78億６０００万円）で売却したことが世界中に衝撃を与えました。

今回はここからさらに想像もつかないような取引市場が形成されたり、これら市場のいくつかがさらに膨らむ可能性が高いとみています。大抵の生活者には景気回復実感はあまりなく、給与所得者の給与も上がらないのに、株や不動産をはじめとする資産価格だけが一方的に上昇するといったイメージです。これを「バブル」と名付けてもいいでしょう。

これからやってくるのは「買いが買いを呼ぶ資産のインフレスパイラル」とも言うべき、史上最大の資産バブルです。インフレスパイラルとは次のような循環です。

（１）不動産価格上昇→値上がり期待で買う人が増える→ますます上がる→さらに高値で買う人が増える

（２）物価が上がる→マネーへの期待が下がる→ますます物価上昇→さらにマネーへの期待下落

あたかもＤＮＡのらせん構造のように「資産価格の相対的上昇」と「マネー実質価値の下落」が進行します。インフレ時には貯蓄をしていてもモノの価値がどんどん上がる一方、マネーの価値が相対的に下落し、デフレ時にはモノの価値が下がりつつマネーの価値が相対的に増大します。日本において近年では、１９７３年の第一次石油危機や１９７９年の第二次石油危機の際にインフレ。そして１９８０年代後半から末あたりまで日本はインフレでした。しかし１９９０年のバブル崩壊以降はずっとデフレ基調が続き、「失われたウン十年」と言われたように長らく続くデフレですっかり自信をなくしてしまい、かといって戦後の高度経済成長期に見られたようなアニマルスピリットがあるわけでもなく、半ば諦めにも似た厭世観すら漂います。平たくいうと「元気がない」といった状態ですね。そうした中におけるバブル到来といった未来予測は、抵抗のある向きも多いことでしょう。

「米国のＦＲＢ（連邦準備理事会）がインフレ対策として２０２２年３月より利上げを決定したから、株価はむしろ下がっていく」

「中国不動産大手の中国恒大集団が破綻して、これから世界的な金融危機が起こる」

そういった現在の様々な状況を理由に、巨大バブルの到来を否定される方もいらっしゃるでしょう。たしかに中央銀行の利上げにより、株価の急落などの局面はあるかもしれません。しかし、それも一時的なことで、後述するように、バブルとは、そうした理論や理屈を超えて発生するからバブルなのです。

筆者は2019年春よりYouTubeチャンネル『長嶋修の不動産経済の展開を読む』（現在は『長嶋修の日本と世界を読む』に改題）にて毎週数回、動画を配信してきました。このチャンネルでは、不動産コンサルタントである筆者が、不動産の市場動向や国内外の政治、経済、金融など日々の注目すべきニュースについて、独自の視点で見立てや見解を述べているのですが、本業の不動産よりも、国内外の政治、経済、金融、歴史について取り上げる割合が高くなっています。なぜなら結局のところ、不動産市場の動向は国内外の政治、経済、金融の動きの結果として現れる2次的なもので、国内外の政治、経済、金融がどのように動いているかがわかれば、不動産市場の動向もおのずと方向性が読めるというわけです。また「歴史は繰り返さないが韻を踏む」（米作家マーク・トウェイン）といった名言があるように、歴史的な文脈を紐解くと見えてくることもあります。

筆者が不動産コンサルタントの枠を超えて政治、経済、金融、歴史、時には科学、心理学、哲学、宗教学について言及すると、時折「なぜ専門分野以外について口を出すのか」

といったご指摘をいただきます。しかし先に述べたような理由で、不動産業界だけ見ていても不動産市場の動向はわかりません。現代社会では、人々は専門分野という名の「蛸壺」に入っており、専門については詳しいがそのほかのことはまるでわからないという人がいますが、蛸壺の中だけを見て論じていてもその意味は限定的です。学問という名のついたてを取り払って、関連している全体を俯瞰してみなければ状況は読み解けません。そもそも学問の分野とは、世の中の森羅万象を読み解くために、便宜的に分類されたものに過ぎないのです。混沌とした現状について考察するためには、小さな箱庭から出た、巨視的な視点が求められているのです。

２０２０年3月19日、新型コロナウィルスの影響により日経平均株価は年初の2万４０００円台から1万６０００円台まで急落しました。インバウンド需要はほぼ消滅。ホテルは閑古鳥が鳴き、飲食店なども大打撃を受けました。ネットやYouTubeでは「財政破綻」や「金融危機」などの悲観論が渦巻きましたが、筆者は当時から一貫して「そうした破綻劇は当面起こらない。むしろこれから資産バブルが起こる可能性が高い」と主張してきました。

実際に株価はその後ぐんぐん上昇して、ほどなくコロナ前の株価を更新し、バブル期以来最高値の3万円超まで回復。都心のマンション価格はバブル期超えの最高値を更新しています。そして今後数年は、同じような文脈が継続するのです。

これからやってくる史上最大の資産バブル。この巨大バブルがきっかけとなって、私たちは大きな時代の転換期を迎えることになると考えています。筆者が動画でいつも申し上げている主張を端的にまとめると次のようになります。


やがて到来する史上最大の資産バブルは今後数年続きます。そしてある日、金利上昇などをきっかけにバブルがはじけて突然終焉を迎えますが、この時が新金融システム移行のタイミングになります。しかし次のシステムがどのようなものになるのか。既存の仕組みを取り払って全く新しいものに移行するのか、既存のシステムは温存しつつ新システムとの共存がなされるのかなどの具体的な詳細は不明です。首尾よく次の金融システムに移行しソフト・ランディングできるのか、戦後のような大混沌を迎えるハード・ランディングとなるのかは、まだ判然としません。

このようなシナリオが成立しない場合であっても、歴史的な社会・経済システムの一大転換は避けられないでしょう。そんななか我が国は主体的な変革を起こすことはできず、当面、大海の木の葉のように、方向感なく漂う時間を一定程度過ごし、ある日突然リセットボタンが押されることになります。

歴史を見るとこうしたタイミングで同時に紛争・戦争や革命、疫病などが起きることも多くありました。大地震や水害、噴火など天災地変が重なる可能性もあり、これまで溜めてきた膿《うみ》を清算し、新しい社会の枠組みが構築されるまでの「過ぎ越し」の期間として、一定の社会的混乱・混沌は避けられません。

世界の経済金融システムはもちろん、社会的な大きな変革期の兆候はすでに出ていますが、大きな動きは早ければ2023~2024年に始まり、2030年くらいまでには新しい社会スタイルが定着します。AI化・ロボット化の進展や、金融システムの刷新などが相まって「仕事」や「お金」の概念も大きく変わることになります。社会システムが変革されるのですから当然です。

この一連の過程をWEF（World Economic Forum／世界経済フォーラム）の年次総会では「グレート・リセット」（Great Reset）と呼んでいると言っていいでしょう。グレート・リセットとは、いまの社会全体を構成する様々なシステムを、いったん白紙に戻し、すべてリセットすることを指します。

このようなプロセスのなかで、私たち1人ひとりは、基本的な価値観はもちろん、仕事や投資のあり方、生活のあり方まで、考え方も行動も大きな転換を迫られることになります。大きな変化に対応するのは大変です。しかし季節には春夏秋冬があるように、世界は、歴史は、一定の循環を繰り返しながら、DNA構造のように、らせんを描くように生成発展しています。誰もが漠然とした不安を抱え、ついつい近視眼的になりそうなこうした時こそ、ちょっと立ち止まって深呼吸し、世の中を俯瞰する。大きく見渡して見るといいのかもしれません。私たち一人ひとりはあたかも砂粒のような、1人ひとりは吹けば飛ぶような小さな存在ですが、視点や見立て、それに伴う行動はどんなにダイナミックであってもかまわないわけです。来る大変革を前向きに捉え、建設的な思考や行動をしたいところです。

本書は便宜的に「バブル経済」を切り口としつつ、バブルをきっかけに訪れる来るべき社会がどのように変化をするのか、私たちはそれにどう向き合えばいいかといったことについて考察をしていきたいと思います。

バブル再び　目次

第1章

史上最大のバブルがやってくる

ますますバブる日本

コロナ禍で世界は大きく様変わりし、時代はクライマックス感が漂ってきました。「2020年以降に怒涛の変化が訪れる」といった話は私のYouTubeチャンネルでも何度かしてきましたが、結果としてその第一弾は「新型コロナウイルス」をめぐる社会的な大変動でした。しかしこの後さらにめくるめく変化が次々とやってくるのは必至の情勢で、金融システムも社会構造も、変化の乏しかったこれまでとは打って変わって様変わり、といった時代がやってくるでしょう。

1990年バブル崩壊以降、「失われたウン十年」をダラダラと続け膿を溜めてきた清算。戦後の社会構造の清算。明治維新以降の近代化の清算など、これまで織りなしてきた近代の歴史の一通りの伏線を回収しつつ、新しい枠組みが創られるといったタイミングです。

そうした大変化が訪れるまでのこの数年間のうち、日経平均株価は3万円を突破するどころか、いよいよあの1990年を超える「資産バブル化」が顕著になる可能性があります。ほどなく「日経平均は過去最高値を更新する」「5万円を目指す」「いや10万円もあり得る」といった記事がネットや雑誌を賑わし、ある種のユーフォリア（幸福感・陶酔感）が形成されるでしょう。「この株を買え！」「乗り遅れるな！　狙い目株10選」みたいな雑誌やネット記事が量産され、次々とバブル期ならではの「謎の理論」が溢れ、ユーフォリアをますます高みへと導くことになるはずです。そうなるとマス層はまたいつものように熱狂するでしょう。

とはいえ今回起きる可能性のある「資産バブル」とは、前回のリーマン・ショック前のプチバブルのようなものとはちょっと違います。一般に「景気が良くなる」とは、消費や投資が伸び、企業の業績が上がり、給与所得者の給与が増加することを通じて消費が増え、企業によるさらなる投資が行われるなどしてＧＤＰ（Gross Domestic Product／国内総生産）が伸び、それを受けて、あるいはそれを予想して株価や不動産価格が上昇する（以下繰り返し）といった、ある意味教科書通りの健全な形で景気が良くなり経済のパイが膨らむというものです。

しかし今回はまず株や不動産、ゴールド（金）や銀・プラチナ・美術品といった実物資産、そしてビットコインやイーサリアムなどの仮想通貨といったそれ自体に価値はないものの新しい資産として認識されつつある資産の価格が上昇し、その含み益や売却益がさらなる投資を呼び、あらゆる資産のボリュームが相乗効果的に膨らむことがさらなる消費や投資に波及するというようなものです。このような特性から、今回の資産バブルで恩恵を受けるのは、上位15％程度の富裕層・資産家層・高額所得者層が中心になるでしょう。

資産価格がバブル化する自明の理由

前述したように、2020年初頭には2万4000円程度だった日経平均株価はコロナ禍で一時1万6000円台へ急落。しかしあっという間にコロナ前の水準を回復するどころか、現在では3万円を超える局面も出てきました。「株価は景気の先行指標」と言われますが、景気の実態と株価には実は何の関連もないのだという身もふたもない事実が、昨今ではあからさまに露呈するようになっています。

コロナが世界を席巻して株価が急落し、国内外のあらゆる経済指標が悪化する中で、当時のメディアの見出しには「戦後最悪の景気悪化」「各国の財政悪化懸念」といった、いかにもお先まっくらといった文字が並び、時には「ハイパーインフレの足音」「財政破綻！」

「預金封鎖や資産没収、財産税が発令されるのでは」といった、底なしであるかのような声すらも聞かれましたが、実際はそうはなりませんでした。

なにより日本銀行が「無制限金融緩和」を打ち出し、ETF（上場投資信託）やREIT《リート》（不動産投資信託）を通じて資産市場を下支えしているといった安心感からくる下値の限定感があることが大きかったでしょう。株式市場では、前場に下がると後場の市場終了間際になって、日銀買いとおぼしき買いが入り、やや上げて終了といったお決まりの流れがしばしば確認できました。3万円を超えたあたりからはそうした動きがストップし、一時市場には緊張感が走ったものの、日銀としての基本スタンスには変更がないどころか、さらなるマイナス金利深掘りの覚悟まで示すアナウンスが流れ、市場は一安心。欧米、とりわけアメリカはもっと高水準の株高基調にあります。

なぜコロナ禍の危機的な状況が程なく収束し、それどころかかつてない株高をもたらしたのでしょうか。経済誌紙を見ると何やら小難しいことやテクニカルなことが書いてありますが、その理由はシンプルです。

「マネーがあふれかえっているから」かつ「金融システムが崩壊していないから」。これだけです。

日銀に限らず、世界の中央銀行はすでに、史上最大に資産をパンパンに膨らませているのは一目瞭然です。左ページの日銀、米のＦＲＢ（連邦準備理事会）、ＥＣＢ（欧州中央銀行）のバランスシート（貸借対照表）を見てください。２００８年のリーマン・ショック以前にはそれらバランスシートの合計が４００兆円に満たなかったものの、現在ではおよそ２０００兆円と、１６００兆円以上も拡大しているのです。

すべてのマネーが市場に出ているかどうかは別として、日米欧の中央銀行がこれだけマネーを供給する強い意志を示すことで、また日銀の場合は前述した通りＥＴＦ（上場投資信託）やＲＥＩＴ（不動産投資信託）を買い入れる姿勢を示すことで、そしてコロナ後は無制限の金融緩和をアナウンスするなど市場を下支えする姿勢をみせることにより、現状が保たれている格好です。

金融システムが崩壊せず、これだけ大量のマネーが供給されれば、株をはじめとする資産価格がバブル化するのは自明とも言えます。現金を持っていても金利はつかず、その価値は発行量が増えるたびに実質的に目減りしていくのですから。２００８年のリーマン・

日銀のバランスシートの資産規模の推移

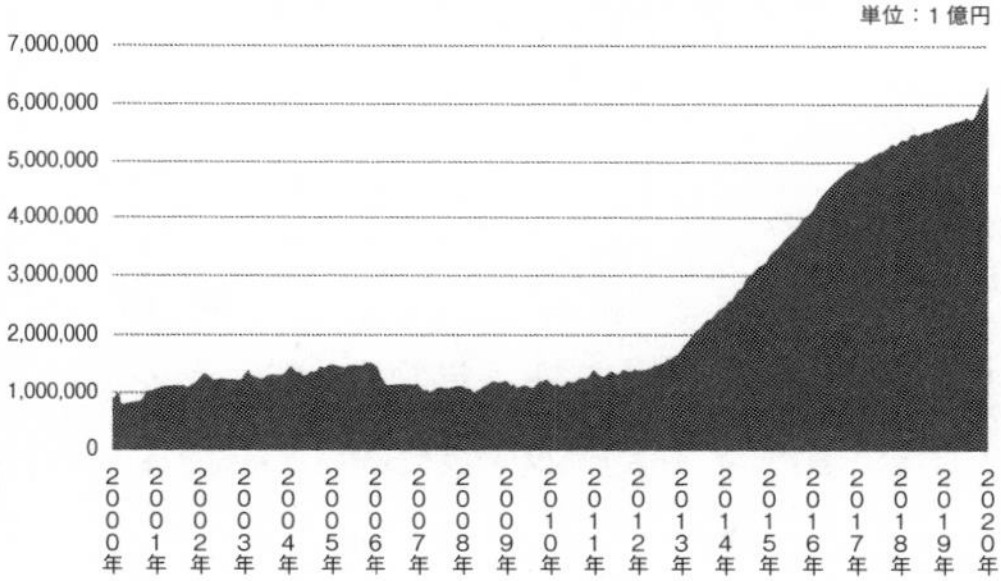

FRBのバランスシートの資産規模の推移

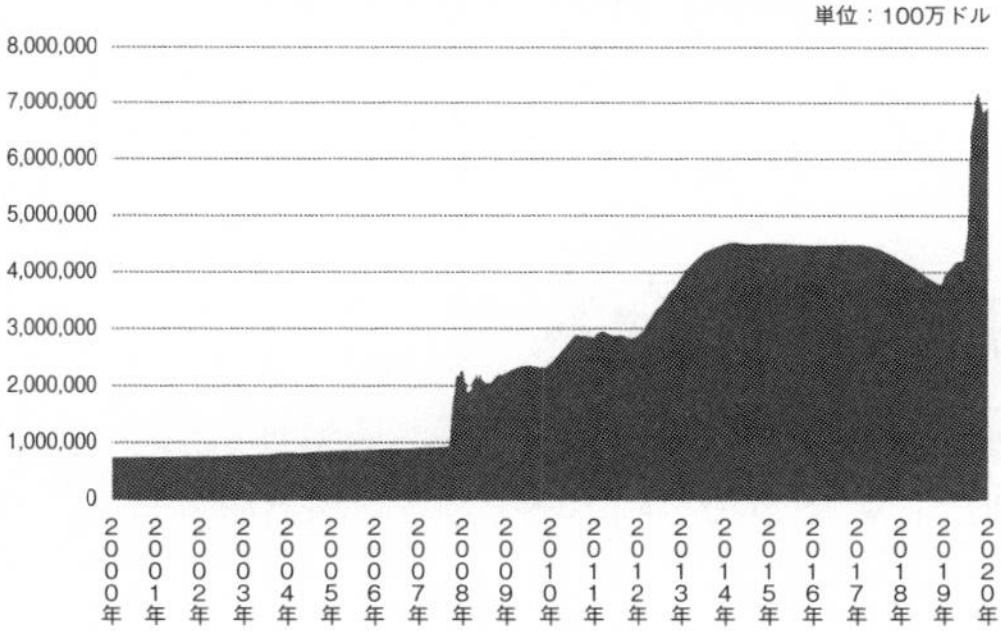

ECBのバランスシートの資産規模の推移

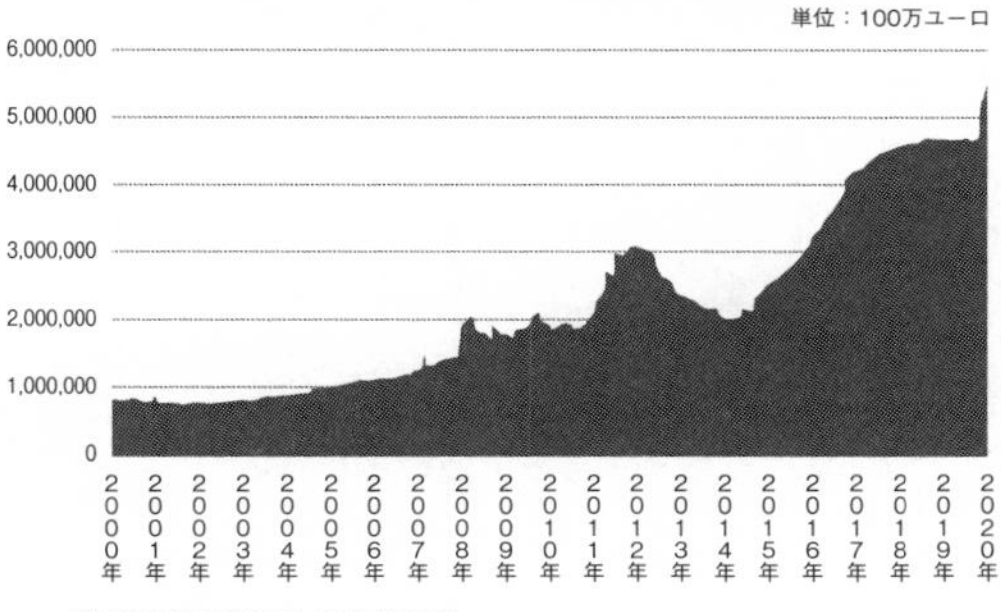

※日銀、FRB、ECBのデータをもとに作成

ショック以降、円やドル、ユーロといった、いわゆるペーパーマネーの価値は大幅に希薄化し、それだけ1万円あたりの価値は低下してきたわけです。

繰り返される「破綻論」

日本の財政破綻論が言われるようになったのは2000年代前半から。「円が紙くずになる！」「キャピタル・フライト（日本から資金が逃げ出すこと）が起きる！」といった具合です。2001年のベストセラー『キャピタル・フライト　円が日本を見棄てる』（木村剛著／実業之日本社）の主張は「財政が危うく、破綻が間近である日本から、マネーが逃げ出す可能性がある」といったものでしたが、実際はこの後、2003年を底としてプチバブルがスタート。リーマン・ショックを経たあと、当時の安倍首相による経済政策「アベノミクス」と日銀・黒田総裁による「黒田バズーカ」と呼ばれた異次元の金融緩和で現在の状況を迎えており、一向に財政破綻もキャピタル・フライトも起きていないどころか、当時をはるかに上回る株高・資産高となっており、不動産も例外ではありません。

その1年前の2000年に刊行された『2003年、日本国破産　警告編―デフレ（不況）

よりもっと恐ろしい出来事がやってくる⁉』（浅井 隆／第二海援隊）もタイトル通りの趣旨で「財政破綻が近い」というものでしたが、そんなことは起こりませんでした。

当時、こうした「日本のお先真っ暗！」みたいな書籍を携えて、こわばった顔をして筆者のもとに相談に見えた方が複数いらしたことを覚えています。そのような方には次のようなお話をいたしました。

「そんなことは起こらない」

「仮に金融システムのクラッシュがあっても世界経済は一心同体であり、その影響が日本だけにとどまることはない。したがってドルでもユーロでも同じこと。むしろドルは基軸通貨であるがゆえ、アメリカは国家の赤字増大が避けられないのだから、ドルのほうがむしろ弱さを抱えている」

「世界全体がクラッシュしたところで、戦後と異なり人も生産設備も残っており、ほどなく社会経済は再開する」

「預金封鎖や新円切替え、財産税といった戦後に採られた政策は、のちの経済回復を遅らせたとして決して評判のいいものではない」

「そもそも預金封鎖や新円切替えは憲法改正しないとできない」
「財産税はあり得る。個人資産1900兆円をどうするかという話にはなるかも。1946年には最高税率90％の財産税」

などなど、色んな角度からお話をさせていただきましたが、あまり耳を傾けていただけなかったことを覚えています。

結果はこの後、2002年後半〜2003年後半を底として、株価も不動産価格も急回復を見せ大幅な上昇基調に入り、おどろおどろしい書籍群の主張とは正反対の結果に。日銀のバランスシートが100兆円に満たなかった当時に株や不動産を買った人は文字通り「底値買い」であり、今ごろ大儲けしているはずです。そもそも「底値で買う」ということは多くの人が「まだ下がる！　底なしだ！」と思っており、社会的にもそんな空気が蔓延しているときに買うということですから、実際にはそうそうできるものではありません。同様に「天井で売る」ということは、マス層が「まだまだ上がる！　青天井だ！」と思いこみ、メディアもそんな論調のときが実際は天井のタイミングです。

現在は80年代後半から90年と似た状況

アメリカの作家マーク・トウェインの「歴史は繰り返さないが韻を踏む」といった格言にならえば、現在の状況は、１９８０年代後半から90年にかけてのバブル期と似た状況とでも言えばいいでしょうか。

ざっと当時を振り返ってみれば、戦後の長期的な高度経済成長を経て、一定程度モノやサービスが行き渡り経済成長が鈍化する中、１９８５年のプラザ合意で一気に為替がドル安・円高へと進んだ当時、自動車や家電製品をはじめとする商品を中心とした輸出立国を標榜していた日本経済において、２４０円程度だった円が１５０円に、やがて１２０円台へと一気に動いたのですから大変な危機感がありました。

輸出が滞る可能性が必至であることから「いよいよ円高不況入りか？」といった、当時としては絶体絶命とも言える状況に追い込まれ、それを回避すべく大規模な財政出動や金融緩和が行われることになりました。それが当時の、あのものすごいバブルを生み出すきっかけとなったわけです。

当時は「バブル」といったワードもなく、もちろんバブルの経験もありませんから、念頭にないバブルの発生などそもそも恐れることすらできないどころか、むしろ不景気突入への恐怖が先立っていたのです。

1980年代と言えばすでに不動産が相当に高くなっており、したがって不動産市場も「円高不況が予想される今が天井ではないか？」と、まことしやかに言われていたのです。要はこれが「マス層」の認識。ところが結果は逆で、そこから1990年のバブル崩壊まで、信じられないような株価や不動産のバブルが発生し、崩壊後も人々はしばらく「ヒャッハー！」とディスコで踊り狂っていたのです。

ここで1985年（昭和60年）の不動産業界紙『日刊不動産経済通信』における論調を見てみましょう。

《東京都心3区の不動産価格の値上がりの非常識さについては、業界でもかねがね話題の対象となっていた。それは健全な常識を持った業界人にとっては、常に「まさか」「もうこれが限界だろう」とする判断が、次々に破られて行くプロセスでもあった。（中略）特に現在の円高基調では、来年度の成長率は3パーセント程度に落ち込むだろう。その不況のなかで、はたして今のような土地投機が何時まで続いていくだろうか。私はかなり早い時期に都心3区の地価高騰も冷却し、オイルショック直後の地下低迷期にそうであったように、抱えたババの金利負担にあえぐ企業が増加すると思っている。（中略）来年に予想される日本経済の深刻な局面は、必ずや都心3区の地価上昇に水をかけることになるだろう。》

こんな調子です。なにやら昨今の論調と似ていることは皆さんお気づきだと思います。そしてこの後、はたしてどうなったか。結果は御存じの通り。1985年（昭和60年）から猛烈な土地バブルが始まり、1991年（平成3年）のピークまで天井知らずでドド〜ン！と駆け上がっていったのです。

現在は当時と異なり、東京23区だけが1990年のバブルをはるかに凌駕する水準に達しており、それ以外は1990年水準に遠く及ばない状況で、いかに東京都心一極集中が極まっているかがわかります。

内閣府の国民経済計算によると日本の土地資産は、バブル末期の1990年末をピークに約2456兆円にまで膨れ上がり、1985年末の2・4倍、アメリカ全体の地価の合計の4倍となりましたが、これをピークに土地神話は終焉を迎え、現在では1200兆円規模にまで縮小しています。1990年バブルをはるかに上回るところがある中、全体としては着実に沈んでいる。いかに局部的な上昇かということがわかります。

実感なき資産価格の上昇

「これから1990年を超える資産バブルが到来する可能性がある」

「その資産バブルを伴いつつ、政治経済金融、あるいは天災地変など、2020年以降大きな社会変革の波がやってくる」

2019年春にスタートした筆者のYouTube上でこうした主張を始めた時、多くの視聴者から「そんなはずがない」「適当なことを言うな」との批判、お叱りコメントをいただいたものです。

気持ちはよくわかるのです。私たち人間には常に「正常性バイアス」（楽観主義バイアス）が働いています。「正常性バイアス」とは、人間が予期・想定しない事態に対峙したとき「あ

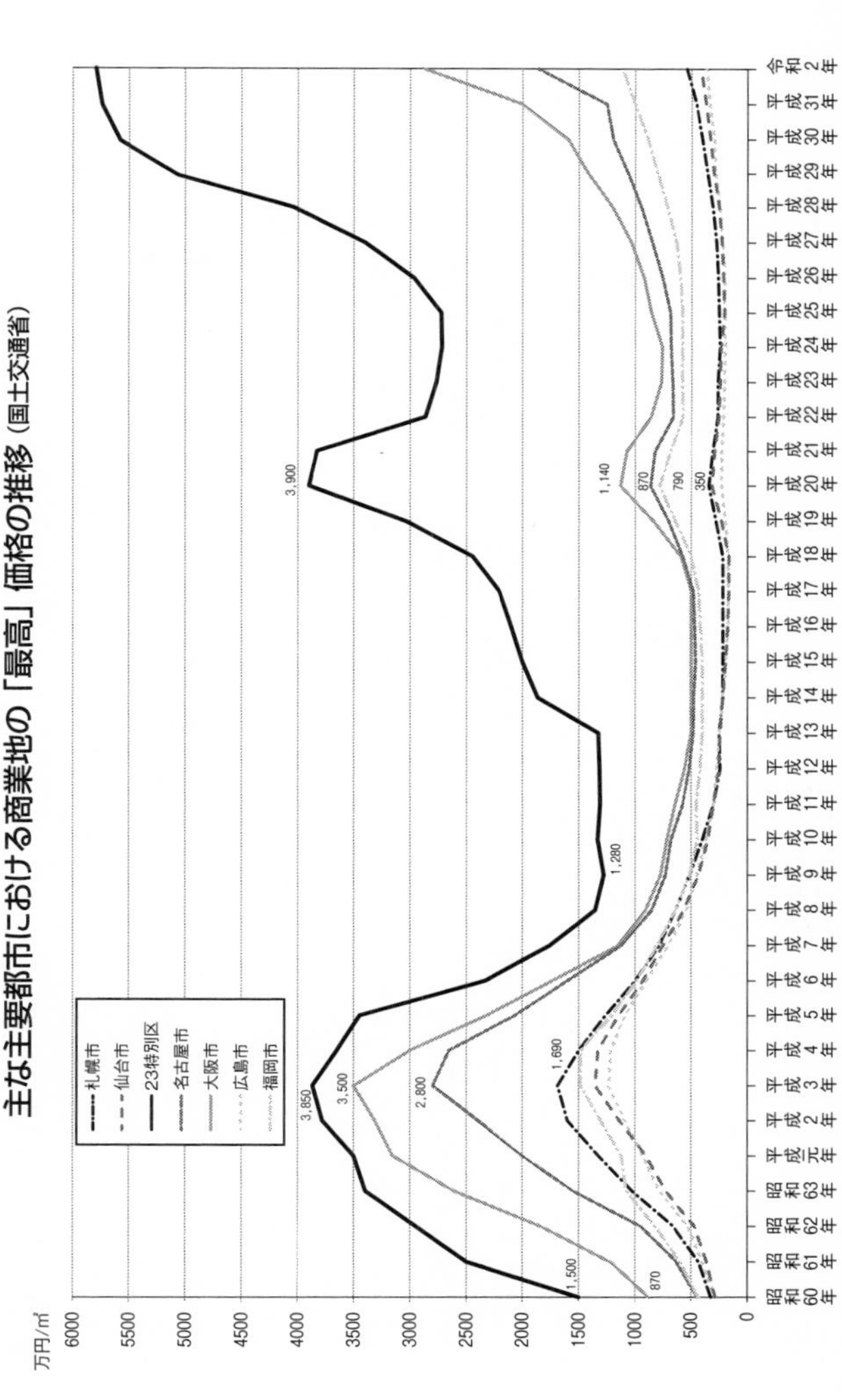
主な主要都市における商業地の「最高」価格の推移（国土交通省）
万円/㎡
6000
5500
5000
4500
4000
3500
3000
2500
2000
1500
1000
500
0
札幌市
仙台市
23特別区
名古屋市
大阪市
広島市
福岡市
1,500
870
3,850
3,500
2,800
1,690
1,280
3,900
1,140
870
790
350
昭和60年
昭和61年
昭和62年
昭和63年
平成元年
平成2年
平成3年
平成4年
平成5年
平成6年
平成7年
平成8年
平成9年
平成10年
平成11年
平成12年
平成13年
平成14年
平成15年
平成16年
平成17年
平成18年
平成19年
平成20年
平成21年
平成22年
平成23年
平成24年
平成25年
平成26年
平成27年
平成28年
平成29年
平成30年
平成31年
令和2年

りえない」という先入観や偏見（バイアス）が作動し、物事をあくまで正常の範囲だと認識する心の働き（メカニズム）のこと。また「テレビや新聞がこう言っている」「周りのみんながこう言っている」「だからそうに違いない」といった「多数派同調バイアス」もあります。したがって本書が主張する「資産バブルが引き金となり、これから大変革の時代がやってくる」といった論はいかにも聞き慣れない感じがあり、反発も多いのです。

1980年代後半の日本は、戦後の高度経済成長が終わった感がある中、1985年のプラザ合意によって円高不況が叫ばれていたところ、低金利・金融緩和・原油安といった条件の下であのバブルが、それも日本だけが独歩高のような形で進展していきました。

世の中がバブルあるいは好景気を認識しだすのは1988年くらいからで、浮かれまくっていたのはそこからバブル崩壊した2年後の1992年くらいまで。ワンレンボディコンの女性たちが、羽根付き扇子を振り回す動画など、バブルの象徴として有名なディスコ「ジュリアナ東京」「ヴェルファーレ」などは1991年以降にできたものです。

バブル崩壊以降「失われたウン十年」を過ごしてきた日本ですが、リーマン・ショック

（2008年）前のプチバブルとその崩壊や、東日本大震災（2011年）を乗り越え、2012年の民主党から自民党への政権交代以降、日経平均株価が1万円弱から2万円を超えるなど、ものすごい勢いで上昇してきたのと同様、不動産も「都心」「駅前・駅近・駅直結」「大規模」「タワー」といったワードに代表されるような物件を中心として、猛烈な資産価格上昇が発生しました。

一方で給与所得は一向に上がらずどこまでいっても頭打ち。「令和2年分民間給与実態統計調査」（国税庁）によると2020年12月末日時点の平均給与は433万1000円で前年比マイナス3万3000円と0・8％減少しています。

非正規労働者比率や高齢労働者比率が上がったことも手伝って、長期的に見ても頭打ちどころかマイナス感すらあり、加えて消費増税や社会保障費の増大といった中において「景気回復実感なき資産価格上昇」とでも言える株価や不動産をはじめとする資産価格の上昇は、感覚的にも実感と合わず、また納得もいかないという向きも多いはずです。

「持てる者」と「持たざる者」とでもいうような格差。「1％VS99％」と言われるアメリカなど他の先進国に比べればまだマシなほうだと思われる我が国におけるこうした格差も、

1990年バブル崩壊以降広がり続ける傾向にあります。「正規労働者 vs 非正規労働者」「無能な中年会社員 vs 報われない若手社員」といったカテゴリによる社会的な分断も見られます。筆者ももちろん、現在のこうしたアンバランスな状況について、決してよしとはしていません。最近目にするようになった「資本主義は限界に来ているのではないか」「民主主義が機能しなくなっているのでは」との論調も、その通りだろうと賛同します。

資本主義はとりわけ1760年代にイギリスで起きた産業革命以降、人々の生活を劇的に向上させました。ところが昨今は様々な意味でほころびも見え、富の分配の不備から生じる格差拡大や、膨れ上がる金融市場が資産市場や実体経済にまで大きく影響を与えるなど、社会構造の脆弱性を孕む事態ともなっています。

また昨今ではAI化やロボット化の進展は著しく、コンピュータの性能は幾何級数的に進化しています。例えばスーパーコンピュータ「京」は2012年6月に生まれましたが、その100倍の性能を持つ「富岳」が2021年に誕生。大量のデータ処理が可能になっています。10年もしないうちにこれほど進化するなら、さらに5年後、10年後はどうなっていて、私たちの生活をどう変えるのでしょうか。現在ではスーパーコンピュータなど従来の「ノイマン型コンピュータ」とは比較にならない潜在力を秘めた「量子コンピュータ」の開発も進んでいます。

２０２０年からのコロナ禍や、２０１９年の台風15号・19号に代表される水害や各地で予想される大規模地震など地球環境問題の社会的課題にもさらされている上、多数の不安要素・不確定要素を抱えつつ、このままではあらゆる点で持続可能ではないのが明らかであるなか、はたして未来はどうなるのだろうか？　私たちの暮らしはどうなるのだろうかといった漠然とした不安を、多くの人が持っているのではないでしょうか。

歴史は繰り返さないが韻を踏む

一方歴史を見れば、世の中というものはいつでもその時代なりの新しい要素を組み込みながら、「歴史は繰り返さないが韻を踏む」といったパターンを描きながら時代を織りなしていくものです。

「新しい要素」とは例えば「少子化・高齢化」「人口減少」「民主主義の劣化」、前述した「金融システムの行き詰まり」「気候変動」「ＡＩ化・ロボット化の進展」「データ主義の台頭」

など上げればキリがありません。

「繰り返す歴史」とは「好況と不況の波」「資本主義経済システムの過渡期と変革」「文明論的な世界の胎動」など。福沢諭吉は『文明論之概略』において「文明論とは、人の精神発達の論議なり。その趣旨は一人の精神発達を論ずるにあらず」としており、その中身を要約すれば「社会・時代の変化に応じて私たち1人ひとりのみならず人類全体の精神性や考え方や生き方をどうするか」ということ。これまで大きな時代の転換期には常にその時を生きる人々の価値観や常識を変えてきましたし、今後もそうなる可能性が高いゆえ、私たちはここで、時代の潮目を把握しておく必要があるのかも知れません。

1990年のバブル崩壊前後では社会の空気感が別世界のように変わりましたし、1945年の「戦中」と「戦後」では「鬼畜米英」「欲しがりません勝つまでは」の前提が一転、「日米同盟」「高度経済成長」へガラリと社会が変革しました。1868年の幕末から明治維新への流れも言うに及ばず、武士が消えてあっという間に近代化が進みました。

2020年1月に新型コロナウイルスが日本に上陸し、同年4月7日に東京、神奈川・埼玉・千葉・大阪・兵庫・福岡の7都府県で、16日には全国で緊急事態宣言が発出されたときも同様。日経平均株価は年初の2万4000円台から一気に1万6000円台にまで落ち込み、インバウンド需要はほぼ消滅。ホテルは閑古鳥が鳴き、飲食店なども大打撃を受けます。多くの企業が在宅勤務（リモートワーク）を推進することで働き方・仕事のあり方も劇的に変化。人心は大きく動揺しました。

不動産業界に関するメディアの論調も「不動産バブルが崩壊する！」「都心から都市郊外や地方へ人が逃げ出す！」といった主張がメディアやSNSに溢れましたが、筆者は一貫して「そのようなことは起こらない。むしろこれまで通りの3極化が加速し、東京都心を中心とした局地的なバブルはさらに進行する」と申し上げてきました。後述するように、実際にその通りになっています。

「不動産市場の3極化」とは以下のようなイメージです。

（1）価値を維持する、あるいは価値が上がる不動産　15％
（2）なだらかに下落し続ける不動産　70％
（3）限りなく無価値になる、あるいはマイナス価値となる不動産　15％

不動産市場の３極化

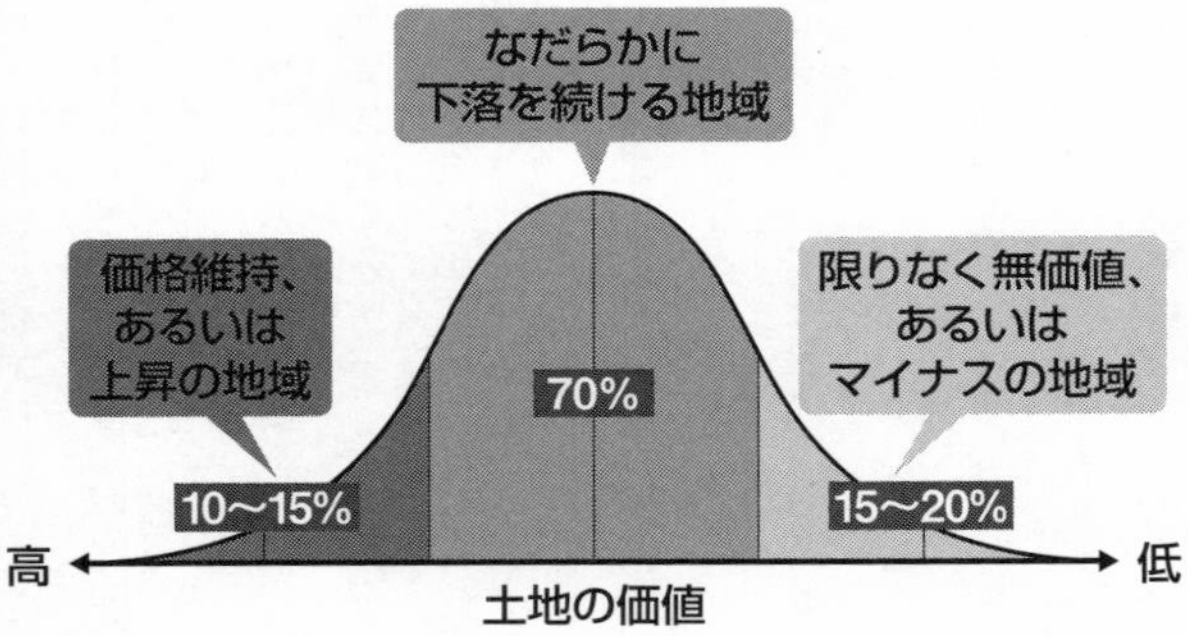

（出所）さくら事務所

アフターコロナにおける都心・都市部の不動産市場は絶好調。一方で大多数の不動産価格は下落を継続し、一部には無価値のものも、というわけです。

定期的に騒動に巻き込まれる大衆

予想があたったことを自慢したいのではありません。世の中にあふれた多分にバイアスがかかった情報を適切に扱わないと振り回されることに留意していただきたいのです。テレビも新聞も週刊誌も、ネットニュースなども、どうにも扇情的なタイトルやその中身が目立ちます。YouTubeやブログ、noteなど主に個人が情報発信するメディアでもやはり、人の不安を喚起するかユーフォリア（幸福感）を醸成するものになりやすいといった特性があります。例えば「損をする！」または逆に「得をする！」（だから乗り遅れるな！）というように、極端な方向に振れやすいのです。

これは、情報発信者側が「興味を持ってもらい、見てもらってなんぼ」の世界に住んでいるためです。したがってどうしても人間の感情を煽る情報発信が増えやすくなります。そうした情報に触れるたびに、上へ下へと感情を揺さぶられては、たまったものではありません。

とりわけ人は強い不安を感じていると、過剰な購買行動を選択しやすくなることが人間心理の研究からわかっています。1970年代に起きたオイルショックでは原油高騰をきっかけに、当時の中曽根通産大臣がテレビ番組内で「紙の節約」を呼びかけたことから、「紙がなくなるらしい」という噂が広まり、トイレットペーパーに加え洗剤や砂糖・塩・醤油を買占めるような買占め騒動が起きました。

2011年3月11日の東日本大震災の時も同様に、飲料水や缶詰をはじめコンビニ弁当や菓子パン、トイレットペーパーなどのあらゆる生活必需品の買占め騒動が話題となりました。２０２０年にコロナが蔓延した当初には、各所でやはりマスクやトイレットペーパーが品切れになったのは記憶に新しいところですね。

なぜ一般大衆は定期的に騒動に飲み込まれるのか。

消費を促すマーケティング戦略に欠かせないＡＩＳＡＳ（アイサス）というモデルがあります。これは端的に言えば、消費者が商品を認知してから購買に至るまでの行動モデルを、英語表記した際の頭文字をとったマーケティング用語の１つで、大手広告代理店の電通が提唱したものです。

５つの頭文字はそれぞれ、

Ａ：Attention（認知・注意）

Ｉ：Interest（興味）

Ｓ：Search（検索）

Ａ：Action（購買）

S：Share（情報共有）

このうち最初の「Attention」（認知・注意）では、人々の「安全・安心欲求」を脅かし、恐怖や不安を喚起することが、メディア媒体の販売促進やネット記事のページビュー稼ぎに使われます。私たちはテレビを見てもネットを見ても、常にこうしたマーケティングに気づかぬうちにさらされ、そこでいわばブレインウォッシュ（洗脳）された者同士で他者とオンライン・オフラインでやりとりするため、恐怖や不安が拡大再生産されます。そしてそれが一定のしきい値（境目となる値）を超えると世間の常識となるのです。

前掲した不動産市場の3極化のグラフ（40ページ）のベースは、高校の数学で習った正規分布図ですが、これはそのまま社会構造を表していると見てもいいでしょう。いわゆる「世間」と呼ばれるものが、真ん中の約70％にあたるいわゆる「マス層」です。テレビや新聞、ネットなど一般的なメディアによる情報発信は常にこのマス層を対象としています。

理由はかんたんで「広告を得るためには視聴率や発売部数、PV《ページビュー》が必要なので、狙うのは自ずと最大ボリューム層になるから」です。社会が巡航速度で、比較的安定期にあるときは、このマス層的な価値観に従っていることこそが自身の生活や人生の安定を保証しますが、突発的な事態が起きると、先述した騒動を起こす原因となるなど社会に大きな歪みをもたらしたり、昨今のような大きな時代の転換期には、文字通りこうしたマス層的価値観がことごとく崩壊し、新しい価値観に取って代わられてきました。例えば、明治維新まで刀を差した武士だった人。終戦直前まで日本は勝つと信じていた人。1990年バブル崩壊後に「そのうちまたもとに戻るだろう」と思っていた人などがそれにあたります。

個人的なエピソードとしては、リーマン・ショック直前の2007年末の忘年会において、当時業績絶好調に見えた多数の新築マンションデベロッパー幹部を前に「来年にはここにいる人の半分がいなくなっている可能性が高い」と話して大ひんしゅくを買ったものの、翌2008年9月のリーマン・ショック前後で本当にそうなってしまったときのことを思い出します。

第2章
バブルで変わる日本の不動産市場

都心部の成約平米単価は日経平均株価と連動している

これからバブルが訪れた場合、日本の不動産市場はどのように変化するでしょうか。ここでは主に皆さんにとって身近な住宅市場を中心に見ていきます。

日本の不動産市場はまず、「東京都心部の中古マンション市場」が動きます。それはあたかも小さい「の」の字を描くようにして、まずは東京都千代田・中央・港・新宿・渋谷区など都心5区が動き、次に品川・目黒区などの城南エリア、そして世田谷・杉並区といった城西エリア、さらに豊島・荒川・北区などの城北エリア、最後に江戸川区などの城東エリアというように、不動産価格は時計回りに波及していくのです。

少し大きく首都圏に広げて見ると、最初に東京が動き、次に神奈川、埼玉、そして千葉へと波及していく流れです。全国レベルで言うと、まず東京、そして大阪、名古屋、広島、福岡、仙台、札幌に波及するといった具合です。

不動産価格の波が全国に及ぶまでに、かつては半年~1年程度かかったところが、昨今では早ければ3カ月、遅くても半年ぐらいで波及することが一般的です。これは、不動産

「日経平均株価」と「都心３区中古マンション成約㎡単価」

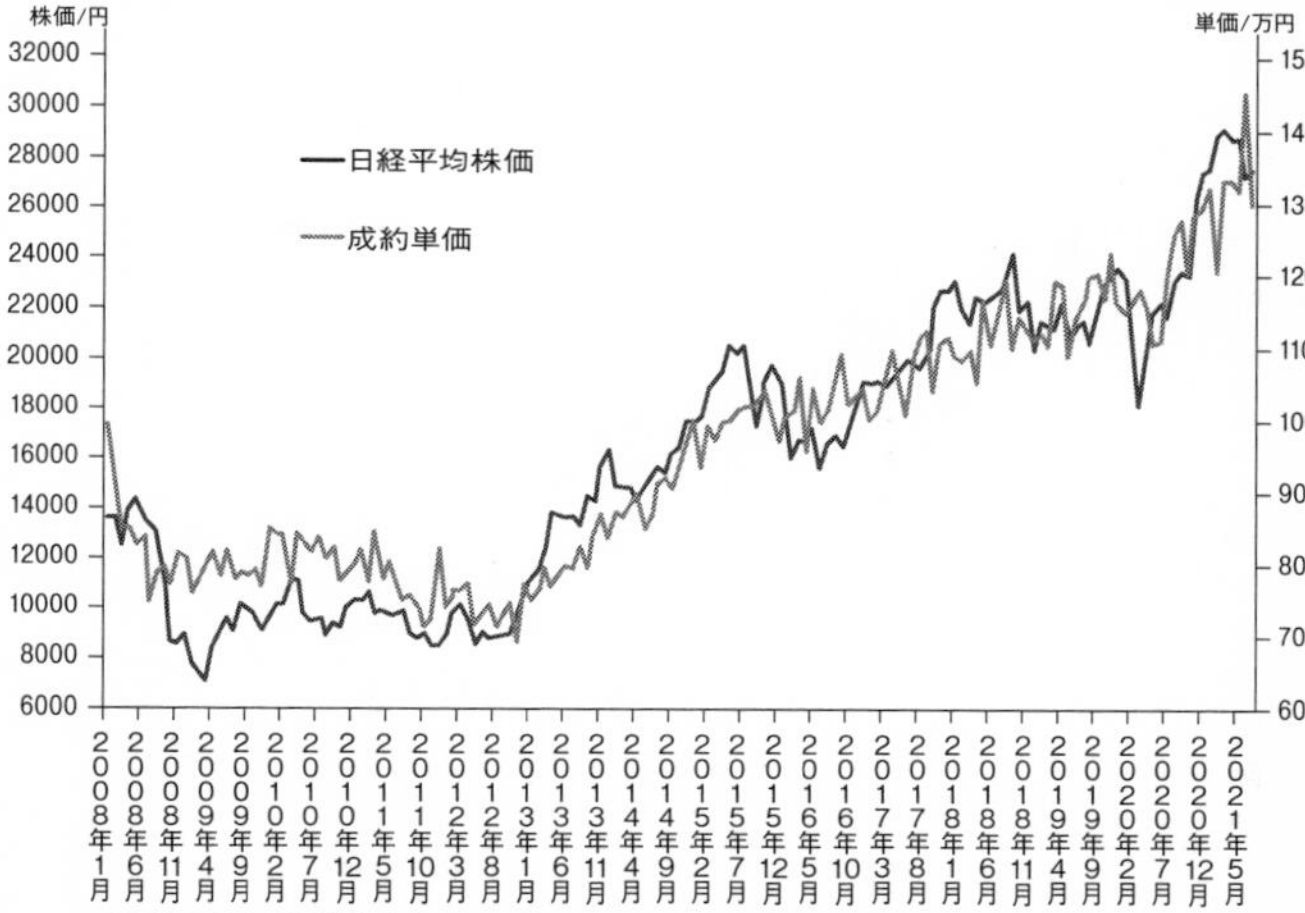

※東日本不動産流通機構、東京証券取引所のデータをもとに作成（出所　さくら事務所）

市場の金融商品化が進んだことが主要因でしょう。ただし、１９９０年のバブル期やリーマン・ショック前のプチバブル期と比べると、その波及効果は限りなく限定的なものになっています。

さてこうした前提で不動産価格と日経平均株価の連動性について見てみましょう。簡単に言うと日経平均株価と東京都心部の中古マンション成約平米単価は見事に連動しているのです。

具体的には中古マンション市場のうち、都心３区（千代田・中央・港区）に加え７区（新宿・渋谷・目黒・品川区）といった都心部の成約平米単価は概ね日経平均株価と連動しています。したがって中古マンション市場の行方を占うのは、株価動向を占うのとほぼ同義と言っていいでしょう。

ところで日経平均株価は東証第1部上場銘柄の中から選出された225銘柄で構成されており、当初は225銘柄の単純平均が使われていました。1980年代までは上場廃止銘柄のみ銘柄を入れ替えていましたが、1991年から流動性を勘案した銘柄入れ替えルールが適用されており、1989年と2021年では、3分の2以上の銘柄が入れ替わっています。また、現在は日経平均の上位3銘柄（ファーストリテイリング、ソフトバンクグループ、東京エレクトロン）が構成比率の約4分の1を占めており、これら個別株の動きが大きく反映されるという特徴もあります。したがって、単純な指数比較が意味を成すかというのは議論の余地が残るところではありますが、結果として見事な連動性を示していることからここでは無視します。

三極化する不動産市場

都心から離れるほど株価との連動性が薄れることには注意が必要です。1990年バブル崩壊前後の日本の土地総額はおよそ２４００兆円でしたが、現在は１２００兆円程度と約半値に。しかし都心をはじめとする好立地マンションの価格上昇は止まりません。その一方で都市郊外は駅前・駅近をのぞきダラダラ下落というように、不動産市場はものすごい三極化が進行しているのです。要は前述した不動産市場の「三極化」が１９９０年バブル崩壊以降続いているわけです。不動産市場の三極化（40ページ参照）は次のような具合です。

1．価格維持あるいは上昇する地域（10～15％）
局地的なバブルとして先述した都心・駅前・駅近・大規模・タワーといったワードに代表されるような、価値が上昇し続けているエリア。

2．なだらかに下落を続ける地域（70％）
都心から30㎞～40㎞ほど離れているかつてのベッドタウン。これから人口が減少していき、徐々に価値が下がっていくエリアで、大多数の地域。

3．限りなく無価値あるいはマイナスの地域（10～15％）

かつてのベッドタウンで人気のエリアでも現在は人が減り、売れずに残るケースが増えている。ここに該当するエリアは、今後も下降をたどっていくと思われる地域。

コロナ以降もこの傾向はますます進み、この3つのエリア格差がさらに加速していくでしょう。

民主党から自民党に政権交代した2012年12月、期待感もあって株価や不動産価格は大きく盛り上がり、翌年の2013年4月以降、アベノミクス、黒田バズーカが打ち出され、大幅な上昇局面を迎えます。

左のグラフは民主党から自民党に政権交代した2012年12月の中古マンション成約平米単価を100とした場合のグラフです。ここまで都心3区～5区あたりの成約平米単価は実に2倍近く、5000万円だったマンションが1億円になっているということです。東京平均では1・7倍程度。一方神奈川、埼玉、千葉では1・3倍～1・4倍程度にとどまっているのがわかるでしょう。

首都圏中古マンション平米単価の推移

2011/11=100

凡例：
——— 都心3区
······ 東京
---- 神奈川
—··— 埼玉
······ 千葉

縦軸：90, 110, 130, 150, 170, 190, 210, 230

横軸：
2012年11月／2013年3月／2013年7月／2013年11月／2014年3月／2014年7月／2014年11月／2015年3月／2015年7月／2015年11月／2016年3月／2016年7月／2016年11月／2017年3月／2017年7月／2017年11月／2018年3月／2018年7月／2018年11月／2019年3月／2019年7月／2019年11月／2020年3月／2020年7月／2020年11月／2021年3月／2021年7月

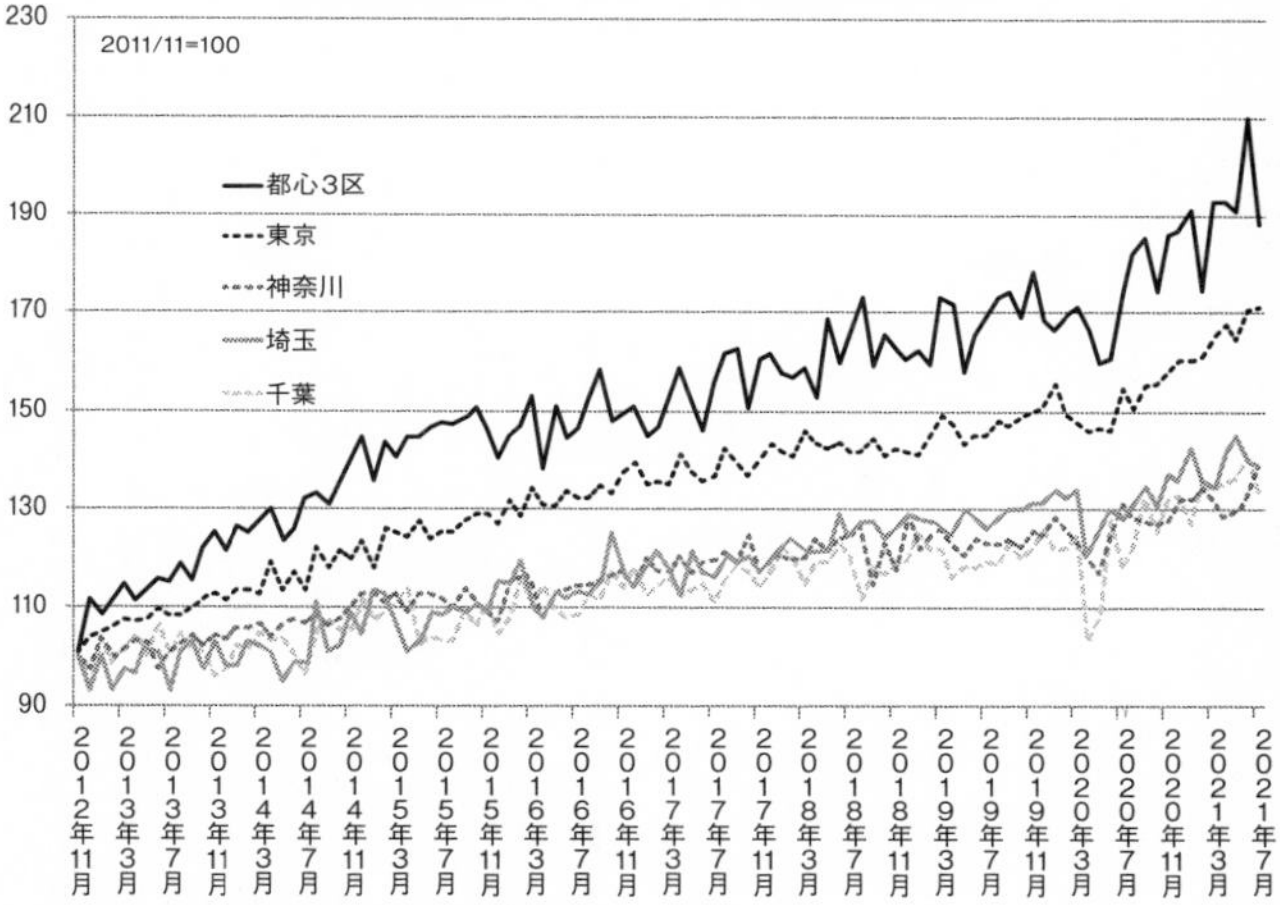

※東日本不動産流通機構のデータをもとに作成（出所　さくら事務所）

これが1990年のバブルやリーマン・ショック前のプチバブルと大きく異なるところ。

かつては東京都心部に火がつくと、その波は外縁部に波及し、より郊外へ、地方都市へと広がったものですが、昨今ではそうした動きは限定的です。「都心・大都市部」「駅前・駅近」「大規模」「タワー」のワードが示す好立地で起きた大波が、郊外や地方都市に与える影響はあくまで限定的なのです。いわば「局地バブル」「部分バブル」とでも言うような状況です。

同じ大都市部であっても格差が広がっているのが昨今の特徴でもあります。

2021年7月1日時点の基準地価では、

東京23区の住宅地における下落率の上位10位を世田谷区内の地点が独占しました。352ある23区の住宅地の調査対象のうち、世田谷区には45地点ありますが、23区全体のマイナス28地点のうち実に半数の14地点が世田谷区だったのです。下落率が2・0%と23区最大となった世田谷区岡本3丁目は砧公園に近く閑静な住宅街ですが、最寄りの東急田園都市線用賀駅まで1・8キロ。不動産広告表示に合わせ1分80メートルで換算すると、22・5分かかる計算です。ここに信号待ちなどを含めた実質的な所要時間は25分程度、あるいはそれ以上かかるはずで、要は通勤・通学などの交通利便性の点で難しいといった評価をされているのです。鑑定評価書には「利便性に難点があり、需要は減速傾向。画地細分化の傾向もある」とあります。

ちなみに「新築マンション市場」は全く指標として当てになりません。首都圏新築マンション市場では、2001年には首都圏でおよそ8万9000戸だった発売戸数は20年に約2万9000戸と30%程度の水準にまで減少。販売時価総額は前述した通り2001年の3兆6000億円から2020年の1兆6000億円へと減らしており、市場全体としてはそのパイを大きく減らしてきました。これは「駅前・駅近・駅直結」「大規模」「タワー」といったワードに代表される高額物件が主流となる一方で、「都心から遠い」「駅から遠い」といった相対的に価格が割安な物件が激減しているためです。

新築マンションの販売価格はマンションデベロッパーがコントロールでき、売出価格しか公表されず、体力さえあれば売らずに保有することもできるため、より市場性を鑑みた成約価格が見えにくいところがあります。株式市場で言われる「官製相場」ならぬ「民製相場」といったところでしょうか。

一方で中古マンション市場は、ほとんどの売り主が個人であるため価格コントロール機能があるわけではなく、成約価格や成約平米単価は、市場をリアルに反映していると言えます。

郊外でも進む三極化

さて、先述した「利便性追求」の傾向は、都市郊外でも同様です。首都圏で言えば東京都心から30〜40キロメートル圏内、ドアツードアで1〜1・5時間。イメージとしては国道16号内外の、相模原・町田・さいたま・柏・船橋といった、かつて団塊世代と呼ばれた人たちが大挙して住宅を求めたいわゆる「ベッドタウン」が該当します。

ベッドタウンとは文字通り「寝に帰るだけの場所で、毎日満員電車に揺られて通勤する人が住むところ」とでもいうような、ちょっと揶揄ないしは卑下するような表現なのですが、高度経済成長期かつ住宅神話の中で、都市郊外に住宅を求める動きのなかで生まれたものです。

かつてのベッドタウンと言えば1947年~1949年に生まれた子育て期の団塊世代が中心で、街は子供であふれていました。団塊世代とは文字通り極端な人口の塊で、現在時点で200万人程度、その前後世代より20~30%多く、住宅、家電や自動車などを代表として、個人消費を牽引してきた世代と言えます。

翻って現在の住宅購入ボリュームゾーンである30代中盤世代は120~130万人程度と団塊世代の60%程度しかいません。しかも彼らの多くは、団塊世代のほとんどが「専業主婦世帯」であったのとは対象的に、いわゆる「共働き世帯」です。こうなると通勤は2人分。したがって「より都心に」「より駅近に」「より会社に近く」「より生活利便性高く」といった嗜好が先鋭化しているのです。

生活利便性に重要なのは通勤・通学だけではありません。日常の買い物や病院、行政手続きなどの施設はより中心部に集積しています。さらに「乗用車保有率」も若年層になるほど低下しており、多くの世帯が「空間」や「居住快適性」より「時間」を大切にする傾向にあるのです。イメージとしては「駅徒歩15分の100平米より、徒歩2〜3分の70平米がいい」というようなものです。

「自動運転が普及すればその限りではないのではないか」といった見立てもありますが、それはそういうわけにもいかないのです。たしかに個人としては、自動運転が普及すればタクシーなども現在より自由に安価に利用できるでしょう。だがそれでは自治体の経営がままならないのです。

一定の人口密度を保たなければ、上下水道や道路・河川・公園・橋といったインフラの維持や修繕にコスト効率が悪化し、自治体の経営は疲弊してしまいます。典型的な首都圏郊外ベッドタウンに位置する埼玉県新座市は「このままでは自治体経営が持続不可能だ」として「財政非常事態宣言」を発出しています。世帯数減少下の自治体経営は、駅前や駅近などに集住してもらい、経営効率を高めるしかありません。「税金を上げる」「行政サービスを大幅に簡略化する」「街を縮める」の3択なのです。

コロナ禍で不動産市場に起こったこと

2020年4月、東京都で初の緊急事態宣言が発出された際、リモートワーク（在宅勤務）が推奨され、学校の休校、イベント自粛等、感染収束を目指し多様な措置が取られました。折からのコロナ禍で、2020年4〜5月の緊急事態宣言中には不動産市場の取引そのものがストップ。地域によりますが成約数は一気に40〜50％減となり、一時は「ついに不動産バブル崩壊か」「リーマン・ショックの再来か」と騒がれたものですが、そのようなことは起こりませんでした。

1990年のバブル崩壊や、2008年のリーマン・ショックと今回が決定的に異なるのは、金融機関によるいわゆる「貸し剝がしといった事象が起きていない」のと、そもそも「金融システムが破綻していない」ということ。例えばリーマン・ショック時には多数の新築マンションデベロッパーが耐えきれず、数千万円の値引きを行うなどして新築マンションを投げ売りしました。それでも資金繰りの面で持ちこたえることができず、不動産向け融資の引き締めもあり複数のデベロッパーが破綻。狼狽した個人も中古マンションを次々とディスカウントに踏み切るといった連鎖が生じ、市場は際限のない不調に見舞われたのです。資金繰りに窮した「黒字倒産」といったワードが世間を賑わしたものです。

一方、今回は皆がただただサスペンド。緊急事態宣言中の新築マンション販売モデルルームは閉鎖され、大半が個人売り主・買主である中古マンション市場も双方が様子見。期間中の取引数は半減します。しかし緊急事態宣言が明け6月になると、溜まっていた需要が吹き出すように取引再開。市場は通常モードに戻りました。

日米欧の協調的な財政出動と金融緩和、とりわけ日米は無制限の金融緩和をアナウンスし、実行に移した各種政策によって、黒字倒産はもちろん投げ売りなどが起こることなく持ちこたえました。もしコロナ禍の影響がもっと深刻で、緊急事態宣言より厳しい他国並みのロックダウンが長期に渡って行われるといった事態になっていればその限りではなかったと思います。しかし、我が国では相対的に感染者数・死者数も少ないこともあって、緊急事態宣言中に事実上の売買自粛をしていた中古物件の売主・買主はもちろん、クローズしていた新築マンションモデルルームが再開されると、溜まっていた需要が吹き出すどころか、それ以上の活発な取引が行われてきたのが実情です。

コロナ禍でも増えなかった地方移住

「コロナを避けて都市部から郊外や地方に人が逃げ出す」
「リモートワークの普及で地方移住も促進される」

最初に緊急事態宣言が出された頃には、こんな言説がＴＶやネットで聞かれたものです。しかしそんなことにはまったくなっていません。もちろんコロナをきっかけに、かねてから地方移住などを考えていた向きが動いた形跡は見られますが、それはほんの一握り。沖縄などの離島や地方に移住するといった動きもあるにはあったものの、そうした動きは限定的なものにとどまりました。

都市郊外に逃げたところで人はたくさんいてコロナ対策にはなりませんし、電車内で密になる通勤時間はむしろ増えてしまいます。完全にリモートワークが可能な業種・業務はＩＴ系など一部に限られており、週に数回は通勤する必要があるなど、そもそもリモートワークが可能な業種はそんなに多くないわけです。

皆さんの周囲に、コロナを理由に郊外や地方、ましてや海外に移住した人が、はたして何組いたでしょうか？　また、あなたご自身は移住しましたでしょうか？　そうした動きは、かねてより移住を検討していた人がコロナ禍をきっかけに動き出す、といったものでしかなかったはずです。

むろん熱海や軽井沢といったリゾート地などでは中古マンションや一戸建てが売れているといった報道も一部にはあります。しかしそれらは移住ではなく2次的な住居として求められる傾向が強く、人口が大きく移動するものではなく、また取引数も目立ったデータで現れないほどに限定的です。熱海市の人口はコロナ以降もずっと減少し続けています。つまりは、メディアの「連想ゲーム」だったというわけです。

昨今の住宅ニーズは前述した通り、共働き世帯の圧倒的増加や自動車保有比率の低下などから、通勤や買物をはじめとする生活利便性を求める傾向にあり、必然的に駅近が中心となり、そうでないものは極端に言うといくら賃料や価格が安くてもそのニーズはどうしても限定的になってしまうのです。

人材情報会社の学情が2020年5月に発表したアンケートでは、在宅勤務を経験した結果、20代のおよそ7割は「郊外移住」よりも「通勤時間をもっと短くしたい」と回答しています。理由のトップは「自由に使える時間を確保したい」で、希望の通勤時間の平均は29分。「15分〜30分」「30分〜45分」の回答が多いようです。

東急グループが２０２０年６月〜７月に行った「生活行動と交通に関するアンケート調査結果概要のご報告」によると、93％が「転居しない／考えていない」。ここには、在宅勤務は一過性で今後はもとに戻ると考える人、自宅が在宅勤務に対応できる人が含まれます。コロナやリモートワークが不動産業界に与える影響は少なかったのです。

実際問題として、例えば東京都区部の人口は２０２０年１月から21年９月までに２万人減りましたが、その内訳を見ると外国人が４・９万人減少し、日本人は２・９万人増えています。世帯数を見ても全体が４万人減ったうち外国人が４万人減に対し、日本人は８万人増加しているのです。むろん、都区部への人口流入ペースは鈍化しましたが、少なくともコロナで都市から人が逃げ出すといった動きは見られませんでした。

圧倒的に不足している「在庫」

アフターコロナの新しい動きとして見られたのが、在宅時間が増えた「住まい」を見直す動きです。長い時間を過ごす自宅を、それなりのゆとりのある空間にしたいという思い。またリモートワークをするならそれなりのワークスペースも必要になってきます。

一般的な賃貸は分譲（持ち家）と比べて間取りも狭く、部材や設備などの仕様も相対的にチープな傾向にあるなか、歴史的な低金利や住宅ローン控除といった税制優遇を活用してより快適な住まいを求めようという、賃貸住宅脱出組のいわゆる「一次取得層」の動きが活発化しました。

さらに住宅ローンは変動金利であれば０・３〜０・４％、固定金利なら住宅金融支援機構のフラット35は１％台前半の超がつく低金利。加えて毎年のローン残高の１％を所得税から10年間控除（２０２１年現在は特例で13年間）できます。ということは例えば０・４％の変動金利で資金調達をしながら、１％の補助金をもらっているようなもの。差し引き０・６％を受け取ることができるのです。ローン残高適用上限は４０００万円ですが、金利分はもちろん、年間24万円、毎月換算で2万円を受け取っているのと同じです。また昨今は圧倒的に共働き世帯が多く、夫婦で借入する場合は、最高4000万円×2＝8000万円まで控除の対象となり、このケースでは年間48万円、毎月換算で4万円受け取っているのと同じ効果があります（2022年以降は本制度改正の動き）。

こうした低金利や税制優遇を利用した一次取得者の活発な行動が新築中古・マンション・一戸建ての住宅市場全般に見られます。ただしそのニーズはまず「都心」「駅前・駅近」「大規模」「タワー」といったワードに象徴される物件に集中。都市郊外であってもやはり利便性の高いところが中心です。

特筆に値するのは「在庫」が圧倒的に減少していること。中古マンションの在庫件数は、コロナ以前の19年頃から減少の一途をたどっています。全国の大都市圏はどこも似たような状況です。ニーズが多いにもかかわらず在庫が少ない状況下にあり、需給バランスの崩れも価格の上昇要因につながっています。

理由は2つあり、1つは先述した「一次取得者の動きが旺盛であること」。もう1つは「買い替え層が動かない」ということです。

すでにマンションや戸建てを所有している持ち家層は、間取りを含め現在の住まいに満足している上、この10〜20年の間に、そこそこ良い立地で購入した物件の価値は下がらないか値上がりしているケースが多く、自宅は高値で売却可能なものの、いかんせん買い替え先も高いという悩みがあります。

また例えば新築マンションはここ数年価格を上げると同時に、間取りがかなり窮屈になってきました。100円のお菓子などが値上げせず価格据え置きで200グラムから180グラムへと少なくするのと同じ要領で、上昇を続ける不動産市場において、過度に総額を膨らませないための、新築マンションデベロッパーの企業努力と言えます。要は「ステルス値上げ」と言われるものです。

かつてなら3LDKであれば70平米超えが当たり前だったところ、昨今は60平米台前半がせいぜいなところ。中には50平米台のものもみられます。こうなると間取りは崩れ、リビングや各部屋は小さくなり収納は減りと、居住快適性も損なわれています。さらにはコストダウンのためにキッチンやユニットバス・洗面化粧台といった設備のグレードも落ちています。

その他にも室内では「2重床を直張り」「複層ガラス」「ディスポーザー」「建具」やトイレの「手洗いカウンター」、バルコニーの「スロップシンク」と呼ばれる底の深い流しなど、かつてならついていた設備がことごとく省略されています。

共用部では「エレベータの台数を減らす」「コンクリート製だったのを鉄骨階段にする」などが目立ちます。価格が高い割にこうした難のあるマンションに、買い替え層ほど食指が動きません。自宅より明らかに狭く、いかにもチープに思えるからです。

「賃貸から持ち家」の新規プレイヤーが増加する一方で、「買い替え層」が動かないため売り物件が少ないというダブルパンチで、在庫は減少の一途をたどっているわけです。

不動産価格は最終的に「需要と供給の関係」で決まります。売り物件1つに対し3人の購入者候補がいるときより、5人いる場合のほうが競争が激しくなるため、価格は上昇方向に向かいます。

最近では、5000万円で売りに出ている人気物件に申込者が殺到し、5組、時には10組の購入申込みが入るといった事例もちらほら見られます。なかには「5100万円で買うからこちらに譲ってほしい」「こちらは5200万円だ」というように買値がアップするいわゆる「買い上がり」といった現象まで起きているのです。

新築マンションについても、発売戸数は頭打ちであるものの、これは主に用地取得がうまく進んでいないことが理由で、売れないからといった理由ではありません。価格、契約数ともに上向き。コロナ禍をよそに、不動産市場は活況が続いています。

不動産価格はさらに上昇する

短期的な見通しを言えば、現状のような低金利時代が続くうちは、不動産市場において在庫が減り続けるか、現状維持、またはもう一段取引価格が上昇することも可能性としてはあり得ます。

中古マンションに関しては、先述のように在庫が減り続けているため、このまま行くとそこまで取引の数は増えないでしょう。数は横ばいか、むしろ減ったりしながら取引価格は維持または上昇していくと考えられます。

新築マンションは長らく市場を縮めており、戸数を減らしつつ、より「都心・大都市部」「駅前・駅近」「大規模」「タワー」への集中傾向が続くでしょう。したがって価格は下がることもなく、維持、もしくは上昇していくはずです。

不動産市場は、マイホーム系も投資物件系も昨今は圧倒的に在庫が少なく、多少株価が上下動したところで極端な影響はないでしょう。在庫がものすごい勢いで消失し、ある意味ものすごい売り手市場と言えます。私はこの業界に30年近くいますが、ここまで売れ行きが良い市場は初めてです。もちろん、このような事象は都心部・都市部といった限定的な話であり、全国一律に起きているわけではないことにご留意ください。

そんな中、ホテルの不調が目立ちます。コロナ禍でインバウンド需要がほぼ消滅し、また感染再拡大でGO TOトラベルも見直しを迫られるなど国内需要も低迷といった状況が続きました。こうした状況ではホテルの新規用地取得や建設と言った話はぱったり止まっています。

これをネタにしてまた一部のメディアやいい加減な専門家が「ホテル需要激減で不動産バブル崩壊!」と騒ぎ立てましたが、このことで不動産市場が大きく崩れることはないのです。というのも、ここ数年インバウンド需要を見込んで進行したホテル建設の過程で、その用地取得行動は結果として新築マンションの用地取得を阻んできました。大都市におけるホテル用地は、ある程度まとまった大きさのある土地で、駅前や駅近など利便性の高いところが求められます。これは用地取得競争において新築マンションのそれと見事にバッティングします。この場合、新築マンション用地としての用地取得価格より、ホテル用地としての価格のほうがはるかに高額での価格提示が可能なため、新築マンションデベロッパーは多くのケースで、指をくわえて用地取得を見送るしかなかったのです。

こんな状況ですから、ホテル開発がなくなれば、やや価格を下げた形にはなるものの新築マンション用地に生まれ変わるだけ。もとに戻るだけです。そもそも首都圏の新築マンション発売戸数は2000年代前半に8万戸台だったところ、2020年は2・7万戸にまで減少してきましたが、ホテル用地取得と競合し、負けてきた影響も大きいのです。

全国一律で不動産市場が好調かというとそんなことはまったくありません。国土交通省が発表した2020年の新設住宅着工戸数は、持家、貸家及び分譲住宅のすべての分野で減少し、前年比9・9%減少となっています。アパートなど貸家に対する金融機関の融資姿勢が厳格化していたところに新型コロナの流行が一層の下押しとなった格好と言えますが、好調なのは概ね大都市に限られているわけです。1990年のバブルピーク時に16

7万戸だった全国の新設住宅着工も、今となっては80万戸台前半と半分以下。さらに野村総合研究所の試算によると2040年には46万戸と、40％以上減少することが予想されています。

また全国の空き家は2038年に2000万戸を遥かに上回る可能性があるとのシンクタンクの試算もあるように、今後、地方やかつてベッドタウンと呼ばれた都市郊外において、築年数が古く、駅から遠く、ニーズのない空き家の大幅増加が見込まれています。周囲に空き家が増加すれば景観を阻害し犯罪の温床になりかねないなど、ますます人を寄せ付けない悪循環となります。

不透明なオフィス需要

オフィス需要がどうなるかは実はまだよくわかりません。IT系など完全リモートワークがしやすい業種はいち早くオフィスを大幅縮小する、中には完全になくすといった動きも見られました。こうした動きは派手に報道されるため目立ちましたが、全体としては限定的でした。

一方でリモートワーク（在宅勤務）が進展するにつれ、出社人数が例えば従前の半分〜7割程度でよいと気がついた企業は多いでしょう。しかし、たとえ出社人数がかつての半分であったとしても、いわゆる「密」を避けるため、2メートル以上離れて着席するといった対策を講じている企業も多く、そうなると意外とオフィスの必要床面積は減らない可能性もあります。

いずれにしても、即座に移転などの行動に出ている企業は限定的で、コロナを受けた新しい運用を模索しながら様子見をしていたのが、そろそろ業務の効率・生産性などを勘案しながら、自分たちのスタイルを決定していくものと思われます。2022年から一定の動きがあるかも知れません。

しかしもしそうなった場合でも「大手町・丸の内から企業が逃げ出す！」みたいな極端な話にはならないのです。仮に、オフィスの床面積が全体として減少に向かう場合は「駅から遠い」「設備が古い」といった、弱いところから空室率が増加、賃料が低下していく流れとなるはずです。

例えば大手町や丸の内、新宿の高層ビル群といったグレードの高いオフィスビルが、企業のオフィス床減少の動きによって空室になるとします。するとより駅から遠いとか、都心から遠い、設備グレードが劣るオフィスから、新規入居者がやってくるわけです。もちろん賃料の交渉は入るでしょう。つまり、空室が増えるといったフェーズの中では、色んな意味で弱いところがとことん弱くなるといった現象が起きるわけです。

２０２１年４～５月の緊急事態宣言以降、東京・渋谷区のオフィス空室率が如実に上昇したことが話題を集め、これをもってやはり不動産市場暴落かといった論調が見られましたが、これも大げさな話。そもそも渋谷区のオフィス空室率は１％程度でほとんど空きがなく、入りたくても入れないといった状況がずっと続いていました。それで仕方なく、おとなりの恵比寿や目黒・五反田といった方面へ触手を伸ばし、入居していたのです。

渋谷はかつて「ビットバレー」と呼ばれＩＴ系のベンチャー企業が多く、業態柄リモートワークを実施しやすいこともあって、一時的に空室率が６％程度になりましたが、一般的に空室率は５％前後が適正とされています。ほどほどに空きがないと移動できないためです。一時は上昇を続けた渋谷区のオフィス空室率も、現在では落ち着いています。ここでも、強いところはとことん強く、弱いところがとことん弱くなる、といった法則が働いているのです。

パーソル総合研究所が2021年7~8月、全国の2万人を対象に行った調査では、全国の正社員のテレワーク実施率は27・5%と頭打ち。日本生産性本部が2021年7月に実施した調査でのリモートワークの実施状況は20・4%。これは2020年5月の32%から大幅に減少しています。いずれにしても、コロナ禍が不動産市場全般に冷水を浴びせる状況には程遠いようです。

第3章

世界から大量のマネーが流入する日本

2022年、兆円単位の投資マネーが流入する

今後の「資産バブル」の発生は、日本が中心である可能性が高いと筆者は見ています。不動産市場においては、米系の複数のファンドが千億ドル単位の日本不動産への投資を決めているほか、私の元にもアジアや米などからの日本不動産に関する照会があります。

理由は単純で「日本の不動産は割安感・安定感があるから」。

当事者である私たちから見ればこうした見立ては違和感があるかも知れませんが、グローバルに見ればこの通りなのです。

左ページのグラフは東京のマンション価格を100とした場合の、世界主要都市との比較です。コロナの影響を受ける前の2019年と2015年で比較しています。2015年の段階では、ロンドンは300をはるかに超えています。ニューヨークなどのアメリカ主要都市はもちろん、香港、上海、台北より東京のほうが安かったのです。それがこの数年間でじわりじわりと差を詰めてきたところです。

マンション（ハイエンドクラス）の価格水準

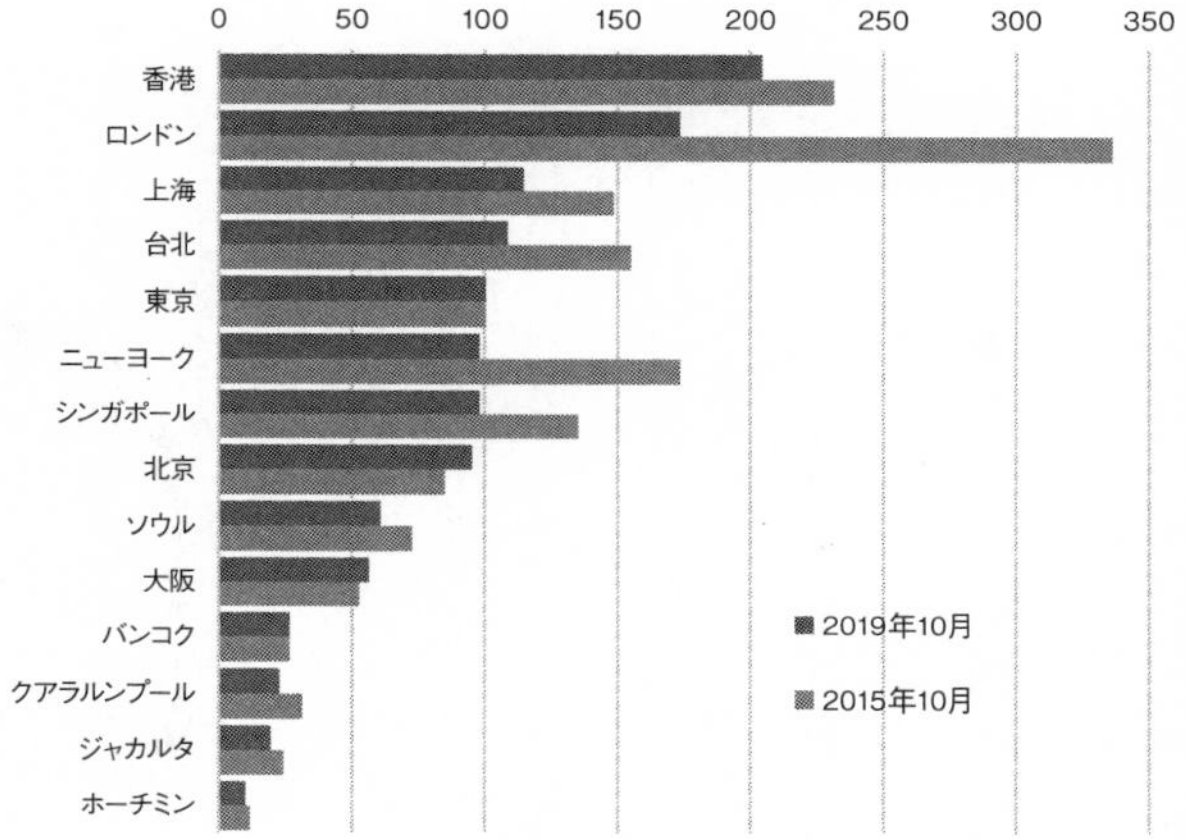

国際不動産価格資料指数（一般財団法人日本不動産研究所）

世界的な不動産サービス会社のジョーンズ・ラング・ラサールによると、２０２０年第２四半期の世界の商業用不動産投資額は、コロナの影響で前年同期比マイナス55％の１０７０億ドルと激減。一方で、東京だけは投資の勢いが衰えていません。都市別投資額を見ると、２０２０年第１四半期に続いて上半期も東京が前年並みの１５０億ドルでなんと世界トップに躍り出ています。２位のニューヨークは１０９億ドルでマイナス40％、３位のパリは83億ドルでマイナス30％。ロサンゼルスはマイナス54％、上海はマイナス48％など。

２０２０年１～９月期で見ても、東京は１

94億ドルでトップを維持しています。コロナ禍で、日米欧とも史上空前の財政出動と金融緩和、とりわけ日米は無制限の量的緩和をアナウンスすることで、リーマン・ショックのような金融システム破綻は回避され、そうなると市場には膨大なマネーが残り、さてどこに投資しようか、という話でこうした選択肢が取られたわけです。

世界から金利が消え、国債・社債が運用益を生まなくなった今、あふれるマネーをどこに振り向けるのか。不動産は有望な選択肢ではあるが、とはいえ大きなリスクは取れない。そうした中、相対的にコロナの感染者・死者数が少なく、経済的影響も小さかった日本の、とりわけ東京の不動産に資金が向かうのは必然ともいえるのです。

東京の不動産市場に関心を持っているのは、かつては主に香港、シンガポールなどアジア系資本でした。しかしコロナ以降で目立つのが欧米系資本の増加。国内物流施設をはじめ都心の中古のオフィス物件などの購入に積極的に動いているのがみてとれます。今わかっているだけでも2022年頃に兆円単位の投資マネーが東京の不動産市場に流入する見込みです。

どこかに投資されなければならないあり余るマネー

日本の不動産市場の一部が過熱し始めた理由は、国内外からの投資マネーの増加だけではありません。日本政府や日銀が不動産市場を大きく下支えしているのです。

新型コロナの影響で収入が減った個人事業主などを支援する家賃支援給付金は、事実上、不動産市場への公的資金注入にあたりますし、日銀によるＲＥＩＴ（不動産投資信託）やＥＴＦ（上場投資信託）の積極的な購入は不動産・株式市場の支援策と言えるでしょう。

１９９０年のバブル崩壊の要因には大蔵省（当時）の土地融資引き締めがありましたし、リーマン・ショック直前にはやはり不動産融資規制があったのです。今回はその逆で、むしろ金融が大きく緩和されました。

とはいえ２０１２年の民主党から自民党への政権交代以降、ほぼ一本調子で価格上昇してきた日本の不動産。それを買って賃貸に回した際の収益性を見れば天井感があるようにも見えます。したがって今後の不動産投資は、インカムゲイン（定期的な収入）を主目的としたものは成立しにくく、代わってキャピタルゲイン（値上がり益）を期待した投資が幅を利かせることになるでしょう。

「昨今は収益還元法といった評価手法があるから、理論値を超えた価格にはならない」といった意見もありますが、そうした理屈を超えるのがバブルです。例えば1億円のアパートがあり、年間家賃収入が700万円だとします。すると表面利回りは7％。しかし資産バブル化した状況下では、これが5％、3％でも買い手がつくといったイメージです。表面利回り3％で良いなら買値は1億円から2億3000万円、2％なら3億5000万円に跳ね上がります。

なぜこのようなことが起こるのでしょうか。そのときに採用される理屈は大きく3つあります。

1つ目は「賃料上昇は後からついてくる」というもの。年間700万円の賃料がこの後上昇し、800万円とか1000万円になるだろうというわけです。このような論理は1990年バブルの際にも、2008年のリーマン・ショック前のプチバブルの際にも適用されました。

2つ目は「次に高く買ってくれる買い手が現れるはず」というもの。自分が高く買っても、更に高く買ってくれる人がいるなら何も問題ないわけです。理屈になっていないのですが。

そして3つ目は、今回適用される可能性が高いのが「円やドル・ユーロといったペーパーマネーが信用できない」というもの。万が一マネーが紙くずになってしまったら、現金だけを持っている人は資産を失うことになります。ならばその前に株や不動産・金（ゴールド）といった実物資産に替えておこうと考えるのではないでしょうか。昨今はビットコインなど仮想通貨という選択肢もあるでしょう。水や食料といった、日常生活に必須なものを備蓄するといった人もいるかもしれません。

コロナ前の水準をすっかり取り戻した株価水準を見れば、すでにバブルが発生していると言っていいのかもしれませんが、金融システムが破綻しなかった以上、市場に有り余る希薄化したマネーはどこかに投資されなければならないのです。

かといってゼロ金利やマイナス金利が当たり前の世界では、国債や社債ではなく、株や不動産といった資産に向かうのは自然な動きとも言えるのです。以上のような理由から日本の不動産は、最もマネーが集まりやすい状態になると言えます。

こうなるとはたして、ペーパーマネーの価値が下がっていくのか、不動産など実物資産の価値が上がっていくのか、よくわからないところです。こうした状況が健全だとも良いとも思いませんが、市場は、正しいとか正しくないとか、良し悪しで動くのではなく「マネーの意思」とでも言えるエネルギーで動くものです。

とはいえ今回は1990年バブルのように全国的な波及はなく、前述した「3極化」がますます極まり、都心や大都市など一部に限られた「極地バブル」「部分バブル」といった形をとるでしょう。

どんどん減価するマネーの価値

経済協力開発機構（OECD）の統計によれば日本の賃金の伸び悩みが鮮明です。2020年までの20年間で他先進国の名目平均年収は50～80％増加した一方、日本は逆に、5％減少するといった事態になっています。消費が盛り上がらないゆえ、企業の業績が冴えず、だから賃上げできないといった典型的なデフレスパイラルです。

総務省によれば2021年7月の消費者物価指数（CPI）は生鮮食品を除く総合で0・

2%低下。マイナスは12カ月連続と、政府のインフレ目標には程遠いデフレ感が漂います。デフレと言えばものやサービスの価値が低下するわけですから相対的に現金が強く、借金は重みを増します。

しかし現在、これは額面通りに受け取れないのではないでしょうか。というのも、このところ実質的な「お金の価値」がダダ下がりだからです。

「えー！　1万円はいつだって1万円でしょう？」と思いがちですが、私たちが持つ日本円をはじめとするマネーの価値は、日々変動しています。生活実感に乏しいこのような理屈は、理論的には世界のマネー総量で測ることができます。

例えば今日の円の総量を100とします。明日110に増えた場合、その価値は110分の100、つまり90・9%に減価したというわけです。前述した通り、世界的な財政出動・金融緩和で、すでにかなりのレベルでマネーの実質的な価値は下がっていると言えるのではないでしょうか。

給与所得の額面に変化がなければ、マネーの実質的な価値は日に日に実質減価。例えば私達が受け取っている給料も、大家さんが毎月受け取っている家賃の実質的な価値もこのところ日に日に低下していることになります。

同時に、不動産を買ったときの借金の重みも低下。そして前述した通り、株や不動産・ゴールドなどの実物資産との相対比較でもマネーの実質的な価値は下落しているということが言えるでしょう。

そうなると今回おとずれる資産バブルの規模は、これまでとはくらべものになりません。日本はもちろん、世界的な、とてつもない財政出動と金融緩和が行われている上、デリバティブ（金融派生）商品やインターネットによる株やビットコインを筆頭とした仮想通貨の売買、オーソドックスな美術品のみならずＮＦＴ（Non Fungible Token／非代替性トークン）を利用したデジタルアートの売買など、投資が促進される材料は出揃っています。

無限に膨らみ、あふれかえるマネーの行き先はどこにでもあるのです。また株式投資などは、30年前は証券会社などの店頭に行かないと買えなかったところ、現在ではスマホ上で、ワンクリックで簡単に売買できます。不動産も実物以外にＲＥＩＴ（不動産投資信託）といった選択肢もでき、投資はより「お手軽」になったのです。「投資」という行為が、よりコモディティ化したと言ってもいいでしょう。

株価水準の正当性については、経済誌紙やネットニュース・コラムなど各方面において、理論的な説明が試みられ、例えばＰＥＲ（株価収益率）やＰＢＲ（株価純資産倍率）といった指標を持ち出した解説や、チャート分析が行われるなどしています。しかし、乱暴に聞こえるかもしれませんが、そうした理屈は一切関係ありません。

理由はただ「金余りだから」。いつの時代もバブル化する理由はただそれだけなのです。理屈が通じず乱暴な状況こそが「バブル」ということです。

「持てる者」「持たざる者」一気に進む格差

こうなると、ただでさえ広がってきた格差はますます広がります。

すでに我が国では金融資産ゼロの世帯は１９８０年代には3％しかなかったところ、今は20％を超えています。一方で個人金融資産は約２０００兆円と、過去最高を更新し続けています。

「持てる者」「持たざる者」の格差拡大が一気に進みます。頑張って働いても大した報酬は受け取れないが、富裕層は手持ちの資産がどんどん膨らんでますます豊かになるというイメージです。

したがって1990年のバブルのように、日本中が浮かれて調子に乗って、というような雰囲気はまったくないはずです。資産があるかないか、そしてその内訳としてどの不動産を所有するか、企業も個人もどんな資産ポジションを取るかによって、全く恩恵を受けられないどころか、全体としてはむしろマイナスに働くことのほうが多いのかも知れません。

一部の有望な株や不動産などの資産を一定以上保有している層はその価値が増加し、ますます資産持ちに。一方でそうした資産を持たない層、また資産になりえない不動産などの所収者は資産バブルの恩恵をまったく受けないどころか、IT・AI・ロボット化の進展で仕事が減り所得も減る事態に、と極端な2極化・3極化が進行します。

歴史をみれば古代エジプト、ローマの昔から、社会が一度安定すると格差が拡大し、やがて文明や国が崩壊してきました。このような事態も社会の大きな変革を促進する大きな要素となるのでしょう。

むろんこのようなことはいつまでも続くはずもなく、いつかは終わるチキンレースです。こうした状況が良いこととは決して思いませんが、このまま行くとそうなる可能性が高いでしょう、ということを言いたいのです。

以上のような行程はこれから短くて2年、長くて3年程度続き、やがて膨らんだマネーを現行金融システムの矛盾とともに解消、リセットするときがやってきます。

もちろんこのようなバブルが発生しないシナリオもあり得ます。つまりは、もう十分バブル化しており、今くらいが頂点だという見立て。だとしてもいずれにせよ無限にマネーを刷り続けるわけにはいかず持続可能性はないので、どこかで大きな転換・清算が迫られるのは同じでしょう。

第4章

90年バブルはどうして発生したのか

さて、これから発生する資産バブルによって、社会ではどのようなことが起きるのでしょうか。これを占うためには、それと類似している1990年のバブルとその崩壊がどのようなものであったのかを知ることが手がかりになります。

経済学的・理論的に説明不可能な、振り返ってみれば異常だったと思えるような市場が、いったいどのようにして形成されたのか。これは、当時の空気感を体感していないとなかなか理解しにくいところがあるかも知れませんが、戦後から高度経済成長、そしてバブル発生とその崩壊まで、主に不動産市場を中心にざっと振り返ってみましょう。

所得倍増計画

日本は第二次世界大戦の敗戦で焼け野原になった後、奇跡的とも言える経済復興を遂げ、一気に先進国の仲間入りをはたしました。まずは鉄鋼・石炭などの基幹産業に人・モノ・カネを重点的に投入する「傾斜生産方式」の政策で産業復興の糸口を見いだし、朝鮮戦争による経済特需を経て、1954年の鳩山一郎政権あたりから曲折を経ながらも、20年ほど続く高度経済成長期に入ります。1960年には池田勇人内閣が「所得倍増計画」を掲げ、国民所得も大きく伸びます。

このプロセスの中で、仕事を求め地方から東京・名古屋・大阪などの都市に出てくる若い労働力は「金の卵」と呼ばれ引っ張りだこに。1950～1960年代に起きた大都市圏への急激な人口移動によって創られたのが「持ち家信仰」です。当時は都市部の住宅が全く足りず「造れば、飛ぶように売れる」といった状態。とりわけ東京など都市部の住宅難は深刻で、国会では「もっと住宅を増やせ！　新築を造れ！」と野党が叫んでいた時代です。

1966年には深刻な住宅不足を解消するために「住宅建設計画法」を制定。これに基づいて「住宅建設5カ年計画」が策定され、公営・公庫・公団住宅の建設戸数目標などが位置づけられ、新築住宅の建設が強力に推し進められることになります。

この頃は年平均10％で経済成長していたのです。まさに「Oh！　モーレツ」。今となってはちょっと考えられないですよね。

「住宅すごろく」信仰

日本のGNP（国民総生産）が米国に次いで世界2位に躍り出た1968年、住宅数が世帯数を上回ります。住宅数が1世帯当たり1・01戸、空き家数が103万戸といった調査結果を受けて「日本は住宅過剰時代に入った」「住宅問題の解決を目的とする理論も政策も、住宅過剰時代に対応できるように改められる必要がある」との指摘も上がるものの、今度は海外から「ウサギ小屋」と揶揄された住宅の「広さ」や「質」を追求する局面に入るのです。

1970年代には朝日新聞が「住宅すごろく」といったワードを編み出します。「最初は小さな中古のマンション、次に中古一戸建てに移り、やがては郊外の新築一戸建て」というたストーリーです。地価がドンドン上昇し続けていたため、とにかくまずは小さな住宅を買い、その含み益を持って出世魚のように成り上がっていこうという話です。

当時の地価のものすごい上昇を目の当たりにした庶民は「早く買わないと買えなくなってしまう」といった焦燥感を持っていました。当時の住宅ローン金利はなんと7～10％。

現代の低金利から見ると、なにやら高利貸し並みの高金利に思えます。大衆向けのマンションが本格的に登場したのもこの頃です。

また当時は、後年になるほど優良な住宅が供給されていたこともあって「新しいモノが美しい」時代でもありました。住宅難を解決するための住宅供給は、「庶民が新築住宅を買うことがそのまま経済発展に寄与する」といった側面もありました。

住宅が1つ売れると、資材や設備が売れ、職人さんには給料が入り、それが生活費として使われるなどしてマネーがどんどん世の中を駆け巡ります。この経済波及効果（生産誘発効果）が2倍程度あるとされていた住宅はとりわけ効果が高いとされていたのです。3000万円の住宅が1つ売れると約6000万円の経済波及効果を見込めるわけです。1971年には地価公示の全用途平均が20・3％という信じられない上昇を示します。

転機となったプラザ合意

戦後の高度経済成長期を駆け抜けた日本は、ニクソンショック（1971年）やオイルショック（1973年・1979年）といった危機を乗り越えつつ突き進んでいきましたが、1

970年代後半になると主に優良製造業向けの融資案件が伸び悩み、銀行が不動産業や小売業、住宅への融資へ傾斜しはじめます。1980年代初めになると、東京の国際都市への期待が高まり、外資系金融機関なども増加し、オフィスが大量に不足するとの予測が出されます。

一大転機はご承知の通り1985年のプラザ合意。これはかんたんに言えば「G5」(先進5カ国蔵相・中央銀行総裁会議)で発表された為替レートの安定化に関する合意で、要は「ドル高」を是正しようということ。開催場所となったニューヨークのプラザホテルにちなんでプラザ合意と呼ばれています。アメリカによる「強いドル」の放棄です。

それより少し前の1981年に誕生したレーガン政権は「強いアメリカ」を標榜し、軍備増強を進める一方で、大規模な減税を断行するいわゆる「レーガノミクス」を実行しました。しかし、このことで大幅に財政赤字が拡大してしまい、またインフレを抑えられず、金利上昇がドル買いを誘うことで猛烈なドル高に。ドル実効レートは、レーガン大統領就任時の1981年1月から1985年3月までに40%以上も上昇してしまったのです。すると貿易収支ひいては経常収支の赤字が大幅に拡大し、財政収支の赤字と経常収支の赤字をもって「双子の赤字」と呼ばれる苦しい状況に追い込まれます。

こうなると米産業界は途端に輸出がやりにくくなり、産業空洞化の懸念から自国の産業や雇用を守ろうとする貿易保護主義が台頭し始めます。プラザ合意の共同声明では「米国の経常赤字を背景とした保護主義圧力は、相互破壊的な報復合戦につながる恐れがある」と指摘されていました。そこで各国協調のもと、ドル安誘導がスタートします。

一方日本は、主に円高になることで不況がもたらされると予想される中、世界的に景気を刺激しようとするG7の諸国と足並みを揃える形で日本銀行が金利を引き下げるなど、積極的な財政出動と金融緩和を行います。

すると、いきなりガラリと雰囲気が変わります。

輸出立国と謳われてきた日本にとって円高になるということは、輸出に厳しい一方、海外の商品や不動産をかつてより安く買えるということになります。例えば1ドル200円の時代に100万円の日本車をアメリカで売る場合の売値は5000ドルですが、1ドル100円になると売値は1万ドルと2倍に跳ね上がってしまう一方で、200億円相当だったアメリカの不動産を半額の100億円で買えるといった具合です。

1982年に1ドル＝260円であった為替相場は、プラザ合意時点の220円程度から一気に120円程度にまで上がりましたが、このような過程で日本の不動産業者が海外の不動産を買い漁ったのです。1986年には第一不動産が、ニューヨークのティファニーの入るビルを買収。また秀和はニューヨークのABC放送の入るビルをはじめ20棟を超えるビルを次々と買収します。

日本では2008年あたりから主に裕福になった中国人による不動産や家電製品、宝飾類などの「爆買い」が話題となりました。爆買いという言葉は2009年9月のフジテレビの『スーパーニュース』で「スーパー特報／旋風拡大ニッポン〝爆買い〟現場　中国人団体ツアーを追え」というコーナーで初めて登場し、2015年あたりからメディアで使われる回数が激増しました。

例えば東京・銀座では「爆買いした中国人がいたるところで地べたに座り込んでいる」。空港などで「爆買いした商品の空き箱などがゴミ箱から溢れて散乱している」などといった中国人観光客へのマナー批判が続出。観光地では「中国人観光客が来てくれるのはありがたいがマナーが悪くて困る」といった話や、ある温泉では「中国人団体客が浴場にスリッパを履いて入ってきた、石鹸の泡を付けたまま湯船に入ってきた」という話も。要は「金遣いの荒い、マナーのなってない外国人がやってきた」というわけです。

突然の円高からバブルに向かう1980年代後半の日本人がまさにあんな感じだったのです。例えば1987年の『タイム』誌では日本人観光客のことを「世界の観光地を荒らすニュー・バーバリアンたち」として特集しています。バーバリアンとは端的に言えば「野蛮人」「未開人」という意味。欧米先進国を旅行する日本人に最も多く寄せられたのはマナーに関する批判だったようです。「スリッパでホテルの廊下やロビーを歩き回る」「だらしない格好でホテルの朝食会場に現れる」など、当時の日本人にとっては大した問題ではないような点を、欧州の人々は受け入れなかったのです。

5000%上昇した地価

さてプラザ合意以降、国内では東京都心商業地区を皮切りに周辺に変化が起こります。公定歩合(政策金利)は5回にも渡って引き下げられ、1987年には年2・5%と過去最低を記録。株式市場を刺激し、企業が金融機関からお金を借りなくても資金調達できるといった環境ゆえの金融機関離れもあり、借り手のないマネー、行き場のないマネーが不動産に向かいます。インフレ環境下では現金をただ持っているだけではその価値が実質的に目減りしてしまうためです。

1956年から1986年までの30年間に、消費者物価指数が400％弱上昇する一方で、地価はおよそ5000％上昇。この間、地価が下落したのは1974年の1回のみ。こうした状況を受けて金融機関は、地価が下がることはないと見て、融資する際に「インカムゲイン」（その不動産から上がる収益）ではなく「キャピタルゲイン」（土地の担保価値／将来地価が上昇することで得られるだろうと見込まれる値上がり益）に依存するようになります。

マネーを供給してくれる金融機関がこうした方針であれば、民間事業者はもちろん個人投資家など国民も、政府ですらも右へならえとなり、「日本の土地は値上がりして当たり前」といった前提が形成されていきます。

1987年の路線価は上位10都市の平均が前年比50％も上昇。今でもよくメディアで取り上げられる日本最高価格地点の東京銀座・鳩居堂前は79・2％と過去最高の上昇幅を示しました。路線価や地価公示など公的な地価指標は、取引の実態に比してマイルドな価格になるので、現場では前年比2倍を超える価格でも取引が行われた事例もあったようです。

こうして2年前のプラザ合意後の、あのお通夜のような雰囲気はいったい何だったろうという勢いですっかり世の中の空気・雰囲気が変わり、

「東京都の地価総額がカリフォルニア州を上回った！」

「日本全体の地価総額は米国の4倍もある！」

「東京をはじめとする日本の地価は上昇を続ける！」

といった、高度経済成長期に見られた土地神話がさらに強化される形で持ち出され、「日本の国土は38万平方キロメートルと小さい上に、可住地面積はその4分の1と限られている」とか「東京は世界の金融・情報センターになる。だから日本はすごいのだ」といった勇ましい論調が目立ち始めます。さらには「都心一等立地の皇居を移転して高層マンションを建設せよ」とか「首都高の高架下は全て住居にせよ」「首都圏など大都市部の容積率を2倍3倍に上げよ」といった、今思えばトンデモ論に聞こえる提案まで飛び出し、バブル末期には大手ゼネコン各社が高さ1000メートル超級の「ハイパービルディング構想」を打ち出します。この流れはなんとバブル崩壊後も続き、1992年には早稲田大学がエ

ベレスト（8848メートル）より高い1万メートル、居住者数3000万人、建設費300兆円の「東京バベルタワー構想」を打ち出す始末です。

こうして、数年前なら理屈を超えていると思われた価格水準での売買が当たり前のように行われていくことになるのです。次に買ってくれる人がいると信じられるなら、自らが高く買っても転売できるのだから何ら問題ないように思える、いやむしろ、そうしたゲームに乗らないと損をするようにすら思えるのです。「お通夜」から「お祭り」へ。人々の意識や認識が常識を超えて膨張し、崩壊してもとっさには気づかないほどユーフォリアにどっぷり浸るのが「バブル」の実態です。

リゾート大規模開発ブーム

1986年秋に売り出された東京新宿区の再開発住宅「西戸山タワーホームズ」はマンションブームに火をつけました。1987年4月に売り出された東京江東区のマンション「スカイシティ南砂」は259戸の分譲に対し、38500人が応募。とにかく「出せば売れる」といった勢いの新築マンションデベロッパーは「買わせてあげる」とでも言ったような雰囲気でした。だって買えば儲かるのですから。

また1987年には、いわゆる「リゾート法」（総合保養地域整備法）が成立します。「良好な自然環境を有する大規模な地域に、民間活力を利用して余暇施設を整備し、もって国民の余暇の活用や地域振興に資する」といったお題目で、従来の開発規制を緩和し、事業者への減税や低利融資・地方自治体の起債許可といった開発のための財政優遇措置が講じられました。これが全国でゴルフ場やスキー場、マリーナ、巨大なホテルやリゾートマンションなどの大規模開発ブームをもたらしたのです。

1988年7月に承認された「宮崎・日南海岸リゾート構想」「三重サンベルトゾーン構想」「会津フレッシュリゾート構想」の3地域を皮切りに、以降10年で42地域にリゾート施設が誕生します。三重県の「志摩スペイン村」、福岡県の「スペースワールド」、長崎県の「ハウステンボス」など、テーマパークが併設されているものも。1980年代のテーマパークの建設ラッシュの背景には、このリゾート法の制定が大きく影響したと言われています。この頃建設された新潟県湯沢町のリゾートマンションが昨今では、空き家問題や修繕積立金不足などに悩まされているのは周知の通りです。

こうした開発は、1990年のバブル崩壊以降も継続します。表向きには、景気浮揚の起爆剤になるのではと期待されたからということになっていますが、実際は開発事業を進めるための口実にこの法律が利用されたという側面があったでしょう。

1998年になって同法は事実上打ち切りとなりますが、2003年総務省の報告書によると「リゾート法に基づき構想された全国およそ8000の施設のうち、80%が実際には開業できておらず、開業しても利用者が予測の20%にとどまっている」とされ、大きな負の遺産を全国各地に遺す結果となりました。そのほとんどがバブル経済の崩壊もあって破綻したり、赤字経営に陥ってきました。過去にリゾート開発を計画・運営したこともない自治体が、その後の経済動向を十分配慮しないまま、開発協奏曲に踊らされ、収支計画が十分見込めなかったにもかかわらず突っ走った結果と言えます。

スーパー億ション登場

1988年には通称「日本版丸の内マンハッタン構想」（丸の内地区再開発計画）が持ち上がりました。容積率を1000%から2倍の2000%に緩和し、高さ200メートル級の超高層ビル約60棟を建設し、ニューヨーク・マンハッタンに匹敵する国際ビジネスセンターをつくろうといったものです。

このプロセスで、1987年には米国が金利引上げに転じ、同年10月にはNY市場の株価大暴落「暗黒の月曜日」（ブラックマンデー）による世界同時株安を迎えたのですが日本にはさほど影響なく、さらなる高値を更新したことから日本株に対する信任が生じます。その後、投機が投機を呼ぶ連鎖反応が起こり、高度成長期の幕開けとなった「神武景気」「岩戸景気」に続く景気の呼び名を公募する新聞や雑誌記事が、世間を賑わせていました。

このころになると新築・中古マンションともに「億ション」が話題になります。それまで億ションと言えば東京千代田・港・渋谷区といった都心部に建つものと相場が決まっていましたが、東京・準都心部や下町にも広がり、大阪圏・名古屋・札幌・広島・福岡など大都市にもひと通り広がっていきました。

1988年年明けの新聞には10億円を超える「スーパー億ション」の分譲広告が出始めます。東京都港区の「ドムス高輪」の最高価格17億9500万円が大きな注目を浴びました。三大都市圏における地価は1986年から上昇し、1987年には東京都の商業地で対前年比約80％となります。

１９８８年秋に来日したアラン・グリーンスパンＦＲＢ議長は、日本銀行にて「日本の株価は高過ぎるのではないか」との所見を示しましたが、多くの日本人はほとんど聞く耳を持ちませんでした。欧米への海外旅行や爆買いは引き続き旺盛で「このままの勢いで投資が続くなら、日本人は1年でオアフを買うことだって出来る」（朝日新聞１９８８年4月26日）といった主張の記事が量産され世間を鼓舞します。

１９８９年『ＹＥＮ！　円がドルを支配する日』（ダニエル・バースタイン著／草思社）では「ここ十数年のうちに、日本の〝円〟が世界の基軸通貨となるだろう」と記すなど世界の多くのメディアが「Japan as NO.1」と言い出します。『ジャパン・アズ・ナンバーワン』とは１９７９年、アメリカが現状を打破するためには、当時高度経済成長の真っ只中で絶好調であった日本を見習うべきだという趣旨で書かれた、ハーバード大教授のエズラ・Ｆ・ヴォーゲル氏によるベストセラーですが、それが再利用された形です。端的に言うと「アメリカはダメ！　日本を見習え！」というもので、無意識にアメリカ人にコンプレックスを持つ日本人のプライドを大きくくすぐったのはいうまでもありません。１９８９年には三菱地所がニューヨークのロックフェラーセンターを買収と勢いは止まらなくなります。

1986～1990年度の5年間で日本の金融機関の資金量は90％拡大しましたが、世間の風潮もあって、ただただ貸出先の開拓に追われていたと言っていいでしょう。この過程で日本国内の法人企業（非金融）は年平均142兆円のペース、家計は年平均約25兆円といった驚異的なスピードで金融負債を増やします。

不動産をはじめとする資産価格高騰は、資産保有者に含み益をもたらし、心理的に財布のひもを緩める効果によって消費が刺激され、景気の過熱感を高める効果もありました。

また当時は土地資産などの計上が簿価（帳簿に記入した取得価格）で行われていたことから、簿価と時価の差額が含み益をもたらし、担保価値の上昇という形で資金をさらに呼び込んで経営を拡大する方向に動いていきました。

さてこのように、株や不動産を「買えば上がる。上がるから買う」といった状況になると、企業経営にきしみが出始めます。本業がおろそかになるのです。仮に事業で損失を出しても、いざとなれば含み益を用いて解消できるとして経営の多角化を進めたり、ハイリスクな事業を展開する、放漫な経営で損失が出ても重大に受け止めない、などの例が散見されるようになっていきます。こうした動きの中で、日本企業は収益率を高めるのではなく総資産を増加させることを第一義的な目標とするようになります。バブルが永久に続くなら、こうした姿勢はある意味正しいわけです。

金融機関の姿勢も変化しました。不動産を担保として融資をする場合、当時一般には評価額の70％を目安に融資が行われていましたが、将来の土地の値上がりを見越して過大に貸付けることも珍しくなくなります。破綻した北海道拓殖銀行では評価額を上回る１２０％を融資した事例もありました。

こうした背景には、金融機関の貸出競争が激化する中、潤沢な資金をとにかく運用する、貸付に回すしかない、という金融機関の事情もあります。要はライバル金融機関とのチキンレースです。こうした融資の多くは後のバブル崩壊によって担保価値が低下し不良債権化します。

都銀の不動産業向け貸出残高は、１９８５年3月末に総貸出残高のうち６・３％に過ぎなかったのが、１９８９年末には11・２％にまで膨れ上がっていました。日銀は加熱した状況を抑えるべく１９８９年の5月、10月、12月に公定歩合の引上げ、7月には貸出増加額を前年同期より抑える「窓口規制」を開始します。

日経平均株価3万8915円、そして崩壊

こうしたなか、1989年末の日経平均株価は3万8915円で終え「来年は5万円を超える」「いや10万円だ」といった勇ましい声が聞こえるなかで1990年を迎えます。1株あたりの純利益を示すPER（株価収益率）は60倍を超え、1株あたりの純資産額を示すPBR（株価純資産倍率）は5倍を超えていました。

1955年を10とした6大都市圏の住宅価格指数は1970年代に4100、1980年前後には5800、ピークの1989年には20600をつけます。

日経平均株価は1984年に1万円台に乗せた後、1986年頃から急激に上昇。1989年末にピークを迎えるまで続きます。このプロセスでは日本の1人あたりGNPもアメリカのそれに追いつき、追い越す勢いもあり、こうした空気が初めは懐疑的に、やがて当然のようにマス層に受け入れられていったのです。

ところが1990年1月の大発会で株価は大幅に下落します。しかしこの段階ではほと

んどの市場関係者が「一時的なもの」と捉えていました。また、株価は下落したものの、地価高騰の波は収まりません。東京都心に端を発し、首都圏外部、関西圏、地方の政令指定都市や県庁所在地へ、さらには人口20～30万人の都市へと波及。やがて横ばいとなり、その後下げ始めたものの下落ペースはゆっくりとしたもので、土地についてはバブルではないと言う人が市場関係者の中に多かったのです。

1990年3月には大蔵省銀行局長通達「総量規制」(土地関連融資の抑制について)が出され、不動産向け融資の伸び率を総貸出の伸び率以下に抑える措置をとります。世論を背景に明確な「バブル(=悪玉)つぶし」の政策を断行したと言っていいでしょう。

これが決定的で、予想をはるかに超えた急激な景気後退の打撃を日本経済にもたらしました。バブル崩壊とその後の「失われたウン十年」を日本に招来する大きな要因になったと、後になって評価されることとなります。こうして1991年になると土地取引は完全に様子見。中古住宅・中古マンション取引も全盛期の20～30%水準に落ち込みます。

1992年度(平成4年)版経済白書は次のように記しています。

《1980年代後半に一般物価が安定しているなかで生じた資産価格の大幅上昇は、「資産インフレ」と呼ばれており、1990年に入ってその終息の動きが始まった。これは1989年の公定歩合引き上げ以降の金利上昇局面において、行き過ぎた物価水準に修正が加わった一方、1990年4月から導入された不動産関連融資総量規制等により投機的土地売買が抑制されたことを主因とする。》

1993年度（平成5年）版経済白書では「地価のバブルが本格的に解消に向かったのは、1990年前後に相次いでとられた土地基本法以降の税制面の見直しや金利の引上げ、土地関連融資の総量規制の導入などの措置によるところが大きい」「1990年4月より、各金融機関の不動産業向け貸出について、公的な宅地開発機関に対する貸出を除き、その増勢を総貸出以下に抑制する、いわゆる総量規制が実施された。これ以降、不動産関連の資金の流入が大幅に抑制された」としています。

当時、政府や世間では「バブル」とか「バブル崩壊」というワードではなく、「資産インフレ」という言い方をしていたのです。「バブル」とか「バブル崩壊」と多くが言い始めるのは1993年くらいから。今回は30年前の記憶があるのでかつてより早めにバブルバブルと騒ぎますよね。

当時の資料や、のちの関係者の回顧録などを見ると、大蔵省（現財務省）としては、今も悪評名高い「総量規制」について、時代と逆行するとして慎重であったものの「地価上昇抑制しろ！」といった声が世論や政治の世界から強まってきたのを受けて、総量規制に踏み切ったというところのようです。総量規制はバブル退治には確かに有効でしたが、一度流れが逆回転を始めると、あらゆる資産価格が雪崩を打ったように下がり始めて止まらなくなり、1991年12月20日に総量規制が解除されてももとに戻ることはありませんでした。

解除後の各紙の報道・社説は、「解除は景気への配慮であり地価はまだ高いので、土地対策そのものの手を緩めてはならない」というもので、結果的には過去にとらわれ過ぎて、社会全体として大局的な視点を持てず、判断を見誤ってしまったと言えるでしょう。

さてこのようにしてバブルは崩壊し、その後私たちは「失われたウン十年」を過ごすことになるわけですが、国民の土地神話・不動産神話を信じる姿勢には非常に根強いものがありました。1994年まで60%を超える人が「土地は預貯金や株式より有利な資産か?」といった質問に「そう思う」と回答していたのです。

内閣府の国民経済計算によると日本の土地資産は、バブル末期の1990年末に、約2456兆円にまで膨れ上がり、1985年末の2・4倍、アメリカ全体の地価の合計の4倍となったものの、これをピークに土地神話は終焉を迎え、現在では1200兆円規模にまで縮小しています。


ここまで見てきたように「バブル」とは「従来の常識を超えて資産価格が膨張し、その含み益がさらなる投資や消費をもたらす」というものです。独特の時代の空気感とでもいうものが、不況の恐怖から好況に変わったときに、人々の心理的な飛躍というか抑圧からの開放感のような反動からバブルの芽が生み出されると、メディアの論調や各企業、金融機関の動きがそれを正当化し、ますます肥大化していきます。

不況時や平時の理屈や理論をかんたんに超えるのがバブルです。そして最後は歯止めが効かなくなり、崩壊してもしばらくは止められない暴走機関車と化します。

翻って現在、世界にはかつてないほどマネーが溢れかえっており、この矛先がちょっとでも日本に向かえば、爆発的なバブルを引き起こす可能性があるのは、1990年バブルの発生時とよく似ているどころか、それを遥かに凌駕する潜在力があると言えるわけです。仮にこのようなシナリオに向かわない場合でも、マネーが溢れかえっていることに変わりはありませんから、それは資産価格の上昇というよりは、希薄化による円やドルなどのマネーの価値の低下をもたらすという意味で、構図としては似たようなものだと思います。

第5章

金融グレート・リセット

財政破綻議論の前提とは

さて、バブルはいつか崩壊するわけですが、このバブルの崩壊が金融リセットのタイミングになると筆者はにらんでいます。きっかけは、日米欧のどこか、あるいは同時多発的に起こる「金融システムの破綻」です。その原因は例えば「止まらない金利上昇」などでしょう。

そうした事態が発生した際に、例えば戦後のように国家が財政破綻をして既存のマネーの価値を数分の1に減らすような方策を取るのか、現在議論され一部では実証実験が行われている、いわゆる「暗号資産・デジタル通貨」に首尾よく切り替わるのか、どのような金融システムリセットが行われるのかは不明ですが、これがいわゆる金融システムの「グレート・リセット」です。

「日本は財政破綻する！」「国家デフォルトから預金封鎖や財産税がやってくる！」といった議論が2000年代前半からあることは前述した通りです。一方でこうした論に対し「日本は債権国だから財政破綻しない」といった反論があるのは知っています。「自国通貨建てで借金できて低金利なのに財政破綻はしない」といったご意見も、ごもっともです。「国の借金〇〇〇兆円。国民一人あたりの借金〇〇〇円」といった言説がいかにナンセンスかということも承知しています。誰かが借金しないと誰かの資産が増えないのですから、国と企業と家計といった三位一体の構図のなか、本来、企業や家計が負うべき負債が国に付け変わっているだけとも言えますからね。「国の借金」は「企業や家計の資産」なのです。

2021年11月号の月刊『文藝春秋』誌上において、財務事務次官の矢野康治氏が「このままでは国家財政は破綻する」と題する寄稿が話題となりました。与野党の政策を「バラマキ合戦」と断じており、現職次官が実名で自らの意見を寄稿するのは異例です。確かに当時は選挙戦の真最中で、「数十兆円の経済対策！」「低所得者に12万円の現金給付！」「高校3年生まで一律10万円給付！」「減収した人に給付金！」「財源30兆円でベーシックインカム」といった政策が連呼されていました。これを受けて朝日新聞の原真人編集委員が言論サイト『論座』において次のような主旨の主張を展開しています。文中に登場するMMT（Modern Monetary (Money) Theory）とは、自国通貨建ての借金をいくら増やしても財政破綻はしない、とする金融理論です。箇条書きにして要約します。

・財政に打ち出の小槌はあると言っているに等しいMMTは、財政出動を望み、かつ負担増に消極的な政治家たちにとって最も安易に、最も都合よく利用できる考え方。

・MMT論者らは、政府と日本銀行との『統合政府』で考えると、日銀が買い上げている国債（現在は約540兆円）は政府の借金にはならないと主張する。だが、日銀が民間銀行から借りている『当座預金』の借金は残る。つまり政府の破綻リスクを日銀に移転しているだけ。

・国債を買い上げすぎて日銀の財務内容が悪化し、債務超過にでもなるようなことがあれば、市場は実質破綻状態だとみなされ円が急落する恐れがある。そのとき日銀の債務超過を解消するには、政府が日銀に資本支援するしかないが、そもそも日銀の国債買い上げで財政資金をまかなっていた政府に財源調達力はない。結局、大増税で国民から召し上げるほかない。

・巨額の国債を抱えた日銀のバランスシート（財務内容）は著しく悪化するので、さらに円下落に拍車がかかる。政府・日銀の政策運営がコントロール不能となり、パニック状態に陥る恐れがある。

財政破綻するのか、しないのか。さあ、はたしてどちらが正しいのでしょうか。意見が分かれるところでしょう。しかしそもそも、こうした言説の前提は、あくまで「独立性のある中央銀行」の存在を前提としている、というところに注意してください。

なかには勘違いしている方もいらっしゃいますが、日本銀行は政府機関ではありません。JASDAQ（ジャスダック）に上場する民間企業です。米のFRB（連邦準備理事会）やECB（欧州中央銀行）も100％民間所有の銀行です。国の財政を議論するときにいつも前提となっているのは、そうした民間所有の中央銀行の存在で、学校で教えられてきた教科書的な議論なのです。

しかし今となっては、無制限金融緩和を標榜する中央銀行に、どの程度の独立性があるのでしょうか。世界金融経済は金利低下の歴史であり、近年では「ゼロ金利」「マイナス金利」といった事態に陥ってきましたが、金利の低下はシステムの体温低下、すなわち機能不全です。つまりは「現行金融システムの限界」を示しており、その臨界点も近いということなのです。

そもそも民間が所有する中央銀行に、なぜ金利を払ってマネーを供給してもらわないといけないのでしょうか？　「一般会計がどうした」「プライマリーバランスがどうした」「国民1人あたりの借金がどうした」というような、一見もっともらしいものの、実は本質的には意味のない議論を、私たちは延々とやってきたのではないでしょうか。

無から有を生む中央銀行制度

現行の資本主義経済システムは、金融機関による「信用創造」を原則として成り立っていますが、そこには「金利」が介在するため、要は「永遠に経済成長し続けることを前提としたシステム」と言っていいでしょう。金利分を永遠に稼ぎ続けなければならないのですから当然です。資本を無限大に蓄積していくのが資本主義経済システムの宿命と言ってもいいでしょう。

しかし世界的な経済成長に行き詰まりが見え、金利がゼロやマイナスとなるとこの前提が崩れてしまい持続可能ではなくなります。だからこそこれまで定期的な経済金融クラッシュが起きてきたとも言えるのです。そもそも宇宙や自然の法則に鑑みれば「永遠に成長する」といったこのシステムの前提が、人間社会にふさわしいのかといった議論もあるでしょう。

通貨発行量は現在も増加し続けていますが、これは国が借金をすることで成り立っています。国が発行した国債を受け取ると同時に、中央銀行はドルを発行し政府口座に振り込むわけです。つまりマネーの実態とは、中央銀行が政府に貸し付けた証書のようなものです。だからこそ紙幣は「銀行券」と呼ぶわけです。

その国債には金利がついていますから、言うまでもなく借りた額以上の返済が必要です。したがって常に金利分以上の成長が求められるということになるわけです。

一方で中央銀行は誰かからお金を借りることもなく、ただ政府口座に必要な額を記入するだけ。まさに無から有を生む錬金術的な仕組みが、中央銀行制度なのです。

マネーに裏付けがあるとすればそれは「国家の信用」ということになるでしょう。言い換えると国家に信用があるうちは、各国はいくらでもマネーを発行できるということになります。

2024年に新札が発行される予定ですが、本当に紙幣として発行されるのでしょうか。2019年、米ワイオミング州ジャクソンホールに各国の中央銀行首脳が集結し、カーニー英銀行総裁（当時）が中央銀行のグローバルなデジタル通貨「合成覇権通貨」の概念を世界に発信しました。あの後、先進国はもちろん新興国においてもこぞって「デジタル通貨」「暗号資産」（仮想通貨）といったものが試験運用されたり検討が行われたりしています。

バブルとその崩壊は、起こすもの

そもそもバブルやその崩壊は、理論や理屈で起きるものではなく、起こすものであるという点に留意したいところです。1929年の金融大恐慌はアメリカが何故か大量のゴールドをカナダに持ち出したのがきっかけですし、1971年のニクソンショックはイギリスがアメリカに対し預けているゴールドの返還を求めたためです。

例えばBIS（国際決済銀行）が、日本やアメリカ国債のリスク・ウェイトを現行の0%から引き上げたらどうなるでしょうか。リスク・ウェイトとは保有資産の危険度で、日本をはじめOECD諸国の国債は0％。これが例えば50％となると、日本国債を100万円分持っていても50万円しか資産計上できないということになります。となると、そんな国債を保有するわけにはいきません。あるいは保有している金融機関のバランスシート（貸借対照表）が毀損し、債務超過となる可能性もあります。そんな操作が簡単に行える状況があるということです。あくまでも「やろうと思えば」ですが。

中央銀行の資産が膨らむということは、各国の借金が増えているということです。それでも昨年、一部で騒がれた「バブルが崩壊する」「財政破綻が起き、預金封鎖や新円切り替え、財産税の可能性も」というようなクラッシュ場面、清算局面にも至っていません。

要はコロナ禍の世界は、協調的な財政出動と金融緩和、とりわけ日米は「無制限の金融緩和」をアナウンスすることで、どれだけ国が借金しようとも絶対に潰さないという意思を示したわけです。

この時、金利がコントロールできなくなればそうした意図も通用しなくなるでしょうが、今のところそうした事態は起きていません。とはいえ持続可能でないことは明らかで、現行システムをいつ終わらせるのか、という話でもあるのです。

ポイントは、「各国が膨らませた負債をどう処理するか」。戦後のように国家デフォルトとなり、憲法改正で預金封鎖や新円切替え、財産税をかけるといったドラスティックなことが行われるのか、借金は棚上げにして、別途で新システム通貨を提供する形を取るのかなど、可能性としては様々なパターンが考えられます。その動きがドラスティックであるほど、ポジションによって勝者と敗者に大きく分かれるというような事態が起きるのかもしれません。

「憲法改正で」と書いたのは、戦後の新円切替えなどの措置は、当時の「大日本帝国憲法」の規定に基づいて「天皇の勅令」として行ったもので、現在はそうした規定がないからです。ということはまず国会で審議することからスタートしなければなりませんので、そんなことをやってるうちに国民がビビって銀行から預金を引き出そうとする「取り付け騒ぎ」などが起こるでしょう。

「信用創造」の正体

中央銀行の存在を前提とした現代の金融システムに疑問を呈するためには、その成り立ちと歴史的経緯を理解する必要があります。

そもそも銀行の起源は、ゴールド(金)や金貨を預かる金細工師や両替商が持つ堅牢な金庫に、保管料を払って預けるところから始まります。ここで発行した「預り証」がゴールドなどの現物をいちいち出し入れすることなく直接やり取りされるようになったのが、いま私たちが使っている紙幣の始まりです。

つまり当時は、預り証を持っていけばいつでもゴールドと交換できる建前だったのですから「兌換《だかん》紙幣」だったわけですね。ところが、預り証を発行する側は、やがて持っているゴールドの数倍の預り証を発行しても問題がないことに気づきます。全員が一遍にゴールドを取りに来るわけではありませんから。

そこでゴールドの量を超えた、つまり実は裏付けのない証書そのものを貸付け、利息を取るようになります。こうして、必ずしもゴールドと交換できるわけではない(金の裏付けがない)証書が流通することになりますが、これがいわゆる「信用創造」の正体と言えます。要は「みんなが、証書を持っていけば金と交換してくれる」と信じることで成立する仕組みです。文字通り「信用」を「創造」するわけです。

さて、最初は各銀行が勝手に銀行券を発行していました。現在と同じいわゆる「中央銀行」を介した金融の仕組みは、1694年に民間出資のイングランド銀行ができたところからスタートします。この銀行に対し1697年、国への追加的な貸付の見返りとして、イングランドやウェールズにおける銀行券発行の独占権が与えられます。また1708年には6名以上の出資者による株式組織の発券銀行の設立を禁止する条例の発布に成功し、通貨発行権の独占的な地位を確立します。各民間銀行が独自の銀行券を発行できなくなったわけです。

他の民間銀行は仕方なく独自の銀行券の発行業務から撤退し、イングランド銀行券を使用するようになります。イングランド銀行の主要業務は「政府に対する貸付」。フランス相手の戦費調達に苦慮する名誉革命政権（ホイッグ党政府）を支援するとして年8％の利子（および4000ポンドの管理費）を政府から受け取るほか、資本金と同額まで銀行券を発行して各種の銀行業務を始めました。

イングランド銀行は1946年に国有化されましたが実質的に運営目的は何も制限されず、金融監督権限を持っています。国が中央銀行に借金をし、国債という証書を発行しながら利息も付けて返済するという仕組みで、これが今私たちが「国の借金○○○兆円！」と叫ぶモデルの原型です。そして中央銀行に連なる民間金融機関が企業や個人相手に融資を行うと行った現在の枠組みができあがりました。後のイギリス発の「産業革命」には、この中央銀行制度が不可欠だったと言えますが、何よりこの「信用創造システム」の発明が革命的なものでした。

基軸通貨の宿命

１８２３年にはイングランド銀行が発行する銀行券と金の兌換ができる金本位制を確立します。したがって自ずと銀行券の発行上限が決まっており、無制限に刷り散らかすことはできませんでした。この「金ポンド本位制」がポンドを世界初、有史以来初の世界基軸通貨にします。

しかし基軸通貨には、避けられない宿命があります。なにしろ世界中の貿易で必要とされるわけですから、ポンドはどうしても強く、高くなります。ゆえにポンド高になるとイギリスから他国への輸出が不利になり、したがって貿易赤字が膨らむ運命にあると言えます。

こうしてイギリス製品は輸出競争力を失い売れなくなり、衰退していきます。それを避けようとしてポンドを刷りまくれば今度は財政赤字まっしぐら。恒常的な「双子の赤字」（貿易赤字と財政赤字のセット）はこうしたメカニズムで、後に基軸通貨となったドルのアメリカもこうした理屈によって、自動車をはじめとする製造業を手放し、イリノイ、インディアナ、ミシガン、オハイオ、ペンシルバニアといった、かつては繁栄していたラストベルト（Rust Belt　錆びついた工業地帯）が生まれ、そうした負のエネルギーが、「アメリカファースト」をうたう2017年のトランプ政権誕生の遠因の1つになりました。

戦費の調達先

次の転機はフランス革命とナポレオン戦争後のヨーロッパの国際秩序の回復を図ることを目的として開催された、欧州を中心とした「ウイーン会議」（1814～1815年）と呼ばれる国際会議です。

国際会議というと聞こえはいいですが、要は「戦乱後の資産と領土の分割会議」みたいなもので、ここで現行のグローバル社会の統治体制の原型というか起点ができたと言っていいでしょう。映画『会議は踊る』（1931年）の描写はこの会議にあります。このときにできたのが世界の中央銀行の親玉的な位置づけといえるBIS（国際決済銀行）です。

欧州に一通りの決着がついたら次はアジアへGO。イギリスは1840〜1842年のアヘン戦争で中国へ進出し、そして1853年には日本にイギリス船籍の船に乗ったアメリカ提督ペリー率いる艦隊が開国を求めてやってきます。以降、1868年に明治維新が起こり、西洋社会による東洋への侵食が怒濤の勢いで進みます。

開国によって欧州発の産業革命が持ち込まれた日本はここから一気に近代化を進め、「眠れる獅子」と呼ばれる清に打ち勝つ日清戦争（1894年）、1902年に日英同盟を結びつつ世界を驚嘆させた日露戦争（1904年）での勝利を経て頭角を現し、1906年には南満州鉄道設立、1910年に韓国併合と時代は進みます。

さてこうしたプロセスで大事なのは「軍備や戦費をどうやって調達したか」ということ。戦争には莫大なカネがかかるのです。日清戦争から第二次世界大戦における敗戦まで、日本は1年たりとも中断することなく戦費を支出してきました。例えば日清戦争は2億33

40万円、日露戦争はその10倍近い18億2629万円。日中戦争・太平洋戦争は3000倍以上の7558億8873万円とケタ違いに膨らんでいきます。

日本の中央銀行である日本銀行は、日清戦争前の1882年に、フランスのロスチャイルド家にアドバイスを受けながらベルギーの中央銀行をモデルとして設立されました。その出資比率は国が55％、残り45％が民間。JASDAQ（ジャスダック）に上場するれっきとした法人です。

日露戦争開始前には戦費が足りず、ロンドンにある高橋是清の旧友アーサー・ヒルの家で開催された晩餐会で、戦費調達に奔走する高橋是清のとなりの席に「たまたま」座ったのがヤコブシフ（クーン・ローブ商会）でした。彼が金融関係者に声をかけると、その信用から即座に戦費が集まります。

ヤコブシフといえばアメリカのロックフェラー財閥のメインバンクかつ財政アドバイザーとして有名ですが、このヤコブシフは少年時代、初代マイアー・アムシェル・ロスチャイルドと同じフランクフルトのゲットーの建物に同居していました。いわばロスチャイルドからロックフェラーのもとに送り込まれた要員というか代理人と言っていいでしょう。

つまりはロックフェラーの監視役・お目付役ですね。

そしてこのクーン・ローブ商会に、後のＦＲＢ（米連邦準備制度理事会）創設の立役者であり、やはりロスチャイルドの代理人であるポール・ウォーバーグが入るわけです。ちなみにクーン・ローブ商会は後の、あの「リーマン・ショック」と名指しされることになった「リーマン・ブラザーズ」です。

170年たらずでトップにのし上がったアメリカ

１９１３年に設立されたＦＲＢ（米連邦準備制度理事会）は政府機関ですが、各連邦準備銀行の株式は民間金融機関が保有しており、アメリカ政府の持ち株はゼロのれっきとした民間金融機関です。第３代アメリカ大統領トーマス・ジェファーソンは「私有銀行がアメリカ合衆国の通貨の発行権を握ってしまえば、彼らはまずインフレを作り出し、それから一変してデフレにすることで、国民の財産を奪うだろう」と警告を発しましたが、これができちゃったわけです（このＦＲＢ成立のプロセスにはものすごくグレーな経緯があるのですがここでは省略します）。

するとタイミングを見計らったかのように翌年の1914年から第一次世界大戦が始まります。主戦場となったイギリスをはじめとする欧州各国は生産設備が破壊されたうえ、戦費調達などで国力を弱める一方、本土が直接戦火に巻き込まれなかったアメリカは武器や食料を欧州に輸出する特需を産み、国力を増していきます。

こうして世界大恐慌（1929年）や第二次世界大戦（1939年〜）を通じてイギリスに変わりアメリカが世界のリーダーへとのし上がっていくわけです。1776年の建国からわずか170年たらずで世界のトップにのし上がるとは、私たちは世界史でそれを普通に学びますが、考えてみれば不思議な話です。

初代マイヤー・ロスチャイルドの夫人であり、のちに世界の金融の中心となる5人の息子たちの母であるグートレ・シュナッパーが「息子たちが戦争を望まなかったら、戦争は1つも起こらなかったでしょう」と語ったのは有名な話です。

このあたりの話は、学校で学んだこともなければメディアに取り上げられることもほぼありませんので、日本人がうといところなのです。そもそも金融とはどのように始まったのかというあたりから、私たちは学びなおしたほうがいいのかも知れません。日本では「ユダヤ」の定義すらままならない、議論にならないのが現状です。

ゴールドの裏付けがなくなったドル

二度の世界大戦を経て「ブレトンウッズ体制」が出来上がります。ブレトンウッズ体制とは「世界経済不安によって、二度と世界大戦を引き起こさないこと」「第二次世界大戦後の世界経済を安定させること」を目的として、1944年7月にアメリカのニューハンプシャー州ブレトンウッズで開催された「連合国通貨金融会議」と呼ばれる会合において締結された世界通貨の体制です。

このときアメリカの「米ドル」が基軸通貨として決定され、ゴールド1オンスと35ドルの交換レートとする金本位制としました。ドル紙幣はゴールドと交換できたわけで、ちゃんと資産の裏付けがあるマネーです。同時に日本円との関係では1ドル＝360円の固定相場制が取られました。なぜ1ドル＝360円と決まったかについては実はよくわかっておらず「円は○で360度だから」といった俗説もあります。

このことによって世界の為替レートが安定し貿易も活発化しましたが、先進国を中心とする圧倒的な世界経済の成長スピードや、1960年代のベトナム戦争などでアメリカ経済が疲弊したことなどで、アメリカ一国のゴールド保有量では世界の金融経済を賄うだけのドルを供給できなくなります。

そこで1971年の「ニクソンショック」ではゴールドとドルの兌換（交換）を停止。ここから円やドルといったペーパーマネーの価値は裏付けなく、際限なく刷られるようになったのです。例えば1万円は25円程度のコストで印刷できますが、みんなが信用しているから1万円の価値を持つわけです。かつてドルはゴールドと交換できたから信頼されていたのですがその後ろ盾がなくなり、つまるところ、紙幣を発行する「国家の信用」が命綱となっているわけです。

日米欧ともほとんど無制限にマネーを供給し「国の借金が大変だ！」みたいな議論になっていますが、そもそも今となってはなんの裏付けもない紙幣をみんなが信用して使っているのですから、日銀を介さず政府紙幣発行でいいのではないでしょうか？　そしてそもそも一体、誰が誰に借金しているのでしょうか？　という話ですね。世界のどこを見渡しても、財政豊かで健全な国などどこにも見当たらず、なぜ各国が借金に苦しむ構図になっているのか？　ということです。

ゴールドは世界で14万トンしかなく（ないとされ）、ゴールドを生成する錬金術が不可能である以上、通貨発行権は「錬金術」と言えるでしょう。一方で国に通貨発行権はなく、税収を期待しつつ国債発行ができるだけ。国が元本に利息をつけて返すという国債という名の借用証書・債務証書を発行し、国は国民や企業から税金をかき集めて金融機関や民間保有の中央銀行に返済するわけです。要はお金が税金→国→中央銀行→出資者へ流れる仕組みですね。つまり私たちが手にしているお金は、資産のように見える一方、国から見れば中央銀行に対する借金であるということになります。

肥大化しながら暴れるカオナシ

ブレトンウッズで決まった1ドル＝360円（固定相場）という、今思えば破格の安さ（円安）で輸出を伸ばし、日本が劇的な経済成長をはたした後、ニクソンショックを経て1973年には現在のような変動相場制へ移行します。1980年代後半のバブルと1990年のバブル崩壊。1996年から2001年にかけて「日本版金融ビッグバン」と呼ばれる金融自由化が進められ、さらなるマネー膨張の準備を整えた後、2008年の「リーマン・ショック」では世界の金融システムがフリーズしてしまったものの、各国の中央銀行が介入することで破綻を回避してきました。

リーマン・ショックの前には、アメリカ政府がファニーメイやフレディーマックといった住宅金融機関に公的資金を投入したところ批判が相次いだため、民間金融機関であるリーマン・ブラザーズを放置したところ、あのような事態となりました。アメリカ金融経済を創造してきたクーン・ローブ商会を吸収合併したリーマン・ブラザーズが破綻したのは象徴的です。

翻って今回のコロナショックですが、前述した通り、現在はＦＲＢ（米連邦準備理事会）やＥＣＢ（欧州中央銀行）、そしてもちろん日銀もかつてないほど金融緩和をしています。今回は公的資金投入で金融システム破綻を救える可能性は限りなく低いのではないでしょうか。

世界のマネー総量は史上最高に膨らみ、ジブリの映画『千と千尋の神隠し』に登場する何でものみこむ怪物「カオナシ」のように、際限なく膨張し続けています。今回は各国がどうにかできるサイズではないものと思われます。肥大化しながら暴れるカオナシがやがて全てを吐き出し、小さくおとなしくなったように、システムリセットが必要になる日がやってくるでしょう。世界のはて、いや宇宙のはてまで無限膨張することが運命づけられている現代金融システムは自然の法則にも、おそらく宇宙の法則にも合わず、そもそも持続可能性はないので、だからこそ定期的にクラッシュすることが定めであるとも言えます。

金融システムの体温である「金利」が死んで（低金利・ゼロ金利・マイナス金利）しまっているわけで、そのうちどこかで金利上昇が始まり止められなくなったらジ・エンド。だからこそ「グレート・リセット」だとか「合成覇権通貨」「暗号資産」が検討されているのでしょう。新システム移行時にソフト・ランディングできるのか、ハード・ランディングを伴うのか。またそのプロセスはどう推移するか、そのあたりはまだよくわからないところです。

第6章
様変わりする世界情勢

分裂してゆくアメリカ

このような大きな時代の転換期のなかで、今後は日本をめぐる国際情勢も大きく様変わりすると筆者は考えています。

まずは米国。1950年代以降「世界の警察」を標榜し「ドル覇権」を握り世界のトップに君臨してきたように見える米国ですが、今後は没落の一途をたどるでしょう。1ローカル国家に転落です。

アメリカにおいて致命的なのは、国民の中の「決定的な分断」です。これまでも1％対99％と言われるような残酷な格差社会が形成されてきましたが、さらに2020年、大統領選においてトランプ支持者とバイデン支持者との間に深い溝ができました。アメリカは壊し屋のトランプ再選よりも、より深い対立を生み、もっと混乱・混沌が進み、ぶっ壊れるバイデン政権を選択したというわけです。

トランプ政権は、かつてのブッシュ、オバマあるいはクリントン的なアメリカの従来型体制を打破するべく誕生したもので、クリントン的な基本構想は「ドルと金融、そして軍事による世界覇権」でした。対してトランプの基本構想は「ドルや米軍の世界からの引き上げ。ローカル国家に戻る」です。これが「アメリカファースト」であり「他国のことなんかかまっていられない」ということです。だからこそ、対米貿易では圧倒的な黒字をたき出している日中に対し、厳しく貿易赤字を削減交渉したりしてきたのです。

大統領選挙で負けたトランプ支持者、強い言い方をするとトランプ信者の一部は現在、バイデン政権が誕生した選挙結果は不正があったとして受け入れず、より先鋭化、場合によってはカルト化しています。

トランプ自身だけではなく、支持者の多くのTwitterなどSNSアカウントは閉鎖され、表向きには沈静化しているように見えます。しかし、一時はアマゾン・ウェブ・サービスから排除され、議会議事堂襲撃の謀議の中心地だったと目されるソーシャルメディア・プラットフォーム、パーラー（Parler）において、保守派のポピュリスト運動であるティーパーティーの創設者であるマーク・メクラーがCEOに就任したことで、2021年2月に復活。参加者は2000万人とも言われます。またトランプは2021年10月に独自のSNS（TRUTH Social）を立ち上げ、2022年から稼働させるとしています。

2022年には大統領選の中間選挙があり、トランプ前大統領が具体的にどのような手を打ってくるのか不明ですが、トランプの役割は「アメリカを取り戻す」というよりは「アメリカを解体する」と言ったほうがふさわしいでしょう。例えば米国債などの負債はコロンビア特別区（ワシントンDC）に押し付け、フロリダ、アリゾナ州などを皮切りとした分離・独立のような動きまで想定できるかもしれません。つまりアメリカという国家の経営失敗は、あくまでワシントンにあり、各州は関係ないという言い分です。そもそもトランプの共和党には、中央政府が嫌いな人が多いのです。「だから税金も払いたくない。その代わり自分たちのことは自分たちでやる」といった姿勢です。

米国左派の中ではアンティファといった社会主義的活動家が、極右の過激派組織ではプラウドボーイズ、さらにはアナーキスト（無政府主義）が力を増しています。彼らはバイデン政権はもちろん、保守的で愛国的なトランプ支持層とも決定的に折り合わず、しかも前回は不正選挙疑惑といった因縁が残りました。一言でいうとアメリカ国内政治動向は「ぐちゃぐちゃ」。こうした状況はあたかも花瓶を落として割ってしまったようなもので、もうもとには戻せないでしょう。

こうしてアメリカは国内のことで手一杯となります。それは米ドル覇権・基軸通貨の終焉を意味し、世界の警察としての米軍も大縮小となります。巨視的に見れば第二次世界大戦後のアメリカの役割は終焉を迎えるということです。「ベルリンの壁崩壊」「ソ連崩壊」といった、当時では考えられないような歴史的な動きがおよそ30年前に起きたのと似ています。

「アメリカンドリーム」や「自由の国」といったフレーズはとうに昔のこととなり、優秀な人ほど自分の生まれた国に帰るとか、より自由な国に移動するなど、米国外への人材の流出が起きるでしょう。定性的な話ですが、アメリカ在住の私の友人知人も、日本に戻りたいという人が多かったりします。人が動けば資産も国外へ流出。人や資産が海外へと出ていき空洞化するのは、歴史を振り返れば文明や国家が滅びるときに共通して起こってきたことで、今回の米国の変化はそれに値するということです。

はしごをはずされる日本

アメリカが大きく変わるのなら、日本もこのままではいられません。世界的に見れば「日本はアメリカの言うことを聞く国。だから主体性がないよね」と見られているのが実態で、政治・官僚・財界もアメリカ様を見て仕事をしてきたのに、これが崩れるのですからたまったものではありません。

戦後長らく「軍事」「通貨」を武器に世界のリーダーとして君臨してきたアメリカ。マッカーサー元帥がパイプをくわえて厚木飛行場に降り立った映像は日本人なら誰もが観たことがあるはずです。「私は日本国民に対して事実上無制限の権力をもっていた。歴史上いかなる植民地総督も、征服者も、総司令官も、私が日本国民に対してもったほどの権力をもったことはなかった。私の権力は至上のものであった」と本人も回顧録に記していますが、パイプの映像も、昭和天皇との2ショット写真も、後の言動も、自身をいわば神格化することで天皇の上の存在であるという事を刷り込み威厳を保ちたかったマッカーサーの意識的な演出だったことがわかっています。日本はマッカーサーによって「対米従属」とでもいうような意識を根底に植え付けられたのかも知れません。

太平洋戦争後の日本を占領・管理するための最高司令部だったGHQ（General Headquarters／連合国軍最高司令官総司令部）に予算や法律など重要政策について事前の許可や了解を得る

とか、助言という名の命令を受けるなどした実態や、その後の日米の実質的な関係性をもって「日本はアメリカの属国だ！」「日本はアメリカの51番目の州だ！」といった物言いをする人がいます。それもあながち間違いではなく、アメリカ軍が日本の各地にいて、そのくせいざとなったら日本を守るためにいるわけでもなく、実態としては中東や大陸に向けた前線基地化しているのは、なにやら領土を占領されているようでもあります。

そして主に太平洋戦争後、マネーを通じてアメリカと緊密に結びついてきた我が国日本。そもそも日本がアメリカに対し、なぜ長らく一方的な貿易黒字を続けることができたのか。普通に考えればこんなことは持続不可能な話です。結果を見ればそれは、日本が自動車輸出などの貿易で儲けたマネーを、米国債購入などを通じて還流させる流れになっていたわけです。そしてそのマネーは巡り巡って、米金融市場や軍事に利用されてきたということになります。

「対米従属」とも揶揄されたりしていますが、実際にはなにもアメリカに一方的にやり込められているわけではありません。その体制をよしとして恩恵に預かる政官財といった構図があり、そんな事情もあって1990年バブル崩壊以降、必要な変革を行わず、失われたウン十年を過ごし、GDPも伸びず所得も伸びないデフレ経済を続け、硬直化した社会を自らつくってきてしまった側面もあると言うことです。

要は「日米同盟」を利用して自身の地位を確保する、利権を得ると言った国内の意思もあったわけで、双方持ちつ持たれつだったということ。そのアメリカが大きな体制変更を迫られているわけで、こうなると日本ははしごを外された形です。長年アメリカとの同盟関係、協力関係、悪く言えば癒着関係を続けてきた日本の中枢部分も、解体・分解を余儀なくされているというわけです。

アジアに軸足を移し始めたイギリス

少し前から、かつて世界の4分の1を支配した大英帝国イギリスが大きな動きを見せているのは周知の通りです。一足早くブレグジット（Brexit／イギリスを表す「Britain」と離脱という意味の「exit」の2つの英単語を合わせた造語）でEU（欧州連合）から離脱し、インド太平洋地域へのコミットを明確にしています。

2021年5月1日。イギリス海軍の空母「クイーン・エリザベス」は打撃群を構成する他の艦船とともに母港ポーツマスから出航。同空母は28週をかけてインド太平洋地域に派遣され、日本をはじめ40以上の国々と70以上の訓練を実施しました。

イギリスのウォレス国防大臣は「インド太平洋地域において低下した同国のプレゼンスを、空母打撃群を派遣することで回復させる」と発言していますが、つまりイギリスは、EUから離脱した後は、約50年ぶりに世界国家への返り咲きを目指しているのです。グレート・ブリテン（Great Britain）からグローバル・ブリテン（Global Britain）への大転換です。

イギリスが公表した、EU離脱後の国家ビジョンを記した戦略報告書「Integrated Review」に「グローバル・ブリテン」について言及があります。グローバル・ブリテンとは、イギリスがインド太平洋地域に戦略的重心を移し、同盟国や友好国と政治経済的な結びつきを強化。インド太平洋地域から形成される新たな秩序作りに関与することを意味しています。

すでにTPP（環太平洋連携協定）加盟も決まっている一方で、香港国家安全維持法やウイグル人権問題を理由に、民主主義や自由、人権を掲げつつ、中国に制裁を発動するなど思い切ったプレゼンスを発揮しています。ここで英国が最も重視しているのは日本との連携です。2017年8月、当時の英国メイ首相は安倍首相と東京で日英安全保障共同宣言を発表しました。日英が互いを「同盟国」と呼ぶのはおよそ100年ぶりのこと。あたかも「新日英同盟」とでもいうような接近ぶりです。

このように日本にとって親分だった米国が引き、新親分として、そもそもアメリカの親分だったイギリスが直接インド太平洋に乗り込んでくる構図のなかで、日本の旧体制がそのままでいられるはずがありません。太平洋の向こう側のアメリカばかり向いていないで、反転してアジアを見る必要がある、ということです。

国際金融センター化する日本

こうしてインド太平洋に世界の軸足が移るといった大きな文脈のなかで、棚ぼた的に日本にマネーが流入するのは間違いないと思います。

先述した通り、イギリスがEUから抜け、日本と仲良くしたいと秋波を送っており、それはあたかも「新日英同盟」のようでもあります。そもそもイギリスがEUを出るということは、金融を握るロンドン・シティがイギリスごとEUから出て、金融の中心がこの後どこに向かうのかということが注目されていました。それがアジアであることはある程度予想されており、概ね想定通りだったといっていいでしょう。

それと軌を一にするように日本では、金融拠点を東京のみならず複数設けようという話が出ており、現時点では大阪・福岡が名乗りを上げています。現在政府は「政情不安の香港に代わるアジアの金融ハブをつくる」として「国際金融都市構想」を掲げ、所得税や相続税の負担軽減や英語で行政手続きが可能なサポートオフィスの設置といった環境整備を進めています。

実は、日本の国際金融ハブ機能を強化する構想は初めてではありません。1989年後半のバブル景気の最中には「東京を国際金融センター化しよう」といった機運が高まりましたが、後のバブル崩壊で立ち消えに。こうした構想はその後も浮かんでは消え、どれも決め手に欠いた感が否めず、むしろ金融センターとしての国際的な地位は低下してきました。

2021年9月にイギリスのシンクタンクZ／Yenグループと中国（深センセン）総合開発研究所が発表した「世界金融センター指数」では、ランキングの上位10都市はトップから順に、ニューヨーク、ロンドン、香港、シンガポール、サンフランシスコ、上海、ロサンゼルス、北京、東京とパリは9番目。東京はかつては3位でしたが、ジワジワと順位を落としてきました。

日本は税制面で遅れを取っており、法人実効税率は香港やシンガポールの2倍近く、相続税や所得税の負担も重く、課題となっています。先述した規制緩和だけでは香港やシンガポールなど上位国に追いつくのに不十分でしょう。そもそも日本は米国に比べて金融アドバイスの市場が成熟しておらず、豊富な預貯金が投資に向かっていない実情があります。個人の金融資産は他国を圧倒して1900兆円もあるにも関わらず。水が低いところに流れるように、マネーは規制と税制の緩いところに流れます。ロンドンは世界最大の租税回避地（タックスヘイブン）とも称され、不透明なお金の流れが繁栄を支えている面があります。

最も考慮しなければならないのは、金融センターの競争力が銀行・証券の集積でなく、資産運用業あるいはファンドマネージャーの集積によって評価されるようになっている点です。例えば、日本の投資信託協会正会員数約200社、投資顧問業協会会員数約780社（一部は両協会に加盟）に対して、香港の登録資産運用業者は1600社超。シンガポールもインセンティブ税制や新興運用会社支援措置など、大小の資産運用会社の誘致に注力してきました。他にも、帰国子女や外国人の子供達を受け入れるだけの学校の整備や、ナニー（母親に代わって乳幼児教育を行うロフェッショナル）制度の確立など、生活面でのサポート体制も必須でしょう。

こうした構想が実現に向かうのかは不透明なところですが、実現すれば多くのマネーが日本に流れ込みます。もちろん高給取りの人材が大量に国内に流れ込み、日本経済を活性化させる効果もあるでしょう。このとき日本には、彼らが住むような間取りが広めの高級レジデンスが圧倒的に足りず、したがって対象物件は賃料・価格とも大きく高騰するかもしれません。

不動産市場も当然活況を呈するでしょう。ただしあくまで地域限定で、東京都を筆頭として、札幌・仙台・名古屋・大阪・広島・福岡（順不同）などの大都市や、地方でも県庁所在地などのオフィスやそれに紐づく住宅などが中心となります。

縮こまる中国

中国不動産大手の恒大について破綻懸念が広がっています。また同様に中国の不動産市場全体について「バブル崩壊するのではないか？」といった懸念が出ています。

しかしこうしたことがリーマン・ショックに象徴される金融システム崩壊につながることはないでしょう。端的に言うと現在の騒動は中国共産党が意図的に、故意に起こしているものではないかと筆者はにらんでいるからです。その理由は「店仕舞い」です。21世紀になって顕在化した「表向きの」米中対立を終わらせるのが目的です。戦後は「米ソ対立」でした。現在は「米中対立」ですが、こうした大国による対立構図を終焉に向かわせているように私の目には映ります。

こうした物言いには違和感をお持ちになる向きが多いことと思いますが、そもそも世界というのは「国対国」のような構図で動いているわけではないことに注意が必要です。教科書通りに、あるいはニュースで報じる前提で世の中が進行しているわけではない、ということです。もちろん、今回の件で一気に金融システムが崩壊する可能性もゼロとはしません。が、いずれにしても今後、世界が向かう大きな方向性は変わらないでしょう。

戦後に米ソ対立の冷戦構造があったように、昨今は「米中対立」の構図を前提として国際社会は動いてきました。それがトランプ政権誕生で「アメリカファースト」つまり、世界から軍を引くと同時にドル覇権を終わらせることで、1ローカル国家へ自ら転落させる政策を取りました。それなのに、アンチトランプのはずだったバイデン政権でもその政策が引き継がれているのは、不思議ではありませんか？

同様に中国は、自国企業の上場を邪魔したり、なぜか英語教育を終わらせたりと、やはり米同様に「縮こまり戦略」「自滅戦略」とも取れる動きを見せています。そんな中での中国不動産大手・恒大の破綻懸念騒動ですが、共産党としては無理矢理にでも救おうと思えば救えるところ、金融機関にまで手を回す（しているであろう）などして、放置どころか破綻を助長しているように映ります。中国恒大に対し、金融機関が融資の早期返済を求めたり、新規融資をストップをかける動きを見せましたが、こんなことをすれば不動産市場に急ブレーキがかかり、やり方によっては不動産市場が崩壊する可能性だってあるのです。

このようなことを金融機関の判断だけで行ったということはないでしょう。中国は日本のバブル経済やその崩壊についてよく研究しており、日本が金融を通じてバブルつぶしをした結果どうなったか理解しているはずです。推測ですが、共産党としては、不動産バブルが大々的に崩壊する前に、個別にバブルつぶしをしておこうということなのだと思います。1990年を境として起きた「ベルリンの壁崩壊」「ソ連崩壊」のようなことが今起きているのです。

良く言えば米国の同盟国、悪く言えば属国とされてきた日本はここで、思い切った方向転換ができればいいのですが、現政権にもおそらく次期政権にもそうしたことは望めないでしょう。したがってあくまで受動的に、大変化の波に飲み込まれていくといったことになりそうです。1853年にペリー来航のような外圧をきっかけとして明治維新が起きたように。敗戦後にそれまでの軍国教育がすっかり鳴りを潜め、経済成長を求めたように。そして今回は同時に、AIやロボット、ゲノム解析や宇宙開発といったテクノロジーを織り込みながら時代や文明の一大転換を迎えるといった、非常にエキサイティングな局面がこれからやってくるでしょう。

第7章

激変する時代の投資戦略

結局、何に投資したらいいのか

さてこうした社会の激変期や、やがて訪れる新しい社会を見据えて、筆者によくいただく典型的な質問は「何に投資したらよいか」というものです。株・ゴールド・仮想通貨・不動産・ドルなど多様な選択肢があるなかで、一体何に投資をして、どのように資産を守ればいいのでしょうか。

まずビットコインやイーサリアムといった仮想通貨ですが、その価値の裏付けは需給のみであり、いつゼロになっても全く不思議ではない性格のものです。発行上限があることは理論価格形成に寄与しません。資産保全の一端としてその地位を一定程度確保する可能性はありますが、いつゼロになってもおかしくはないといった位置づけでみておくのがいいでしょう。

ゴールドは最も固い投資でしょう。しかし、それ自体は何も収益を生まず、利用できるものでもないので、全資産を振り向けるわけにもいきません。金融システム破綻直前には、資金繰りに窮したホルダーがありとあらゆる資産を投げ売りをする可能性があり、その時点で一旦ゴールドの価格も大幅下落することも考えられます。

　株式は世の中がどうなろうとも、その企業が消滅しなければ所有権は残り、将来に渡って安定的な配当を生み続けるものもあるでしょう。言ってみれば株式というのは、企業の所有権を分割したものですからね。具体的な分野や銘柄への言及は避けますが、いずれにせよグレート・リセット前後で株式市場の勢力図は大きく塗り替わっている可能性が高いでしょう。ビッグベンチャーが生まれる可能性も高いと思います。１９４６年の終戦間もない頃、資本金19万円で創業された「東京通信工業」(現ソニー)はちっぽけなベンチャーでしたが、今や押しも押されもせぬ一流企業となっています。そんなイメージです。

　ドルやユーロなどの通貨は、円に何か決定的なクライシスがあれば結局は同じ運命です。逆にドルやユーロが暴落すれば円も影響は避けられません。世界の金融システムが揺らいでいるのですから「円とドルどちらがいいか」という話ではないと思います。

　これまでも世界の金融システムに揺らぎが生じた時、常に安全資産とみなされ買われてきたのは日本円とスイスフランです。最後に残るのは定石的に言えば円かスイスフランであることから、通貨で持っておくなら円のままでいいだろうということになります。

ただし、預金保険制度の上限1000万円（ペイオフ）を意識しておくとか、全額保護される「決済性預金口座」に預けておくといった対策は事前にしておきたいところ。「決済性預金」とは「預金保険制度により預金の全額が保護される普通預金」のこと。この口座には金利は付きませんが、そもそも昨今の預金金利などゼロのようなものですから。

三極化下位15％の不動産は即売り

不動産はどうでしょうか。前述した3極化の構図のうち、どこに当てはまるかで戦略は異なります。

まず下位15％の「無価値化・マイナス価値化不動産」については、不動産だけの相続放棄はできないので、基本的には即座に処分したほうがよいでしょう。身もふたもない話になりますが、カネばかりかかって将来性がないためです。

このような不動産のために、2023年には新制度「相続土地国庫帰属制度」が利用できる予定です。これは簡単に言えば「土地を手放せる制度」ですが、実はあまり使い勝手がよくありません。まずあくまで「土地を手放せる制度」ですから、建物が建っていれば自費で解体する必要があります。木造2階建て・30坪程度の建物なら150〜200万円。重機が入らないなど道路が狭いところなどではもっとかかります。土壌汚染や埋設物がないのも前提となり、例えば井戸や浄化槽があれば撤去しなければなりません。そのうえで審査手数料を支払い、10年分の土地管理費相当額も支払ってやっと手放せるのです。10年分の管理費は、市街地の200平方メートルの宅地で約80万円です。

簡単に言えば、固定資産税や維持費が負担であれば、価格がゼロでもマイナスでも即座に手放してしまったほうがいいでしょう。「もっとかんたんに土地・建物の放棄ができる」といった法案成立や改正に期待するなら、もう少しそのままでいいのかも知れません。いずれにしても、あまりに制度設計を緩和すると、国が引き取る制度がゴミ回収のようになってしまい、収集がつかなくなることを危惧している、といった前提は理解しておく必要があるでしょう。

また、空き家をあまりに放置しすぎて「迷惑空き家」に指定されたら大変です。2015年成立の「空き家対策特別措置法」では「特定空き家に対する助言・勧告・命令に従わなければ50万円以下の罰金、最後は行政代執行で建物を解体して、解体費用を所有者に請求できる」とされています。

「実家が空き家になったら」と、漠然とした不安を持っている向きは多いでしょう。典型的なのは1947〜1949年生まれのいわゆる「団塊世代」を中心とした人口ボリュームゾーンを親に持つ、40〜50歳代を中心とした団塊ジュニア世代です。

マイホームを持つことが夢であり、共同住宅であるマンションではなく「一国一城の主」として一戸建てを都市郊外に持つのが住宅すごろくのゴールだった団塊世代と異なり、ジュニア世代は圧倒的に共働き世帯が多く、かつ自動車保有比率も低いこともあって「都心」「駅前」「駅近」を求めます。都市郊外駅徒歩15〜20分、ましてやバス便立地に住む親の実家を将来引き継いだとしても、そこに住むつもりはありません。

日本人の平均寿命は男性が81・64歳、女性が87・74歳（厚生労働省／2020年）。親にはもちろん元気で長生きしてほしいものの、やがて実家が空き家になった時、そこに住宅ニーズがないことを子世代は知っています。一方で親世代は、かつての都市郊外ベッドタウンにそこまでニーズがないとは思いもよらず、さほど問題意識もないことが多いのです。

すでに現在の住宅購入ボリュームゾーンは30代中盤と、ジュニア世代より一回り下で、人口は団塊世代の半分程度。そのうえ団塊世代のように、住宅の「所有」にこだわる風潮はなく、ジュニア世代より共働き比率が高く、自動車保有率は一段と低下しています。すでにこんな事態である中で、さらに時間が経過すれば、実家の不動産ニーズは細るばかり。近隣に空き家も増え需給悪化も必至。市場で売却しようとしても買い手がつかないどころか、タダでも引き取り手があるかどうかというところです。

こうした話はベッドタウンに住む親世代には受け入れがたい話でしょう。しかし住宅ニーズはすでに大きく変わったのですから、ご自身の成功体験からくる価値観は一旦捨ててほしいところです。

経済合理性の観点からのみ言えば、団塊世代を中心とした世代が一斉に入居した都市郊外ベッドタウンなどで、駅徒歩10分を超えるものは、たった今が最も価値が高く、後は時間の経過とともに減価していくのみ。地域や立地ごとに、年率マイナス２％なのかマイナス４％なのか、下落率の違いがあるだけです。年率マイナス４％を15年続けるとおよそ半値となる計算です。

知っておいていただきたいのは、すでに実家を相続した子供世代が苦労していること。

実家を相続しても「1.相続争いが起きる」「2.思い出が残っている」「3.売ろうにも売れない」など様々な理由で不動産の処分に困っているケースは思いのほか多いものです。特に「1.相続争いが起きる」のケースでは、不動産や現金・株式などの配分を巡って折り合いがつかず、結局実家を空き家のまま放置し、建物が傷み商品価値を下げる上、時間の経過とともに価格を下げると言ったスパイラルに陥ります。一番いいのは親世代が事前に、実家をはじめとする財産の処分方法を遺言などで残しておくことです。

中位70%の不動産も早めに売却

中位70%の「ダラダラ下落する不動産」も、時間の経過とともにその価値は下落していくわけですし、建物が空き家の場合、そのままにしておくとどんどん傷み、ますます売る・貸すなどの処分が難しくなりますので、できれば1秒でも早く売却したほうがいいのです。のんびりしていると周辺にどんどん空き家のライバルが増え、ますます処分できないというスパイラルに。将来、そこに自分たちや親族の誰かが住むといった予定でもない限りは、早めの処分をおすすめします。

とはいっても「相続で揉める」「思い出が残っている」といった感情的・情緒的理由が多分に含まれるのが不動産だという側面はよく理解しながら、あくまで経済合理性にのみフォーカスしてお伝えしていますことをご了承ください。

売ったり貸したりせずそのままにしておく場合でも「管理」は適切にしておく必要があります。「雑草の刈り取り」「ポスト周りなどの整理」「換気」「建物不具合の発見と対応」など。休日のたびに時間を割いてこうしたことを行うのが負担に感じる場合には、エリア内に「空き家管理サービス」を提供する事業者があれば、月々5000円～1万円程度で管理を依頼できます。その場合でも固定資産税は当然支払う義務がありますし、建物に不具合があれば修繕費用がかかります。それでも空き家は、不法侵入によるいたずらや放火など、犯罪の温床になり得ることに留意です。

「賃貸に出す」という手もなくはありません。ただしこれは、ある程度の水準の賃料がとれないと採算が合わないことも多いのです。大抵の場合、貸す前に、一定の修繕やリフォームが必要になりますが、例えば30坪の4LDKだと、床壁天井を一通りやるだけでも150万円ほどかかります。さらにキッチンや洗面台など設備系一式で150万円くらいです。

リフォームに300万円かけて貸し出すとしても、それを何年で回収できるのか。仮に月5万円で貸し出せば、年間60万円。そうすると300万円回収するのに5年はかかります。実際は経費もあるから6～7年かかるでしょう。さらに固定資産税も払って……などと考えると結構な賃料を取れる立地でないと成立しないはずです。

人に貸す場合は、従来通りの「普通借家契約」にすると「正当事由」がなければ退去を強制できませんので注意が必要です。これを嫌うなら「定期借家契約」として、2年・3年などの「期限の定めのある契約」としておきましょう。これなら決まった年数で退去してもらえますし、双方が合意すれば更新も可能です。定期借家契約に関する諸注意点を述べるのは本書の趣旨ではありませんので省きますが、ググればあらかた出てきますので、そうしたことを理解の上、不動産屋さんに相談してみてください。

上位15%の不動産は盤石

上位15%の「価値維持・上昇する不動産」は、極端に言うとどんな方策案をとっても大丈夫。まだ上がると思えばそのままにしておくか、人に貸しておけばいいですし、そろそろ天井かなと判断すれば、売却してもいいと思います。不動産を大天井で売るというのはなかなか難しい判断で、上昇基調にあるなかで、ちょっと高めの価格で売りに出して様子をみる、くらいでいいのではないでしょうか?

そもそも今がバブルかとか、いやこれからバブル? みたいな話は禅問答で、いつも事後に振り返るしかできないのです。300年前、ロンドン株式市場の投機ブームに乗って「南海会社」の株を資産のほとんどを費やして購入した万有引力のアイザック・ニュートンは、その3週間後に株が暴落し、すべてを失いました。俗に言う南海泡沫事件で大損し「天体の動きは計算できるが、人々の狂気は計算できなかった」と述懐したのは有名な話です。

不動産の売却戦略

不動産を売却する場合、お願いする不動産仲介会社について、大手か中小かといった議論にはあまり意味がありません。売却の成否は直接担当してくれる不動産エージェントのスキルや人柄に大きく依存するためです。

昨今は多くの買主がスマホやＰＣを通じて物件検索を行います。「宣伝力がありそう」といったイメージで大手に依頼しても実際は「アットホーム」「ホームズ」「Ｙａｈｏｏ！不動産」の３つ程度に物件掲載されていれば、世間一般に情報は広く行き渡っていると言ってよく、その意味では大手も中小も関係ないと言えます。中古住宅市場では新築と違って「ブランド力がある」といった理由で物件検索を行うこともありませんから「なんとなく安心」といったイメージだけで大手に依頼しても、物件情報を囲い込まれ、幅広く買主を募ってくれるのでなければむしろマイナス。名だたる大手でもいまだにこんなことをやっていることも多いのが実情です。

「物件情報の囲い込み」とは、売り主・買主双方から仲介手数料をもらいたいがために、他社から問い合わせがあっても図面を送らない・案内させないなどの妨害行為を行い遮断すること。これは不動産業界でも長年問題視されてきましたが、残念ながらいまだにこの悪習が絶えません。一方中小の不動産仲介会社は人や書類などの品質にばらつきが多く、当たり外れが多い、バラつきが大きいと言えるでしょう。つまり不動産仲介会社を選ぶというよりは、不動産エージェント選びが大事だということです。
その上で、どんなエージェントがいいのか。ポイントをざっくりとご説明します。

・「2つの相性」をチェック

まずは「知識やスキルに関する相性」。端的に言って、こちらの望むレベルに達していないと感じられる担当はお付き合いできないでしょう。次に「人間的な相性」。これは人間ですから如何ともし難いところですが、信頼はしきれないけれども、なんとなく前に進むといったことは避けましょう。査定依頼をした際に、売却価格やその戦略の説明を受ける場面があるはずですが、その際のやり取りで判断すればよいでしょう。数社に査定依頼をすれば相対比較が可能です。

・不動産立地に「本当に」精通しているか

売却する不動産の立地特性について、どの程度詳しいのか。どの不動産仲介業者もそれなりのプロですから、通り一遍のことは皆わかっています。買い物などの利便性や治安、水害可能性、地盤の特性、交通量や、小中学区及びその評判など子育てのしやすさといったことは当たり前。ポイントになるのは例えば、当該立地の「昨今の売買動向」。マンションが強いのか、それとも一戸建てが強いのか。シングルタイプ・ファミリータイプなど属性ごとにどのような需給状態にあるのか。そして競合物件としてどのようなものがあるか、といった具体的なことです。

不動産を高く売るコツ

売却をする際には、まず、不動産仲介会社に今の住まいがいくらで売れそうか査定をしてもらいます。その際、依頼は1社ではなく複数社に。仲介会社によって査定額は違いますが、おおよその相場観はつかめます。このとき注意したいのは、仲介会社が提示する金額で売れるとは限らないということ。高い金額で査定してくれた仲介会社だから、という理由で売却依頼をするのは意味がありません。

実際にいくらで売れたかという成約価格を知るには、不動産の購入者を対象としたアンケートを調査に基づく情報を公開している国土交通省の「不動産取引価格情報検索」や、不動産仲介会社以外の一般の人も閲覧できる不動産流通機構の「レインズマーケットインフォメーション」が参考になります。

自分の家の周辺で、どんな物件がいくらで売り出し、成約されているか確認してみましょう。大規模なタワーマンションは住戸数が多いため、同時期に複数住戸が売り出されていることが多くあります。他の住戸の売り出し価格を確認して、わが家をいくらで売り出すかという作戦を立てるのも大切です。

一般論としては、中古マンションの売り出し価格と成約価格には7～10％程度の開きがあります。ところが、2021年6月には新規売り出し価格と成約価格がほとんど同じになりました。これは売り出されている戸数が少なく、在庫不足のため売り手市場になっていることが要因です。ですから、今は、同じマンションや周辺のライバルになりそうなマンションで、自分の物件と似たようなものが出ている場合でも、他の物件の売り出し価格から下げずに売却したほうがいいでしょう。

売却する住まいから退去していても、まだ居住中でも、購入希望者が現れれば家の中を見てもらう「内覧」が行われます。その際、購入希望者に良い印象を持ってもらうことが、早く、そして少しでも高く売るためには必要です。

ところが実際には、生活をそのまま見せてしまっている物件が多いのです。例えば、アメリカでは居住中の物件でもモデルルーム並みにデコレーションをして物件をより魅力的に見せます。この手法を指す「ホームステージング」という言葉もあるほどです。必要のない荷物はトランクルームに預けたり処分したり、なかには家具や絵をレンタルするケースも。壁に絵が飾られているだけでも、売却のための大きな差別化になります。早く、高く売却するためには、モデルルーム並みにとまではいかなくても、住まいをキレイに、明るく、魅力的に見せるための努力は必須です。

スタグフレーションになった場合

さて、ここのところ、「スタグフレーション」への懸念が取りざたされています。スタグフレーションとは、物価が上昇しマネーの価値が下がる現象を伴う景気後退期におけるインフレです。ここではスタグフレーションのケースについて、頭の体操として、インフレレベルや金利動向に伴う不動産市場への影響を考えてみましょう。

リーマン・ショックの後、「国内・海外ともに経済・政治的に何が起きてもおかしくはない」と、突発的な事態に備える投資家が、実物資産であるゴールドを保有する動きを見せました。ゴールドは輸入品でありドルと連動するゆえ、1980年代バブル期の円建てゴールド価格はインフレ率に比例して上昇することはありませんでしたが、2000年代前半には1000円／グラム程度だった金価格は、現在6300円台で推移しています（2021年10月26日時点、田中貴金属・税込小売価格）。

これは「有事の金」として、円などの通貨からゴールドへと資金が向かう逃避的・リスクヘッジ的な動きですが、こうした状況では、不動産にも実物資産としての期待が集まります。

一般論としてデフレ時には現金が強く、インフレ時にはゴールドや不動産など実物資産の価値が高まります。マネーというそれ自体では価値のない金融資産の信認が落ち、また各種要因から資源価格や食料の価格が上昇する状況下では、実物資産である不動産価格も相対的に上昇するとされるためです。

しかし経済成長を伴わないスタグフレーションの下では、不動産は下落します。資源インフレやそれに伴う物価高により、例えば収益物件の場合、修繕費などのコストが上昇する上、入居者の生活コストが圧迫されることなどにより家賃に下落圧力がかかるのです。給与所得者の生活は苦しくなり、消費は減り、企業業績は悪化し、賃貸物件の賃料にも売買物件の価格にも下落圧力が働きます。こうなると収益物件でもマイホームにおいても、賃料収入の減少や所得の低下による住宅ローン破綻が懸念されるといった事態になるでしょう。

さらに「金利上昇」を伴う場合には、ストレートに不動産価格の下落圧力となります。これは言うまでもなく、同支払額で払えるローン額が減少するためで、収益物件・マイホームともに、取得者の購入能力は低下します。変動金利で住宅ローンを借りている個人や収益物件のオーナーの破綻懸念も強まります。１９９７年のアジア通貨危機時の韓国では、ウォン安、金利上昇といった深刻な景気悪化で不動産を手放す向きが急増、在庫物件が増加し不動産価格は大幅に下落しました。

さらに、世界的な金融・経済クラッシュや地政学リスクがより顕在化するなどして危機的・突発的な事態が起きた場合には、不動産市場ではマイホームは売れず、賃料は下落傾向を示すことから収益物件の価格も下落。物価高の中で景気後退が加速していくことになります。

しかし、円はもちろん、ドルやユーロなど先進国通貨の信認が揺らぐ事態にまで陥った場合には、実物資産である不動産の価格は相対的に上昇します。

ハイパーインフレになった場合

歴史を振り返れば、経済・金融クラッシュのあとには不動産を持つ者が財を成しました。一部経済評論家には「これから悪性のインフレが来る。今のうちに借金をして不動産を買っておけ」という極論もあります。

たしかにハイパーインフレともなれば、300円の牛丼が3000円になるといったイメージでマネーの価値が下落、不動産の価値は相対的に上がる一方、負債である住宅ローンは実質的に、3000万円の借金が300万円というように小さくなります。市場にマネーが供給された際に、お金が増えるように見えるのは見せかけで、経済成長しないのに、あるいは実力を超えて流通量が増えれば、お金の価値は下がるのですが、それが止まらなくなってしまうわけですね。

ところで一般に使われている「ハイパーインフレ」という概念の定義は、やや曖昧であることには注意が必要です。ハイパーインフレの本来の定義は、アメリカの経済学者フィリップ・ケーガンによれば月率50％（年率1万3000％）ですが、ここでは「非常に高いインフレ状態」といったニュアンスで用います。

世界大恐慌の前後、1919年から1925年の間に5カ国がハイパー・インフレーションを経験したのですが、この間の物価上昇幅は、オーストリア1万4000倍、ハンガリー2万3000倍、ポーランド250万倍、ロシア4000万倍、ドイツ1000万倍です。ドイツが直面したハイパー・インフレーションで、1922〜1923年の間に卸売物価は月間平均322％上昇しました（最終コーナーに差し掛かった1922年は1年間で7488・5％上昇）。

こうした高いレベルでの悪性インフレが訪れた場合、持ち家・賃貸とも不動産は既に大幅余剰状態にあるため、これらがすべて価値を維持できることには到底ならないでしょう。

一方で、東京都心の一部や郊外・地方でもニーズの強い一部立地では、こうした異常とも言える事態の下で価格が数倍になる可能性もあります。前述した3極化の構図を思い出してください。

いずれにせよこれからマイホームでも投資物件でもローンを利用して不動産を買う場合は、固定金利にしておくほうがいいでしょう。変動金利ではインフレになれば金利は上昇、金利負担は膨らむゆえ、インフレヘッジにならないからです。それでも現在の超低金利の恩恵を受けたい場合は、いざというときには一括返済もしくは大幅な繰り上げ返済ができる場合に限られるのではないでしょうか。金利上昇がどの程度で、どのくらいの期間続くかにもよります。

「変動金利は金利が上昇した場合も、支払額は1・25倍までというキャップがついているから安心」といった営業トークが住宅売買の現場で散見されますが、ここは注意しておきましょう。確かに変動金利で月々10万円の支払いが上昇するのは12・5万円が上限ということになってはいます。

しかし、5年に1回の金利見直し時に、もし3回続けて1・25倍が続けば支払額は19・5万円に跳ね上がります。さらに、この1・25倍の支払いがまかないきれない金利分は住宅ローンの最後に、未払い利息として一括返済しなければならないという基本原則を知らない人も多いようです。

固定金利なら借金の実質額が減る効果が得られます。ただしソニー銀行など一部金融機関は、固定金利なのに「金融情勢の変化その他相当の事由が発生した場合、適用金利が見直される場合があります」との不可思議な条文が契約書に記載されています。これでは固定とはいえず「半固定」「準固定」とでも呼んだほうがいいかと思いますので、ご注意ください。

時代とともに変化する金融政策

無限大とも言えるほどに膨らんでしまったマネー。「資本主義」とは、これまで最もうまくいった経済システムですが、さすがに限界が来ているのかも知れません。近年では米国の経済学者ミルトン・フリードマンに代表されるいわゆるシカゴ学派的な、市場原理を「神の見えざる手」にたとえ「自由放任」を主張したアダム・スミスの理論をさらに先鋭化させた「新自由主義」が、日本はもちろん先進国に広がり、国民の所得格差や資産格差を拡大させてきました。我が国においては1996年の橋本内閣が「金融ビッグバン」として、金融システムの規制改革を行い、2001年以降の「小泉・竹中路線」が反対派に「抵抗勢力」とレッテルを貼りつつ「トリクルダウン理論」「ダム理論」と呼ばれた「企業を儲けさせればその恩恵が従業員の賃金に反映されるなどして社会へ還元され景気が良くなる」といった主張を推し進めましたが、結果は格差が拡大するばかりだったのです。とりわけ2004年から「派遣労働職種の原則自由化」を推し進めたことは、容易な「派遣切り」を可能とし、多くの批判を生みました。

世界的な金融自由化は「分断」を生み、不安や不満を醸成し、治安の悪化や紛争をもたらしている国も多くあります。そこで次はフリードマンのライバルだった米国の経済学者ポール・サミュエルソン的な、さらにさかのぼって、公共事業など、政府が市場に介入することで経済はうまくいくと主張したケインズ的な法則に立ち返れといった議論もありますが、それをやるには各国とも負債を抱えすぎており、少しでも金利が上がると持続不可能となる時限爆弾を抱えている現状では身動きできないだろうと思います。

「終身雇用」「年功序列」といったかつての安定雇用のスタイルは、戦後の高度成長期には社会の安定化をもたらす結果を生み、だからこそ長期の住宅ローンを組みやすく、不動産市場とりわけ住宅市場の安定化をもたらしました。一方、その反動として、経済が成熟化してくると、新陳代謝が生まれにくいとして批判の対象になっています。

２０２０年１月のダボス会議（世界経済フォーラム）では「ステークホルダー資本主義」が唱えられました。これは「株主の利益を第一優先」とでもいった「株主資本主義」とは異なり、企業が従業員や、取引先、顧客、地域社会といったあらゆるステークホルダー（利害関係者）の利益に配慮すべきという考え方です。

この言葉が広まったきっかけは、２０１９年８月にアメリカの主要企業で構成される財界ロビー団体「ビジネス・ラウンドテーブル」が「企業の目的に関する声明」と題された公開文書を発表したのがきっかけです。格差拡大や短期的な利益志向などこれまでの株主資本主義の問題点を指摘し、あらゆるステークホルダーにコミットする旨の声明を発表しました。

マネーの定義が大きく変わる

ではこの先に何があるのでしょうか。

2019年、世界の中央銀行総裁らが集う経済シンポジウム「ジャクソンホール会議」において、イングランド銀行（英中央銀行／当時）のカーニー総裁が「現在の金融システム維持は適当ではない」「経済政策を巡る不確実性の高まりやあからさまな保護主義、限定的な政策予知といった懸念がある」とした上で「現状維持を思慮なく受け入れるのは誤りであり、最終的には劇的な措置が必要になる」と明言しました。

さらには「新たな合成覇権通貨ＳＨＣ（Synthetic Hegemonic Currency）は中銀のデジタル通貨ネットワークを通じて公的セクターによって最もうまく提供されるだろう」と踏み込んだ発言をしたのです。この流れを受けて現在では日米欧の主要7カ国（Ｇ7）はじめ各国が「中央銀行デジタル通貨」（ＣＢＤＣ：Central Bank Digital Currency）の検討を始めているわけです。

中国はすでにＣＢＤＣの実証実験を進めており、中国とタイなど新興国同士をつなぐ決済網の実験も始まっているなど、80カ国以上が発行を検討しています。香港は速やかに使わなければ失効する給付金を電子財布（ウォレット）で支給する検討を始めるなど新しい動きもあります。またCBDCが発行されれば大幅なマイナス金利も可能になるかもしれません。こうなってくると、従来私達が定義づけてきたマネーの定義が大きく変わる可能性があります。

香港のように「劣化するマネー」を給付金として導入する動きは、マネーの「価値貯蔵機能」を放棄したものです。今日1万円だったのが、明日は9900円、明後日は9800円と徐々に減価していくなら、貯蓄などせず、むしろできるだけ早く使ったほうがいいわけです。

日本では現在、2022年4月にCBDCの実証実験を第2段階へ移行させる方針です。21年着手の実験を踏まえ、現金との交換や民間の決済システムとの連携などを中心に検証し、発行上の技術的な課題や論点の整理を進める予定です。日銀は計3段階の実証実験を想定していますが、現在のところ順調に進んでいるようです。

この動きは米ドル覇権の世界通貨体制からの転換を予兆させ、1944年以降のブレトンウッズ体制を根本から覆すもので、ビットコインでもＩＴ企業などが発行するデジタル通貨でもなく、新たな通貨を発行しようといったプランです。

世界経済フォーラム（ＷＥＦ）が開催するダボス会議の２０２２年のテーマは、「グレート・リセット」（Great Reset）。要は「限界のある既存の社会システムをいったん白紙に戻し、新しいシステムを導入しよう」ということです。

「膨らみ続ける世界の債務」「広がる格差社会」「コロナのさらなる脅威の可能性」「気候変動」といった、とても一国では対処しきれない、世界的な、地球全体の社会課題を、どのように乗り越えるのか。どのような体制で次の時代を迎えるのかということです。ここに「ＡＩ化・ロボット化の進展」「量子コンピュータや量子暗号」の普及といった新しい要素が相まって、私達にはどのような未来が待っているのでしょうか。

おそらく今を生きる人にとっては最大の変革がこれからやってきます。理由は前述した通り、日本で言えば明治維新以降の清算。世界でいえばナポレオン戦争の大混乱の後、現行体制でいくと決めた１８１５年のウイーン会議以降の清算を行うことになるはずだからです。

近代史を紐解けば60年周期のサイクルがあり、そのなかで30年ごとの「陰陽のサイクル」があるように見えます。１９９０年から２０２０年までは、バブル崩壊後の「失われた30年」で「陰」。１９６０〜１９９０年の30年はいわゆる戦後を脱して「モーレツ」な高度経済成長で「陽」。１９３０〜１９６０年の30年は恐慌から戦争へと突入し敗戦とその処理で「陰」。１９００〜１９３０年の30年は日清・日露戦争に勝利し先進国の仲間入りで「陽」。さらに30年前は明治維新で近代化をはたしましたが、世界の大潮流に飲み込まれたという意味で「陰」。２０２０年が次の転換期にあたり、初っ端から世界がコロナ・ショックに見舞われたわけです。

歴史サイクル的に30年ごとの陰陽でみれば２０２０年から２０５０年の30年間はどちらかというと「陽転」。春の前には冬を通り過ぎなければならないといったイメージで、早ければ２０２５年、そして２０３０年には政治・経済・金融をはじめとする新体制があらかた定着し落ち着くことになるだろうとみています。

さてどうなりますか。不謹慎かもしれませんが、大変革の時代に対して、いたずらに身構えることもなく、積極的に前進していきたいところですね。

不要になる仕事

家庭では現在、ロボット掃除機のルンバが非常に便利ですが、ロボットに指のついた「手」が装着されれば、片付けも掃除も、料理も洗濯も自動化が可能になります。つまり主要な家事が手間いらずとなるわけです。介護や看護もロボット化できます。

私達の「仕事」も、AIやロボット技術の進展で、多くの仕事が失われていくはずです。かつて駅には「切符切り」、デパートには「エレベーターガール・ボーイ」、古くは「電話交換手」といった職業が成立していましたが、今では見られなくなったように、多くの場面で人間は不要になるということです。

タクシーや宅配便はじめ自動車は無人運転が基本、スーパーやコンビニも無人、不動産業界で言えば物件紹介から見学、交渉、契約成立から引き渡し、管理に至るまでほとんどの部分はAIやロボットが代替となるでしょう。

不動産業界で言えば「弁護士」「司法書士」「土地家屋調査士」「不動産鑑定士」「建設現場」の仕事はほぼ消えます。賃貸・売買の案内は無人化され、相談者のニーズに合わせて

ＡＩを「経済合理性追求型ＡＩ」「夢や理想追求型ＡＩ」「その中間」みたいにチューニングができるようになれば、営業やコンサルも基本は不要。お寺や教会ではすでにＡＩが質問に答えてくれたり、説法をしてくれる時代に突入しています。

シミュレーションした環境で現実の環境を拡張するＡＲ（Augmented Reality／拡張現実）や、環境全体をシュミレーションし、ユーザーの世界を仮想的な世界に置き換えるＶＲ（Virtual Reality：仮想現実）が普及すれば、自宅にいながらの物件見学も可能ですし、商談もバーチャルでＯＫ。

仕事における会議も、10人参加のうちリアルに出席するのは３名、残り７名は各国各地から立体的な映像として現れることに。

自身のデータが収集されるほど「データが神になる」と予測しているのがイスラエルの歴史学者ユヴァル・ノア・ハラリ氏が著した『ホモ・デウス──テクノロジーとサピエンスの未来』（河出書房新社）です。「人間至上主義」から「データ至上主義」へという世界観の変化がやってくるだろうと予測しており、「自分より周囲の誰より、あなたを知っているのはデータである。つまりデータは個人個人にとって神のような存在になる」というのです。「人間は一種の〝アルゴリズム〟であり、そのアウトプットは決定論的かランダムか、その組み合わせかのいずれかであり、そこに自由意志は存在しないのだから、コンピュータのアルゴリズムに置き換えることができる」というわけです。

すでに現実社会では、ネットで少し前に見た記事に関連した記事が自動で表示され、自分の志向にあった広告がどこまでも追いかけてくるのは皆さんも体験があるでしょう。あなたの服や靴の好みも、最近自動車に興味があることも、どんな悩みを抱えているかも、体調がどんな感じかも、データはすでにお見通しだということです。私達がGoogleで検索をすればするほど、Amazonや楽天で商品を購入するほど、TwitterやFacebookなどSNSに投稿するほど、Siriに質問するほど、収集されたデータはあなたの神に近づいていくのです。

未来学者のレイ・カーツワイル氏らが提唱した「AIが人類の能力を超え、自らより高性能のAIを自ら創り出し始める」といった「シンギュラリティ」の概念を想起しますね。

さあこうなってくると、世の中の大半の仕事はなくなります。とりわけ「お金を稼ぐための仕事」「苦役としての仕事」みたいなものは不要。多くの現場が無人でもすむなか、仕事を失えば生活ができない人が量産されることになりますので、世の中の大半の人は、ベーシックインカム的なもの、あるいは食料や水など生活必需品の配給などで生活していくということになるのではないでしょうか。

この手の話は常に「財源はどうするのか？」といった議論がつきまといますが、そうした懸念は杞憂でしょう。というのもコロナ以降、無尽蔵にマネーが刷り散らかされたにもかかわらず、金融システムは破綻しなかったからです。前述したように、今、私たちが使っている円もドルもユーロも、そもそも今となってはなんの裏付けもないのです。

それでもなぜみんながマネーを信じるかといえばそれは「発行国に信用があるから」で、ということは、新規に金融システムを発動して、例えばＢＩＳ（国際決済銀行）のような世界的な機関がそのありようを保証し、各国がその通りに動けばおそらくなんの問題もないでしょう。この時配布するマネーは「貯蓄機能なし」となる可能性もあります。

「働かなくてもよい社会」になると一日中ダラダラとゲームをしながら過ごす人や、趣味に没頭する人も出てくるでしょう。一方で、これまではボランティア的な仕事と考えられてきた「自治会」「マンション管理組合」などに熱心に取り組む人も。やりがいや生きがいを見つけたいという動機から、社会に求められてはいないけれども「こんな仕事をしたい」を実現するには、むしろ対価を払って仕事をさせていただくということもあるかも知れません。

他方で「AIやデータではなく、あなたのアドバイスを受けたい・意見を聞きたい」として求められる人はおそらくどの業界にも一定数いて、こうした人材は高い報酬を得られるほか「人と人とのコミュニケーションがほしい」といったヒューマンチックな仕事は、希少性が高まり、こうした俗人的なサービスを求める場合は高額な対価を払うということになるのかも知れませんね。

AI化やロボット化、データ活用などがどんなに進展しても、求められる仕事とは何か、という考え方と行動が、職業人としての持続可能な未来を創るのでしょう。

元号の変わり目には大変化が起きる

元号の変わり目には大変化が起きる。こうした話は絵空事のように聞こえるかもしれませんが、歴史を振り返れば社会はすさまじく変化してきました。大正から昭和に変わった翌年には当時の最大商社の鈴木商店が破綻、2年後に世界大恐慌へ。昭和から平成となった年末に株価は4万円近くのピーク、翌年の大発会で大崩れし、その後戻ることはありませんでした。数年たち「あれがバブル崩壊だった」と気づきます。

また、繰り返しますが時代はおよそ30年ごとに大きな転換をしています。30年前の1990年はバブル崩壊からの失われた30年でした。1960〜1990年は戦後を脱しモーレツな高度経済成長。1930〜1960年は恐慌から戦争と敗戦で焼け野原。1900〜1930年は日清・日露戦争に勝利し先進国の仲間入り。その30年前は明治維新、といった具合です。令和に入りコロナ禍で幕を開けた2020年、この後の30年はどんな時代になるでしょうか。時代が変化するためには、これまでの体制や常識が崩壊する、震災が起きるなどの困難もありそうですが、令和時代を楽しみましょう。

そのために皆さんにちょっと注意していただきたいことがあります。まずは「トランプすごい！　悪のDS（ディープステート）を倒せ！」といった、お手軽陰謀論に飲み込まれないこと。そしてこの後おそらく「終末論」「終末思想」が跋扈《ばっこ》する可能性が高いことに留意すること。かつて「ノストラダムスの大予言」が流行ったように。例えば「地震が起きる」「日本沈没」「隕石が落ちてくる」「大規模停電」のような流言です。もちろんこうしたことはいつでも起きる可能性はあり、時代の変革期にはこうしたことが起きてきたのも事実ではありますが、社会が不安定化するとそうしたデマのようなものが増えるのが世の常。さらにはオカルトがカルト化したオウム真理教の別形態が登場、のような展開もありえます。最近では漫画家のたつき諒氏が２０１１年３月11日の東日本大震災を予測したとして一躍脚光を浴び、次は２０２５年７月に大地震が起きると予言し話題になっています。

大地震や水害などへの備えはもちろん必要です。世界経済フォーラム（ＷＥＦ）が公表した「グローバルリスク報告書２０２０」によれば、今後10年間に発生する可能性の高い上位５位のリスクすべてが、「環境」に関連するリスクであるとしています。

【１位】異常気象
【２位】気候変動の緩和・適応の失敗
【３位】自然災害
【４位】生物多様性の喪失と生態系の崩壊

【5位】人為的な環境災害

私たちはこれまで多くの風水害や地震などの災害に見舞われてきましたが、今後さらなる自然災害を覚悟しなければならないのです。水や食料、電気をはじめ、数日間インフラがストップした際の一定の備えは必要でしょう。何をどのくらい備えるかは各自で考えることです。また、できるなら地盤の安定した、水害可能性の低い高台に住むに越したことはないと思いますが、それができないといった事情もあるでしょう。その場合には、有事の際やその前兆が垣間見えたときにはどのような手順で避難するのかなど検討しておくのも大事です。私が申し上げたいのは、まだ来てもいない未来について過度に恐れをなして「今」をないがしろにしては本末転倒だということです。

もし、ものすごい天災地変が起きるとか、財政破綻で金融経済が壊滅的なショックに見舞われるとか、かつてないパンデミックが世界を席巻するとでもいった、この世の終わりのようなシチュエーションが訪れるとしましょう。確かに古代エジプトやローマでも、歴史をみれば、ひとたび社会が安定化すると社会格差が拡大し、紛争・戦争や革命、疫病などが起きることも多いのです。

この時、条件はみんな一緒です。多少の備えがあったとか、資産を何においていたかという違いはあるでしょう。しかし、最悪無一文になったとしても、生きてさえいれば自分のアタマや精神は誰にも奪われません。だからこそ私たちは知識武装をするとともに、来るべき未来の荒海を乗り越えていける意思を、強固にしておく必要があると思います。

あとは「ネットワーク」ですね。例えば北海道が壊滅的な状況になった場合、他地域から支援があるか。東京が大被害に見舞われたときには関西からの支援、というように、ご自身に広域のネットワークがあれば、助かるケースも多いと思います。

アタマと意思とネットワーク。一番の資産は自分のなかに眠っているということをどうぞお忘れなく。

おわりに

「誰がどうやってこの世を創造したのか」

「はたしてこの世界はどうなっているのか」

人類はこうした根本的な謎に迫るべく、宗教学や哲学、科学、社会学をはじめありとあらゆる学問体系に分かれ、真理を追求してきました。そして筆者が２０１９年春にYouTube『長嶋修の不動産経済の展開を読む』を始めたのは、こうした疑問に関する謎解きのヒントを、政治・経済・金融などのニュースの読み解き方を通して、縁ある視聴者の方々にお伝えしたかったためでした。


「シミュレーション仮説」というものがあります。これはかんたんに言えば「この世界は誰かが創ったバーチャルなゲーム空間のようなものだ」というもの。多くの人がスマホなどでゲームを楽しみますが、あれの拡張版というわけです。一見トンデモに思えるこの理論は多くの学者によって研究されているのです。となると、この世界というゲーム空間を創った存在を私たちは「神」と呼んでみたり、「宇宙や自然の摂理」と呼んでみたりということになるわけです。1999年に公開された映画『マトリックス』は、大手ソフトウエア企業に勤めていたプログラマーが、「この世界はコンピュータによって作られた仮想現実だ」ということに気づくことから物語が始まります。我々が現実だと思っていたものはただの電気信号だったと。『トゥルーマン・ショー』『トータル・リコール』『フリー・ガイ』などの映画も同様の筋書きです。DNAのような「らせん構造」で歴史が織りなされ、日本で起きたことが世界で起きる相似的な「フラクタル構造」があり、「正規分布」の中に社会構造が垣間見え、「フィボナッチ指数」などの黄金比のなかに普遍的な美を感じたりするのは、こうしたゲームのルールがシミュレーションのなかに織り込まれているからなのかも知れません。

「これから何が起きるのか」「それを踏まえてどう考え、どう行動していったらいいのか」

これから数年、社会は激変期を迎えそれなりに大変ですが、いつの時代であってもピンチはチャンスであり、変化の中にヒントがあり、冬の後には必ず春がやってきます。同時代に生きる私たちは、こうしたエキサイティングな激動期をむしろ楽しんで、前に進みたいものですね。本書がそんなことのヒントになれば幸いです。

本書をまとめるにあたっては、たくさんのYouTube視聴者の皆様からのご質問やご意見をいただけたことが大変に役立ちました。また編集を担当してくださった小学館の木村順治さんは、私の乱雑な原稿を読みやすくまとめていただきました。さらには私の周囲のすべての皆様のおかげで、こうして30冊目の本を上梓することができました。皆様どうもありがとうございます。

２０２１年12月

長嶋　修

長嶋 修［ながしま・おさむ］

1967年東京都生まれ。不動産コンサルタント。さくら事務所会長。NPO法人日本ホームインスペクターズ協会初代理事長。国交省・経産省の様々な委員を歴任。2019年より始めたYouTubeチャンネル『長嶋 修の不動産経済の展開を読む』（現在は『長嶋修の日本と世界を読む』に改題）では不動産だけではなく、国内外の政治、経済、金融、歴史などについても解説。広範な知識と深い洞察に基づいた的確な見立てが注目を集めている。マスコミ掲載やテレビ出演、講演等実績多数。著作に『100年マンション』『不動産格差』（日経新聞出版）など。

編集：木村順治（小学館）

バブル再び
日経平均株価が4万円を超える日

二〇二二年 二月六日 初版第一刷発行

著者 長嶋 修
発行人 下山明子
発行所 株式会社小学館
〒一〇一－八〇〇一 東京都千代田区一ツ橋二ノ三ノ一
電話 編集：〇三－三二三〇－五六二九
販売：〇三－五二八一－三五五五

印刷・製本 中央精版印刷株式会社

Printed in Japan ISBN978-4-09-825415-6

危機の読書

佐藤 優
Sato Masaru

小学館新書

危機の読書

目次

まえがき

本書を執筆する過程で私は自らの認識の甘さを痛感した。人類は20世紀に多くの困難に直面し、少なからぬ犠牲を払いつつも歩みを止めなかった。そして21世紀の人類は、前世紀の反省を活かし、良くも悪くも全世界的な発展を遂げるだろうと考えていた。

イスラエルの歴史学者ユヴァル・ノア・ハラリが2017年に刊行した『ホモ・デウス』（邦訳・柴田裕之訳『ホモ・デウス――テクノロジーとサピエンスの未来』河出書房新社、2018年）は全世界の有識者に強い衝撃を与えた。ハラリ氏は18年と20年に世界経済フォーラム年次総会（ダボス会議）で「人類の未来」について基調講演を務めた。まさに世界の政治・経済エリートが、ハラリ氏が提供した枠組みで、思考し始めたのである。

私も『ホモ・デウス』の影響を受けた1人だ。ハラリ氏は、人類が飢餓、疫病、戦争という3つの主要な苦難を克服しつつあると主張する。そして、新自由主義的な資本主義が加速度的に発展することによって、格差の拡大にとどまらず、質的に新しい人間の集団が現れる。臓器移植を繰り返し、100歳以上になっても健康な状態を維持し、AI（人工知能）を設計し、それで大衆を支配する神のような力を持った人間がホモ・デウスだ。ユダヤ教の伝統で思考するハラリ氏の文体は独特だ。ハラリ氏がこのような言説を肯定しているのか、それともネガ（陰画）を示し、「こうなってはいけない」という警鐘を鳴らしているのかがよくわからない文体になっている。もっともこういう見方をするのは、私の基礎教育がキリスト教神学でユダヤ教に関しても旧約聖書の学習を通じて若干の知識を持っているからだ。わが国の大多数の読者はハラリ氏の言説を額面通りに受け止めた。

2019年末に中国の武漢で発見された新型コロナウイルスは、翌20年春にはパンデミックとなり、世界的危機に発展した。ハラリ氏が主張した、人類は疫病をほぼ克服したという言説が幻想であることが明らかになった。この危機に直面して、私も有識者の1人として言論を通じて日本と世界の生き残りのために努力しなくてはならないと考えた。その試みの1つが『STORY BOX』（小学館）に連載した「危機の読書」だ。

いま目の前にある危機を解決することを真剣に考えた知識人の言説を取り上げることにした。具体的に取り上げた作品は、内村鑑三『代表的日本人』、ヨゼフ・ルクル・フロマートカ『なぜ私は生きているか』、宮本顕治「鉄の規律によって武装せよ!」、アーネスト・ゲルナー『民族とナショナリズム』、手嶋龍一『鳴かずのカッコウ』、斎藤幸平『人新世の「資本論」』の6作品であるが、戦争、階級格差、民族的アイデンティティ、国家の暴力性、革命、インテリジェンス、環境などについて時代の危機を真摯に受け止め、その克服に取り組んだ（取り組んでいる）知識人の著作だ。私の案内を入り口にして、今あげた人々の作品を読み進めていってほしい。必ず裨益《ひえき》する内容がある。

時代の危機は時の経過とともに一層深刻度を増している。今年（2022年）2月24日にロシアがウクライナを侵攻した。これでハラリ氏が主張した、人類は戦争をほぼ克服したという言説も幻想であったことが明らかになった。また、戦争によってウクライナとロシアからの穀物輸出が大幅に停滞することになってアフリカと中東では飢饉の恐れが高まっている。ハラリ氏の、人類は飢饉をほぼ克服したという言説も幻想となった。人類の理性とテクノロジーを信頼するというモデルがウクライナ戦争によって完全に崩されたのである。

ウクライナ戦争に関しては雨後の筍《たけのこ》のように多くの本が出版されたが、書評に値するような作品がほとんどない。その中で筆者が情勢分析をする際の必読書と考えるのがフランスの人口学者で歴史学者のエマニュエル・トッド氏の作品『第三次世界大戦はもう始まっている』（文春新書、2022年、大野舞訳）だ。

ウクライナ戦争を日本のマスメディアや国際政治学者は、民主主義VS.権威主義という枠組みでとらえている。従って、民主主義的価値観を体現する米国やEU（欧州）の利益を代表するウクライナのゼレンスキー政権を応援しなくてはならないという気持ちが無意識のうちに働く。そのため現実を客観的に見ることができなくなっている。

トッド氏は、ロシア専門家としても国際的に高く評価されている人だ。トッド氏は、25歳のとき（1976年）に最初の著作である『最後の転落』（邦訳は藤原書店）を公刊し、ソ連政府が公表した人口統計を分析してこの国が10～30年以内に崩壊することを予測して、国際的注目を集めた。現在、トッド氏はヨーロッパを代表する「知の巨人」と位置付けられている。

ウクライナ戦争について、トッド氏はロシアが圧倒的に優勢であると見ている。

〈ロシアが奪った土地は、現時点ですでに広範囲にわたります。黒海沿岸部、アゾフ海沿岸、東部と北部を加えると、ウクライナ領土の二〇%から二五%を獲得したことになるからです。しかも産業はこれらの地域に集中しており、ウクライナの産業地域の三〇%から四〇%に相当します。

「ロシア軍は、ウクライナの強い抵抗に遭い、進軍は停滞し、物資の欠如に直面している」と西側メディアでは報じられていますが、すでにこれだけの地域を占拠しているなかで、「ロシアは敗北した」と言うのは困難でしょう。過去のヨーロッパでの戦争と照らし合わせれば、今回のロシアの「戦果」は、ルイ一四世やプロイセンのフリードリヒ二世のそれより大きいとも言えるからです〉

ルイ14世（在位1643〜1715年）は、太陽王とも呼ばれ、スペインやオランダとの戦争でフランス領を拡張した。フリードリヒ2世（在位1740〜86年）は、第3代のプロイセン国王で、オーストリアやスウェーデンとの戦いを通じて領土拡張を行った。近代ヨーロッパ史に照らしてプーチンのロシアは稀に見る領土拡張を実現しつつあるのだ。

トッド氏はウクライナ国家が構造的に極めて脆弱だと指摘する。

〈「民主主義」が成立するには、まず「国家」が建設されなくてはなりません。民主主義は、「強い国家」なしには機能しないのです。（中略）

問題は、ウクライナに「国家」が存在しないことです。ウクライナの核家族構造が生み出したのは、「民主主義国」ではなく「無政府状態」だったのです。

しかも、現在のウクライナは、三つの地域から成り立っています。

まず「西部」に、リヴィウを含む地域があります。ロシアからは、〝ほぼポーランド〟とみなされている地域で、ロシアがこの地域に関心をもっているとは思えません。

キエフ（キーウ）からドニプロよりさらに少し先までの「中部」には、「小ロシア」と呼ばれる地域が広がっています。ここが言わば〝真のウクライナ〟で、核家族構造が見られます。

黒海沿岸地域とドンバス地方からなる「南部・東部」は、プーチンが歴史に倣って「ノヴォロシア（新ロシア）」と呼んでいる地域です。

民族・言語・宗教の観点から言えば、ウクライナは、西部に「ユニアト信徒（ウクライナ東方カトリック教会の信徒。儀式は東方典礼を受け継ぎつつもローマ教皇の首位権を認める」のウクライナ人」、中部に「ギリシア正教のウクライナ人」、東部に「ロシア系住民（ロシア語話者）」という、三つの住民集団を抱えているのです。

このように西部（ガリツィア）、中部（小ロシア）、東部・南部（ドンバス・黒海沿岸）という三つの地域はあまりに異なっており、ソ連が成立するまで、「ウクライナ」は、「国家」として存在していなかったのです〉

トッド氏の分析を発展させると、ウクライナが3つに分解する可能性がある。ゼレンスキー政権もしくはその後継政権はガリツィアに拠点を移し、ドンバスと黒海沿岸地域はロシアに併合される。残った中部ウクライナは中立国家になる。

今後の情勢ではポーランドの動きを注視すべきとトッド氏は指摘する。

〈非合理的な行動で地政学的リスクになりかねないもう一つの国が、ポーランドです。ロシアを相手に無謀な戦争を繰り返して負け続け、自ら国家として崩壊して、プロイセン王国、ロシア帝国、オーストリアに分割されたことのある国です。

ポーランド、ルーマニア、ウクライナというバルト海から黒海に至るゾーンは、核家族社会で、一八世紀以来、「国家」が十分に機能してきませんでした。
過去にユダヤ人の大量虐殺も起き、地政学的リスクを抱えたゾーンです。外交的に注視する必要があり、ポーランドとウクライナが協働する動きを見せたら「危険あり」とみなすべきでしょう〉
22年6月以降、ドンバス地域でロシア軍が優勢になるに従って、ウクライナはポーランドとの連携を強めている。
〈他地域より破壊を免れているウクライナ西部には、驚くほど多くのポーランド人がいます。（中略）
これはあくまで政治フィクションやSFの世界の話ではあるのですが、ウクライナが完全な崩壊を迎えた時に、ポーランドが「ウクライナ西部の併合」を求めたとしても、私は驚きません〉
ポーランドは中央ヨーロッパの大国で、第二次世界大戦前はポーランド領であったウクライナのガリツィア地方に対する領土的野心を持っているのだ。
さらにウクライナ戦争が長期化している現状で、日本の国家戦略を誤らないために重要なのはリアリズム（現実主義）の視座に立って情勢を分析することだ。京都大学教授をつとめた高坂正堯氏（1934〜96年）は、リアリズムの立場から国際政治を分析した優れた知識人だ。高坂氏は国際関係は、「価値の体系」「利益の体系」「力の体系」が複雑に絡み合った動的体系と考える。

〈各国家は力の体系であり、利益の体系であり、そして価値の体系である。したがって、国家間の関係はこの三つのレベルの関係がからみあった複雑な関係である。国家間の平和の問題を困難なものとしているのは、それがこの三つのレベルの複合物だということなのである。しかし、昔から平和について論ずるとき、人びとはその一つのレベルだけに目をそそいできた〉（『国際政治　改版』中公新書、2017年、21頁）

この観点からウクライナ戦争に対する日本の政策を見てみよう。「価値の体系」に関しては同盟国である米国やG7諸国と日本は共同歩調をとっている。日本のマスメディアももっぱら「価値の体系」からウクライナ戦争について報じ、ロシアを厳しく断罪している。しかし、「利益の体系」から見ると日本はかなり独自の行動をとっている。

まずロシアの飛行機に対して日本はG7諸国で唯一領空を開放している。日本としてもシベリア上空を通ってヨーロッパへ人と物を移動することに利益を見出しているからだ。また石油と天然ガス採掘プログラムであるサハリン1、2の権益を日本は維持する方針だ。さらにロシアに入漁料を支払ってサケ・マスを獲る仕組みも維持されている。「力の体系」に関しては防衛装備輸出三原則で紛争地域に武器を送ることができないので、日本のウクライナに対する軍事的貢献は極めて限定的だ。これらを総合して考えると、日本の対ロシア政策は決して米国と一致しているわけではない。この現実を見据える必要がある。

さらに日本固有の危機を示しているのが今年（22年）7月8日に発生した安倍晋三元首相が銃撃され死亡した事件だ。マスメディアの報道によると山上徹也容疑者は家庭崩壊の原因となった世界平和統一家庭連合（旧統一教会）に強い不満を持ち、同教団と深い関係にあると思いこんで安倍氏の殺害に及んだということだ。山上容疑者の動機については精査が必要であるが、報道の通り母親が1億円以上を教団に献金して自己破産状態になり家庭が崩壊するような事態に至ったならば、法的手段（民事訴訟）と言論を通じて、こんな多額の献金は公序良俗に則しておかしいんじゃないかと教団に対して異議申し立てを行うのが通常の手法と思う。山上容疑者は法的手段や言論による解決を最初から視野に入れず、個人的に暴力に訴えることで問題を解決しようとした。

日本の民主主義制度が機能していれば、このような自力救済（そこには恨みを晴らすことも含まれる）を目的にした殺人事件は起きないはずだ。その関連で東京大学社会科学研究所の宇野重規教授の見方が興味深い。

〈（宇野氏は）一方でこの事件は、民主主義の基盤を揺るがしている、とも言う。

殺人容疑で送検された山上徹也容疑者（41）は犯行の動機として、宗教法人「世界平和統一家庭連合（旧統一教会）」に「母親が献金して生活が苦しくなり、恨んでいた」と供述しているという。

この言い分を受けて、事件を個人的な問題として片付けようとする論調に、宇野さんは疑問を呈する。「個人的な一種の逆恨みであり、アクシデントだから、政治的な問題ではない、民主主義とは関係がないとする考えは、非常に表層的。そうした理解には異議を唱えたい」

宇野さんの目には、山上容疑者の行動がきわめて政治的に見えたという。それは民主主義のプロセスで、政治家と有権者が最も近づく「選挙」というタイミングが狙われたから、だけではない。意思表明の手段として暴力が使われたことを重く見ている。「民主主義の敗北だ」と宇野さんは語る〉（２０２２年7月18日「朝日新聞」朝刊）

私も宇野氏の見解を支持する。

時代の危機を認識するためには、読書に裏付けられた学知の力が不可欠なのである。

本書を上梓するに当たっては小学館の柏原航輔氏に連載の段階からたいへんにお世話になりました。どうもありがとうございます。また巻末対談に応じてくださった慶應義塾大学法学部の片山杜秀教授に深く感謝申し上げます。

２０２２年7月28日、曙橋（東京都新宿区）の自宅にて。

佐藤優

Lesson 1

天をうやまい、人を愛する

Text

『代表的日本人』

内村鑑三【鈴木範久訳】、岩波文庫、1995年

内村鑑三の英文著作
"Representative Men of Japan"
（1908年）の翻訳書。西郷隆盛、
上杉鷹山、二宮尊徳、中江藤樹、
日蓮上人ら5人の人物論を通じ、
押し寄せる西欧化に対する
日本人のあり方を説いた。
新渡戸稲造『武士道』、
岡倉天心『茶の本』とともに
世界に誇る三大日本人論である。

1　西郷隆盛が貫いた「自己愛」の否定

現下の世界は新型コロナウイルス（COVID-19）による危機に直面している。ここで重要なのは、危機をリスク（risk）とクライシス（crisis）に区別して考えることだ。リスクとは、予見可能な不利益や危険を意味する。

これに対して、クライシスは予見が難しい、生きるか死ぬかに関わる危機をいう。2019年12月、中国の武漢で新型コロナウイルスによる肺炎が流行したとき、この病原体がパンデミックになると予測していた人はほとんどいなかったと思う。

もっとも、新型コロナウイルス禍がクライシスかというと、そうとは言えない。この点に関して、世界的ベストセラーになった『サピエンス全史』『ホモ・デウス』の著者であるイスラエルの歴史学者ユヴァル・ノア・ハラリ氏の以下の考察が鋭い。

〈私たちは速やかに断固たる行動をとらなくてはならない。選択を下す際には、目の前の脅威をどう乗り越えるかだけでなく、この嵐が去ればどんな世界に住むことになるかも自問すべきだ。新型コロナの嵐はやがて去り、人類は存続し、私たちの大部分もなお生きているだろう。だが、私たちはこれまでとは違う世界に暮らすことになる。

今回とった多くの短期的な緊急措置は、嵐が去った後も消えることはないだろう。緊急事態とはそういうものだ。緊急時には歴史的な決断でもあっという間に決まる。平時には何年もかけて検討するような決断がほんの数時間で下される。

何もしないリスクの方が高いため、未熟で危険さえ伴う技術の利用を迫られる。多くの国で、国全体が大規模な社会実験のモルモットになるということだ。全ての人が在宅で勤務し、互いに離れた距離からしかコミュニケーションをとらないようになるとどうなるのか。学校や大学が全てをオンライン化したらどうなるのか。いかなる政府も企業も教育委員会も、平時にこうした実験には決して同意しないだろう。だが、今は平時ではない〉（2

020年3月30日「日本経済新聞」電子版）

新型コロナウイルスの嵐が去った後も、人類は存続し、日本人も生き残る。その見通しは確実なので、現下の情勢はクライシスではない。もちろん、リスクの閾値《いきち》は超えている。リスクとクライシスの中間くらいの状況にわれわれは置かれている。

いずれにせよ、今回とられる緊急措置の結果、世界も日本も構造的に大きく変化することは間違いない。この変化について明確な見通しを語れる人はいないと思う。

こういうときに重要なのは、歴史に学ぶことだ。日本は過去に何度か存亡の危機に直面した。このときわれわれの先人が危機から脱することを試み、それに成功した。この事実から学ぶのだ。

鎖国の正統性と開国の必然性

その意味で、内村鑑三（1861～1930年）が1908（明治41）年に英語で上梓した『代表的日本人』（Representative Men of Japan）は大変示唆に富む一冊だ。

帝国主義クラブの後発メンバーとなった日本が熾烈な国際競争の中で生き残っていくための知恵を先人に学ぶという問題意識で書かれたのが本書だ。扱われているのは、西郷隆盛、上杉鷹山、二宮尊徳、中江藤樹、日蓮聖人の5人だ。

本書は、内村が1894（明治27）年に英語で刊行した『日本及び日本人』（Japan and the Japanese）の改定版だ。ここでは、西郷隆盛と日蓮に対する内村の解釈を通して、われわれが生き残るためのヒントについて考えたい。

西郷について論じる前に内村は鎖国の正当性を強調する。

〈日本が、「天」の命をうけ、はじめて青海原より姿を現したとき、「日の本よ、なんじの門のうちにとどまれ、召し出すまでは世界と交わるな」との「天」の指図がありました。日本は二千余年にわたり、これを守ってまいりました。それにより日本の海には諸国の艦隊が乗り入れることなく、その海岸を侵されることもありませんでした〉（内村鑑三［鈴木範久訳］『代表的日本人』岩波文庫、1995年）

日本は閉ざされた空間だった。内村は、それが天意によるものだったと考える。内村は、米国留学を通じて、欧米列強がアジアを植民地化しようとする野心を持っていることを皮膚感覚で理解した。

17世紀半ばにポルトガルが日本に進出してきた。そこにはカトリック教会の布教を通じて日本を植民地化しようとする意図があった。当時の日本の為政者は、そのことに気付いたので、キリスト教を禁止し、さらに鎖国したのである。

日本の植民地化を避けるためには鎖国が不可欠だったという内村の認識が以下の文書からうかがわれる。

〈長くつづいた日本の鎖国を非難することは、まことに浅薄な考えであります。日本に鎖国を命じたのは最高の智者であり、日本は、さいわいにも、その命にしたがいました。それは、世界にとっても良いことでした。今も変わらず良いことであります。世界から隔絶していることは、必ずしもその国にとって不幸ではありません。

やさしい父親ならだれでも、自分の子がまだ幼いのに、「文明開化」に浴させようとして、世の中にほうり出すような目にはあわせないはずです。世界との交通が比較的開けていたインドは、やすやすとヨーロッパの欲望の餌食《えじき》にされました。インカ帝国とモンテスマの平和な国が、世界からどんな目にあわされたか、おわかりでしょう。私どもの鎖国が非難されていますが、もし門を開けたなら、大勢のクライヴとコルテスが、勝手に押し寄せてくるでしょう。凶器を持った強盗どもは、戸締まり厳重な家に押し入ろうとしたときには同じ非難をするに違いありません〉（前掲書）

同時に、内村は、19世紀半ばの時点では、開国が必然的であったことを認識している。それは、日本が鎖国を維持しようとしても、武力を背景に開国を強要する力が欧米列強に備わってきたからだ。

鎖国を継続することの方が開国よりも日本の安全保障にとって危険だったのである。日本は開国し、東洋の国でいち早く近代化に成功した。その日本には特別な歴史的使命があると考える。

〈一八六八年の日本の維新革命は、二つの明らかに異なる文明を代表する二つの民族が、たがいに立派な交際に入る、世界史上の一大転機を意味するものであります。「進歩的な西洋」は無秩序な進歩を抑制され、「保守的な東洋」は安逸な眠りから覚まされたときであったと思います。そのときから、もはや西洋人も東洋人もなく、同じ人道と正義のもとに存在する人間になりました。

日本が目覚める前には、世界の一部には、たがいに背を向けあっている地域がありました。それが、日本により、日本をとおして、両者が顔を向かい合わせるようになりました。ヨーロッパとアジアとの好ましい関係をつくりだすことは、日本の使命であります。今日の日本は、その課せられた仕事に努めているところです〉（前掲書）

危機から脱するには、鎖国という守りの姿勢ではなく、開国し、欧米の文明を吸収するという攻めの姿勢が不可欠だ。さらにそこから一歩進み、欧米とアジアの懸け橋となることが、日本の使命であると考えた。

現実に日本が歩んだ道は、内村が望んだ懸け橋ではなく、帝国主義的な植民地政策だった。しかし、日本が欧米列強に対抗する力を持ったことが、中東やアジア諸国の民族解放運動を鼓舞したことも事実だ。

モラルとモラール

危機から抜け出すためには、使命感を持つことが重要と内村は考える。西郷の場合、その使命感は、「敬天愛人《けいてんあいじん》」という言葉に集約されている。

〈【敬天愛人】天をうやまい、人を愛すること。座右の銘として引かれることが多い〉（『日本国語大辞典』小学館、ジャパンナレッジ版）

内村は、西郷の「天」に関する認識が、キリスト教の神と親和的な超越的性格を帯びていると考える。

〈「天」には真心をこめて接しなければならず、さもなければ、その道について知ることはできません。西郷は人間の知恵を嫌い、すべての知恵は、人の心と志の誠によって得られるとみました。心が清く志が高ければ、たとえ議場でも戦場でも、必要に応じて道は手近に得られるのです。常に策動をはかるものは、危機が迫るとき無策です。

「誠の世界は密室である。そのなかで強い人は、どこにあっても強い」

不誠実とその肥大児である利己心は、人生の失敗の大きな理由であります。西郷は語ります。

「人の成功は自分に克つにあり、失敗は自分を愛するにある。八分どおり成功していながら、残り二分のところで失敗する人が多いのはなぜか。それは成功がみえるとともに自己愛が生じ、つつしみが消え、楽を望み、仕事を厭うから、失敗するのである」

それゆえ私どもは、命懸けで人生のあらゆる危機に臨まなくてはなりません〉（『代表的日本人』）

危機から脱するため人に要求されるのは、モラル（道徳）とモラール（士気）だ。士気が高くても、道徳が欠如している人は、自己愛の罠にとらわれる。

西郷は、自己愛を徹底的に否定した結果、大義のために命を捧げることに至上の価値を置いた。

〈西郷は、責任のある地位につき、なにかの行動を申し出るときには「わが命を捧げる」ということを何度も語りました。完全な自己否定が西郷の勇気の秘密であったことは、次の注目すべき言葉から明らかです。

「命も要らず、名も要らず、位も要らず、金も要らず、という人こそもっとも扱いにくい人である。だが、このような人こそ、人生の困難を共にすることのできる人物である。またこのような人こそ、国家に偉大な貢献をすることのできる人物である」

「天」と、その法と、その機会とを信じた西郷は、また自己自身をも信じる人でありまし

た。「天」を信じることは、常に自己自身を信じることをも意味するからです〉（前掲書）
西郷の「命も要らず、名も要らず、位も要らず、金も要らず、という人こそもっとも扱いにくい人である。だが、このような人こそ、国家に偉大な貢献をすることのできる人物である」という言説に共感する人は多い。
しかし、そこには大きな落とし穴がある。自分の命を大義に捧げる覚悟をした人は、その大義のために他者の命を奪うことに躊躇《ちゅうちょ》しなくなる可能性が高くなることだ。「天」とその法を信じる人は、自分の命も他者の命も尊重しなくてはならない。大義のために命を軽視するような思想は、日本人が現在直面する新型コロナウイルスの危機に対処できないと筆者は考える。

2　もし現代に日蓮がいたならば

政府は、2020年5月25日、北海道、東京、神奈川、埼玉、千葉の5都道県で継続されていた新型コロナウイルスに関する緊急事態宣言を解除した。しかし、危機的状況は今後も続くであろう。

緊急事態宣言下では感染拡大を抑え、医療崩壊を避けることが最大の目標だった。今後は、経済対策が主要な課題になる。

JAL、カネボウなどの企業再建で実績を残した冨山和彦氏（経営共創基盤代表取締役CEO）は、新型コロナウイルスがもたらす経済危機について、3段階で到来すると予測する。

第一波がローカルクライシスだ。

〈出入国制限はもちろん、外出制限までもがほとんどの国や地域でかかるなか、まず打撃を受けているのは、観光、宿泊、飲食、エンターテイメント、（日配品、生活必需品以外の）小売、住宅関連などのローカルなサービス産業である。（中略）こうしたL（引用者註：ローカル）型産業群は今やわが国のGDPの約7割を占める基幹産業群である。しかもその多くが中堅、中小企業によって担われており、非正規社員やフリーターの多い産業でもある。今や日本の勤労者の約8割は中小企業の従業員または非正規雇用（裏返して言うといわゆる大企業、大組織の正社員は全体の2割くらいしかいない）が占めており、ローカルなサービス産業の危機は非常に多くの、しかも弱い企業や労働者とその家族を厳しい状況に追い込むメガクライシスなのである〉（冨山和彦『コロナショック・サバイバル――日本経済復興計画』文藝春秋、2020年）

ローカルな危機に続いて第二波のグローバルクライシスが到来する。自動車、電機などのグローバル大企業のサプライチェーンが崩れるのみならず、住宅、衣料などでも世界的規模で買い控えが起きる。その結果、グローバルな展開をする大企業に加え、下請けの中小企業も大きな打撃を受け得る。

第二波の到来までは不可避と冨山氏は考えているようだ。ここまでで危機を食い止めておかないと第三波のファイナンシャルクライシス（金融危機）が起きる。金融危機が起きると、〈経済システムの血液であるマネーを循環させる「心臓」までもがひどく傷んでしまい、これがさらに実体経済を痛めつける負の連鎖に入ってしまう〉（前掲書）

金融危機を防ぐためにあらゆる手を打つことが政府に求められている。

冨山氏は、〈国でも企業でも、こういう時は本気で守るべきものを明確にして優先順位をつけるべきである。今回の危機の大きさと特性を考えた時、私は守るべきものは二つ、「財産もなく収入もない人々の生活と人生」と「システムとしての経済」である。

緊急に作った緊急の対策としては、とにかく収入を失う低所得層に生活費を給付することは間違っていないし、中小サービス業が担っているローカル経済システムを守るために緊急融資だけでなく、給付金に踏み込んだのもこの際、正しいと思う。このセクターで無秩序に倒産、廃業、失業が起きた時に日本経済が中長期的に受けるダメージは、かなり大きいからだ。あとは実行段階で日本的な生真面目さ精密さを捨て、多少の不正が起きることには目をつむってスピード最優先のオペレーションを行うことができれば、それなりの効果はあるはずだ〉（前掲書）と述べる。筆者も冨山氏と同じ認識だ。

「30万円給付」ならば大きな分断を招いた

「財産も収入もない人々の生活と人生」を保障するために、大きな役割を果たしたのが公明党だ。

当初、政府は、コロナ禍によって収入が激減した家庭に30万円を給付することを考え、その前提で組まれた補正予算が閣議決定された。しかし、政府は、この決定を国民1人あたり10万円の給付に変更した。

〈政府・与党は16日、新型コロナウイルスの感染拡大を受け、国民1人あたり10万円を給付することを決めた。所得制限は設けない。緊急経済対策を含む2020年度補正予算案を組み替え、減収世帯に30万円を支給する措置は撤回する。一律10万円給付は12兆円超の財源が必要になる見通しだ。（中略）一律10万円の給付案は公明党が主張していた。首相は

16日、電話で同党の山口那津男代表に受け入れる考えを伝えた。

政府は7日に補正予算案を閣議決定し20日にも国会に出す予定だった。予算案を提出前に大幅に組み替える異例の対応となる。27日にも提出して早期成立をめざす。

減収世帯に30万円を給付する案について、与党内で制度の複雑さなどに批判が出ていた。政府・自民党で30万円給付策を含む補正予算案の成立後、10万円の給付を盛った第2次補正予算を編成する案が浮上した。公明党は一律10万円の措置に集約して財源を回すよう主張した。

所得制限を設けずに国民全員に一律10万円を支給する場合、単純計算で12兆円超の財源が必要になる。30万円の給付策は約1300万世帯を対象に約4兆円を想定していた。補正予算案で16・8兆円と見込む歳出総額が膨らむ見通しだ。赤字国債の発行増額で賄う〉

（4月16日「日本経済新聞」電子版）

公明党は創価学会を支持母体とする。創価学会は、日蓮仏法の系譜に立つ民衆宗教だ。だから皮膚感覚で民衆の生活実態がわかる。収入が減少した家庭のみに30万円を支給する場合、どこかで線引きをしなくてはならない。

例えば、年収250万円以下という線引きをしたとする。その場合、給付の対象とならない年収260万円の世帯に属する人々は不満を持つ。境界線に近い人々だけではない。特定の人たちが30万円を給付されるということに、対象から外れた人は不満を持つ。

当初案の減収世帯への30万円給付を強行した場合、日本社会に深刻な分断が生じたと思う。

また、給付に当たっては減収世帯であることを申告する手続きが必要になる。経済的に弱い立場に置かれた人々は、情報弱者である場合が多い。手続きに関する情報が行き渡らず、受給資格があるのに、そこから漏れてしまう人が相当数でてくる。

公明党にこういう目配りができたのは、創価学会から、今後生じうる事態を予測する正確な情報が入ってきたからだ。公明党の今回の取り組みは、宗教的動機に基づいていると筆者は見ている。

前に述べたように創価学会は、日蓮仏法に基づく教団だ。日蓮の解釈では、疫病には特別の「三災七難」という宗教的意味がある。これは、正しい宗教的教えに背く、もしくは正しい信仰を持つ人々を迫害することによって生じる災害を指す。

〈三災について大集経には①穀貴［こっき］（飢饉などによる穀物の高騰）②兵革［ひょうかく］（戦乱）③疫病［えきびょう］（伝染病の流行）が説かれる。

七難は経典により異なるが、薬師経には①人衆疾疫難［にんしゅしつえきなん］（人々が疫病に襲われる）②他国侵逼難［たこくしんぴつなん］（他国から侵略される）③自界叛逆難［じかいほんぎゃくなん］（国内で反乱が起こる）④星宿変怪難［しょうしゅくへんげなん］（星々の異変）⑤日月薄蝕難［にちがつはくしょくなん］（太陽や月が翳ったり蝕したりする）⑥非時風雨難［ひじふううなん］（季節外れの風雨）⑦過時不雨難［かじふうなん］（季節になっても雨が降らず干ばつになる）が説かれる。（中略）

日蓮大聖人は「立正安国論」で、三災七難が説かれる経文を引かれ、正法に帰依せず謗法を放置すれば、薬師経の七難のうちの他国侵逼難と自界叛逆難、大集経の三災のうちの兵革、仁王経の七難のうちの悪賊難が起こると予言されている。そして鎌倉幕府が大聖人の警告を無視したため、自界叛逆難が文永9年（1272年）2月の二月騒動として、他国侵逼難が蒙古襲来（文永11年＝1274年10月の文永の役、弘安4年＝1281年5月の弘安の役）として現実のものとなった〉（「創価学会公式サイト」）

今回のコロナ禍を創価学会は、「人衆疾疫難」と受け止めて、信心に基づいて現実を変化させようとしているのだ。信仰即行為というプロテスタント原理と近いところがある。

キリスト教徒が日蓮から学ぶべきこと

日蓮の信仰観は、キリスト教のプロテスタンティズムに近い。だから無教会派のキリスト教徒である内村鑑三は、『代表的日本人』の中で、日蓮を日本の宗教者の中でもっとも高く評価したのだ。

〈ルターにとってキリスト教の聖書が尊いのと同じように、法華経は日蓮にとり尊いものでした。

「我が奉ずる経のために死ぬことができるなら、命は惜しくない」

とは日蓮が度重なる危機に直面した折に口をついて出た言葉でした。ある意味では私どものルターと同じく、日蓮も聖典崇拝者であったのかもしれません。聖書はたしかに、あらゆる偶像や権力にまさって尊い崇拝対象であります。一書のために死をいとわない人は、多くのいわゆる英雄にまさる尊い英雄であります〉（『代表的日本人』）
日蓮の法華経に対する姿勢を内村は、プロテスタンティズムの「聖書のみ」という原理の仏教版と見ている。日蓮は偉大な宗教改革者であることを内村は強調する。
〈日蓮を非難する現代のキリスト教徒に、自分の聖書がほこりにまみれていないかどうか、調べてもらいましょう。たとえ聖書の言葉が毎日口にされ、それからじかに霊感を与えられているとしても、自分の派遣された人々の間に聖書が受容されるために、一五年間にもおよぶ剣難や流罪に堪えうるでしょうか。聖書のために、身命をも懸けることができるでしょうか。このことを自分に尋ねてみてほしいのであります。聖書は、他のいかなる書物にもまして、人類の改善に役立ってまいりました。それを所持している人たちが、日蓮を石で打つなど、決してあってはならないことであります〉（前掲書）
日蓮について研究せずに非難するキリスト教徒の姿勢を内村はこのように厳しく批判する。内村にとって重要な価値は、Jesus（イエス）とJapan（日本）という「2つのJ」だ。だから日本を国難から救う目的で書かれた『立正安国論』を高く評価する。さらに仏教を日本に土着化させたという点でも内村は日蓮を高く評価する。

〈私ども日本人のなかで、日蓮ほどの独立人を考えることはできません。実に日蓮が、その創造性と独立心とによって、仏教を日本の宗教にしたのであります。他の宗派が、いずれも起源をインド、中国、朝鮮の人にもつのに対して、日蓮宗のみ、純粋に日本人に有するのであります〉（前掲書）

日蓮仏法は、日本に土着化した宗教である。だから創価学会、立正佼成会などの日蓮系の教団は、現在も強い政治的影響力を持つのだ。内村はキリスト教を日本に土着化させるためには日蓮に学ばなくてはならないと考えたのである。

筆者も内村の日蓮観に共感を覚える。しかし、そのような日蓮を理解する人は日本のキリスト教徒の中では少数派であるのが残念だ。

Lesson 2

歴史はそのままの形では繰り返さない

Text

『なぜ私は生きているか——J・L・フロマートカ自伝』
ヨゼフ・ルクル・フロマートカ【佐藤優訳】、新教出版社、1997年

フロマートカと筆者の接点は
同志社大学神学部2回生の時だった。
以来、卒業論文、修士論文ともに
フロマートカ研究をテーマに
据えることになる。
また、筆者が大学院神学研究科修了後も
牧師の道を進まず、
外交官を志望したのは
「われわれが活動するフィールドは、
この世界である」とのフロマートカの
言葉に影響されたからだ。

1　私はいかに危機を乗り越えたか

新型コロナウイルスによる感染症の拡大で、危機という言葉を日常的に耳にするようになった。もっとも前述のように日本語の危機には、英語でいうリスク（risk）とクライシス（crisis）の両概念が含まれている。リスクとは、予見可能な不利益な出来事を指す。リスクに対する対応は可能だ。危機管理マニュアルに記されている方策は、リスクとしての危機を前提にしている。

これに対してクライシスは、遥《はる》かに深刻な事態を指す。

〈危機とは、ギリシア語の「分離」を意味することば krinein に由来しており、元来、回復と死の分岐点になるような、病状の突然の決定的な変化を示唆する医学用語として用いられてきた。そうした語源から、危機とは通常、ある状態の安定に否定的に影響を与えるような不測の緊急事態の発生、もしくはある事象の決定的または重大な段階を示す分水嶺とみることができる。したがって、そうした危機は、人間個人に始まって家族、企業、地方の自治体、一国の政府、そして国家間関係といったすべての領域次元において生じ、さらにその危機の内容も、人間個人の肉体的、精神的な面から、国家の政治経済や社会の体制危機、大規模な自然災害、放射能漏れなどの重大事故、大量殺傷型テロなどの重大事件など多岐にわたっている〉（『日本大百科全書〈ニッポニカ〉』小学館、ジャパンナレッジ版）

クライシス（重篤な状態）になった患者が峠を越えられないと死んでしまう。従って、クライシス対策ならば生き残るために何をしてもいいことになる。

コロナ禍がリスクの閾値《いきち》を超えた危機であることは間違いない。ただし、数年後にはワクチンが普及するか、大多数の人々が自然免疫を獲得し、コロナ禍は終息することはほぼ確実だ。

人類の大多数は生き残る。日本国家も日本人も生き残る。とすれば、新型コロナウイルスは、感染症という観点だけから見ればわれわれの生き死にに関わるクライシスではない。しかし、コロナ禍が引き起こした経済や人々の心理に与える影響を総合的に判断した場合、現在起きている事態はクライシスとしての危機だと言える。この点に関するドイツの社会哲学者ユルゲン・ハーバーマスの説明が興味深い。

〈危機の概念は、学問的な議論に入る以前に医療での用語法でおなじみである。そのさい、われわれが思い浮かべるのは、病気の進行過程において、生体・有機体の自然治癒力が快復するのに十分あるかどうかが決まる局面である。病気という危機的な経過は、なにか客体的・客観的なものであるように見える。たとえば、感染症は生体への外部からの作用によってひき起こされ、その生体がそうであるべき状態、すなわち健康という正常な状態から逸脱しているかどうかを観察することができ、経験的な数値を用いてそれを測定することができる。そこでは患者の意識はいかなる役割も果たしていないことになる。患者がどのように感じているのか、病気をどのように体験しているのかは、せいぜいのところ、患者自身はほとんど影響をおよぼすことができないことをうかがわせる出来事の徴候にすぎない。そうはいっても、医療の現場で生きるか死ぬかという段におよんで、それがたんに外部から観察される客体的・客観的な経過の問題でしかなく、患者の主体性・主観性はこの経過にまったく巻き込まれていないとしたら、われわれはそのようなものを危機とはいわないだろう。危機を、そこに巻き込まれている人間の内面的な観点から切り離すことはできないのだ。患者が病気の客体性にたいして無力感を覚えるのは、ただ、みずからの力を完全に掌握した主体である可能性を一時的に奪われ、受動的であるように強いられた主体になっているからにほかならない〉（ユルゲン・ハーバーマス［山田正行／金慧訳］『後期資本主義における正統化の問題』岩波文庫、2018年）

新型コロナウイルスに引き寄せて言うならば、感染者数や死者数などの客観的指標よりも、それをわれわれが主観的にどのように受け止め、行動するかが重要になる。ハーバーマスの言葉を用いれば、「危機を、そこに巻き込まれている人間の内面的な観点から切り離すことはできない」ということになる。危機とは、人間の外部で起きる出来事と内面的な受け止めとの総合によってとらえられる概念なのだ。

焼け焦げた人の臭い

筆者は過去3回の危機に直面した。いずれも歴史的事件に関係している。

第一が1991年8月に起きたソ連共産党守旧派によるクーデター事件だ。クーデター派は3日しか権力を掌握できなかった。しかし、その後、ソ連は解体過程に入る。

筆者は日本の外交官として、この過程を目撃することになった。共産党の一党独裁体制下、強大な軍事力と秘密警察の監視網を張り巡らせた帝国もあっけなく自壊してしまった。

この経験から危機の克服に失敗すると、日本国家も簡単に崩壊してしまうという認識を筆者は持つようになった。このときから筆者は日本国家の生き残りを真剣に考えるようになり、北方領土交渉に文字通り命懸けで取り組んだ。

この過剰な危機意識のために筆者の立ち居振る舞いは普通の外務官僚から徐々にずれていった。そして、北方領土絡みの鈴木宗男事件に連座して、東京地方検察庁特別捜査部によって逮捕されることになった。

第二が1993年10月のモスクワ騒擾《そうじょう》事件だ。91年8月のクーデターに命懸けで抵抗し、勝利したのがロシアのエリツィン大統領らのグループだった。この人たちの間で些細《ささい》な権力闘争が起きた。

それが非和解的な対立に発展し、エリツィン大統領派と最高会議（国会）派（ルツコイ副大統領、ハズブラートフ最高会議議長）がモスクワで武力衝突を起こした。大使館の前でも銃撃戦が起きた。

翌日にエリツィン大統領が秘密警察の特殊部隊と正規軍を投入し、力で最高会議派を鎮圧した。戦車で最高会議ビルに大砲を撃ち込み、火災が発生した。あのときの焼け焦げた人の臭いが、筆者の脳裏に焼き付いている。ふとした危機にあの臭いが甦《よみがえ》ってくる。

エリツィンの決断があと1日遅れていれば、モスクワは内乱状態になり、外国人もそれに巻き込まれた。筆者が命を失う可能性が最も高かったのがあのときだったと思っている。

第三が、前二つの出来事と較べるとスケールは遥かに小さいが、2002年5月に鈴木宗男事件に連座して東京地検特捜部に逮捕され、512日間、東京拘置所の独房に勾留されたときのことだ。この経験については『国家の罠――外務省のラスプーチンと呼ばれて』

（新潮文庫）に詳しく記したのでこの場でその内容を繰り返すことはしない。

筆者がこの3回の危機に直面したとき、行動の規範とした1冊の本がある。チェコのプロテスタント神学者ヨゼフ・ルクル・フロマートカ（1889～1969年）の自伝『なぜ私は生きているか』だ。日本ではあまり知られていないこの神学者を、筆者は同志社大学神学部2回生の夏に知った。1980年のことだ。

あれから40年以上が過ぎたが、筆者はこの神学者の引力圏から未だに離れることができない。フロマートカ神学と出会わなければ、筆者が外交官になることもなかった。また、人生の3度の危機を乗り越えることもできなかったと思う。

作家になってからも情勢を分析し、判断する際に筆者はフロマートカの方法を基準にしている。この神学者の思考を追体験することによって時代の危機を察知する力がつく。フロマートカには他の人には見えない事柄をつかむ特異な能力がある。

誤解され続けた神学者

この神学者の歩みについて、簡潔に年譜の形で記しておく。

1889年6月13日　オーストリア帝国モラヴィア辺境伯領（現在のチェコ共和国）ホドスラビッツェ村で地主の家庭の長男に生まれる。

1907—12年　ギムナジウムとウィーン、バーゼル、ハイデルベルク、アバディーンのプロテスタント神学部（神学校）で学ぶ。

1912—18年　フセチーンとプラハのルター派教会副牧師として勤務。

1918—22年　ショーノフのチェコ兄弟団福音教会（ルター派と改革派の合同教会）牧師として勤務。

1920—39年　プラハのフス・プロテスタント神学大学（現カレル大学プロテスタント神学部）の組織神学担当教授。

1939―47年　反ナチス・ドイツの立場を鮮明にしたために亡命を余儀なくされる。
1947年　ジュネーブ、パリを経て、米国のプリンストン大学神学部客員教授。チェコスロバキアに帰国し、コメンスキー・プロテスタント神学大学教授に復職。
1950―66年　コメンスキー・プロテスタント神学大学学長。
1958―69年　キリスト者平和会議議長。
1968年8月　ソ連軍を中心とするワルシャワ条約5カ国軍のチェコスロバキア侵攻に抗議する在チェコスロバキア・ソ連大使宛て公開書簡を発表。
1969年12月26日　プラハ市内の病院で死去。ホドスラビッツェ村に葬られる。

フロマートカは誤解され続けた神学者だった。戦前のチェコスロバキア共和国でプロテスタント教徒は社会のエリート層を形成していた。反マルクス主義的傾向が強い教会の中で、フロマートカは、1936年にスペイン市民戦争が勃発すると、反ファシズムという立場で、キリスト教徒は社会民主主義者、共産主義者と連帯すべきと主張した。

フロマートカには、ファシズムとナチズムの脅威が、スペインに続いてチェコスロバキアを襲うことが見えていたのだ。戦後は、共産党が権力を掌握したチェコスロバキアに帰国し、体制と協調態勢を取ったので、西側からは「赤い神学者」と非難された。「プラハの春」ではソ連に抵抗したため、反体制派と見なされるようになった。

2　フロマートカの故郷を訪ねて

コロナ禍の危機を深い位相で理解するためにプロテスタント神学者のヨゼフ・ルクル・フロマートカの思想が役に立つ。

それは、フロマートカが、民族独立運動、反ファッショ運動、第二次世界大戦、共産主義体制との共存など、さまざまな経験を通じて危機を克服した経験があるからだ。コロナ禍でわれわれが経験している事柄のほとんどは、過去の出来事の繰り返しだ。

ただし、歴史がそのままの形で繰り返すことはない。現象としては異なっているが、構造が類似していることをつかむことを、神学を学ぶ者は若い頃から訓練される。その結果、物事を類比的に見る力がつく。危機の時代においては、類比をとらえる技法が重要だ。

フロマートカにとって、自分が生まれた場所が特別の意味を持つ。

〈私の出身地域の住民は地理的にポーランドと同様にスロヴァキアにも近接している。私の村から、ポーランド的な風景への変化が現われ始め、また、ポーランドとチェコの明確な国境線が引かれるずっと以前から、シレジアのチェシンの人々には民族的自覚が存在していた。言語の変化は漸進的で、どこでチェコ語が終わり、どこからポーランド語が始まるかを厳密に定義することは不可能である〉（ヨゼフ・ルクル・フロマートカ〔佐藤優訳〕『なぜ私は生きているか――J・L・フロマートカ自伝』新教出版社、1997年）

境界の村で生まれた

フロマートカは、チェコの北東部、北モラビアのホドスラビッツェ村出身だ。筆者はこの村を5回訪ねたことがある。丘陵地帯にある農村だ。

小さな村だが、大きな教会が2つある。1つがカトリック、もう1つがプロテスタントだ。住民もカトリック教徒とプロテスタント教徒がほぼ半々だ。

筆者がこの村を初めて訪れたのはチェコスロバキアが社会主義体制下にあった1988年3月のことだった。日曜日にプロテスタント教会をいきなり訪ね、そこから筆者のチェコ人脈が広がった。

科学的無神論を国是に掲げる社会主義国家だったが、教会が村人の生活に強い影響を与えているのを目の当たりにして驚いた。この教会のヤン・ノハビッツア牧師の案内で、ポーランドとの国境地帯をドライブした。国境の向こうとこちらで風景はあまり変わらなかった。

プラハ郊外の農村と較《くら》べるとこの村はポーランド的だった。村の人々が話すチェコ語にはポーランドなまりがある。境界の村で生まれたことは、フロマートカのアイデンティティにも影響を与えた。

〈少年時代を振り返って見た時、自分の考えかたはチェコ人というよりもスラヴ人であった。ポーランド人・スロヴァキア人・チェコ人、これらすべてが一つに融合していた〉（前掲書）

幼年時代にはスラブ人という曖昧な自己意識しか持っていないフロマートカが10代後半にはチェコ人という確固たるアイデンティティを持つようになった。フロマートカはチェコの愛国者で、ナチスに対して命懸けで闘った。

また、1968年8月にソ連軍を中心とするワルシャワ条約5カ国軍が民主化運動「プラハの春」を潰すためにチェコスロバキア全土を占領したときも、フロマートカは抵抗運動を展開した。

フロマートカが、チェコ民族のために自らの命を捧げる気構えができていたことは間違いない。同時に、彼は民族という概念が近代的で、変化するものであることを皮膚感覚で理解している。だからフロマートカは偏狭な民族主義に足を掬《すく》われることがなかった。

民族的自己意識は、他者との関係において明確になる。フロマートカにとっての他者とは、ドイツ人であった。

〈私の生まれた村ホドスラヴィッツェは諸民族の境界線上に位置している。隣村はもうドイツ人のものであり、われわれの地域の主要都市ノーヴィー・イチーンは住民の大部分が汎ゲルマン主義思想の影響を受けており、チェコ的なものすべてに反感を持っている町であった。われわれの国がまだオーストリア帝国の統治下にあった時でさえ、十人のウィーン出身者に一人を加えても、ノーヴィー・イチーンから来た一人にはかなわないと一般に言われていた。ドイツ人側のこのような侵略的ナショナリズムは、チェコの隣人に非常に強力な愛国心をよびおこした。今日、青年時代を振り返った際に、オーストリアをドイツの利益のために、すなわちドイツ皇帝とホーエンツォレルン派の側につけようとしたドイツ系住民よりも、われわれモラヴィアのチェコ人のほうがおそらくずっと旧オーストリア帝国に対して忠実であったのではないかとの疑問を投げかけずにはいられない。さらに、青年時代に私は自己をスラヴ人と考えることからチェコ人であると考えるように変わって

いった〉（前掲書）

筆者はホドスラビッツェ村を訪ねるときは、この村から北10キロメートルに位置するノビー・イチーン市のホテルに泊まった。ホドスラビッツェ村には宿泊施設がないからだ。ノビー・イチーンは、ドイツの地方都市によく似ている。チェコスロバキアのドイツ人はナチス・ドイツに積極的に協力した。そのため第二次世界大戦後、チェコスロバキア政府は、ドイツ人を強制追放した。そして、ドイツ人から接収した住宅にチェコ人が住むようになった。

秘密警察の事情聴取

筆者は、ノビー・イチーンでは「カラチ」というホテルに泊まっていた。カラチとは、ロシアのボルゴグラード州にある都市カラチ・ナ・ダヌーに由来する。ノビー・イチーン市とカラチ市が姉妹都市にあることからつけられた名前だ。

このホテルにはソ連の代表団がよく訪れたので、従業員がロシア語を話す。チェコ語やドイツ語よりはロシア語が得意な筆者には便利なホテルだった。このホテルのレストランは、ビールと料理がおいしく、いつも混んでいた。特にハム、じゃがいも、パプリカなどを入れた「ベシュキード風オムレツ」が人気メニューだった。

ベシュキードとは、この地方にある山の名前だ。かつて禁止されていたプロテスタント教徒は、この山に隠れて住んでいた。

初めてこのホテルに泊まったときのことだった。レストランでオムレツをつまみにビールを飲んでいると、執拗《しつよう》に話しかけてくる中年の男性がいる。だいぶ酔いが回ったところで、こう言われた。

「あなたはチェコ人が良い人たちだというけれど、その見方は一面的だよ。チェコ人は普段は温和《おとな》しいが感情的になると見境がつかなくなることがある。僕はドイツ人だ。ほとんどのドイツ人が戦後、強制追放されたが、僕の家族はここに残ることができた。名前からだとチェコ人かドイツ人かはよくわからない。しかし、僕たちドイツ人は、ここでは息を殺して生きていかないとならない。とても窮屈だ。この国は決して良い国じゃないよ」

筆者は「そういうこともあるのか」と思って男性の話を聞いていた。驚いたのはその翌日のことだ。夕食を摂りにくると、その男性が私を待っていた。

私がベンチシートに座るとその男性が隣に来て、「昨日はほんとうに済まなかった。酔ってしまった。頼むから僕が話したことを誰にも言わないでほしい」と囁《ささや》いた。筆者はよく意味がわからないので、「何かまずい話があっただろうか」と尋ねた。

男性は「僕がドイツ人だということと、この国は良い国じゃないと言ったことだ」と答えた。筆者が「わかった」と答えると、男性は食事を摂らずに去って行った。

2カ月後、1988年5月にホドスラビッツェ村を訪れたときに、ドイツ人の中年男性が怯《おび》えていた理由がわかった。ノハビッツア牧師から、筆者がこの村を訪れた後、筆者と会話したすべての人のところにノビー・イチーンから秘密警察職員がやってきて、事情を聴取したという事実を知った。

ノハビッツア牧師は「資本主義国の外交官が訪ねてくるのは珍しいので、秘密警察が関心を持つのは当たり前だ。佐藤さんは外交官だけれども、プロテスタント神学者でフロマートカを研究しているのでこの村を訪れたと説明したら、職員も納得していたよ」と説明した。

恐らく秘密警察から、事情聴取について筆者には伝えるなと言われていたはずだ。しかし、キリスト教徒は目に見えなくても同じ教会に所属しているという意識がある。だからノハビッツア牧師はリスクを冒して事実を伝えてくれたのだと思う。

レストランで偶然会ったドイツ人のところにも秘密警察の職員が訪ねてきたのだろう。それでこの男性は慌てて、翌日筆者をつかまえて口止めをしたのだと思う。

フロマートカが、チェコ人としての意識を確立する上で重要な意味を持ったのが第一次世界大戦だった。

〈一九一四年八月に第一次世界大戦が勃発したとき、旧世界は木端微塵《こっぱみじん》に粉砕された。全体としてチェコ人、特にプロテスタント教徒は、いわゆる中央権力、皇帝のドイツとオーストリア・ハンガリー皇帝に反対して闘う国の側を支持した。われわれの行動が、われわれが無限の信頼を寄せるT・G・マサリクによって指導されていたということはまさしく事実であった。もちろん、オーストリア・ハンガリー帝国の崩壊とドイツ帝国の強力な軍事的敗北の後に、どのようなヨーロッパが出現するかについては、誰も何の考えも持っていなかった。戦争の恐ろしい側面について、神学的、歴史哲学的観点からわれわれは全く準備ができていなかった。終わることのない世界的規模の革命的激動の上にわれわれが立っているということさえほとんど気づかなかった。変革が国際政治に起こりつつあるというのがわれわれの理解可能なすべてであった〉（前掲書）

トーマシュ・ガリッグ・マサリク（1850〜1937年）は、チェコの社会学者、哲学者、政治家で、チェコスロバキア共和国初代大統領になった。父親はスロバキア人で母親はチェコ人だ。

マサリク自身はチェコ人とスロバキア人の複合アイデンティティを持っていた。あえてどちらか1つを選べと言われたならば、マサリクはチェコ人を選んだであろう。

歴史的、宗教的、文化的にチェコ人とスロバキア人は背景を異にする。この2つの民族が単一の国家を形成することによって、マサリクは複合アイデンティティの問題に悩まされずに済むようになった。

3 第一次世界大戦が露わにした西欧民主主義の欠陥

英国の歴史学者エリック・ホブズボーム（1917〜2012年）は、意味の上での19世紀は、100年よりも長いと主張する。1789年フランス革命によって始まり、1914年の第一次世界大戦勃発直前に終わるという。

他方、20世紀は100年よりも短い。1914年の第一次世界大戦勃発によって始まり、1991年のソ連崩壊によって終焉する。

ホブズボームは、第一次と第二次の世界大戦を一体のものとして理解すべきと主張し「20世紀の31年戦争」と名付ける。確かに第一次世界大戦後、戦勝国が過酷な賠償と制裁をドイツ、オーストリア、ハンガリーなどに科した結果、これら諸国の経済が破綻し、中産階級が没落し、社会が不安定になった。その状況でオーストリア出身のドイツ人アドルフ・ヒトラー（1889〜1945年）が、ポピュリズムと人種主義に訴えて権力を掌握し、第二次世界大戦への道ぞなえをした。

「長い19世紀」の特徴は、人々が人間の理性を信頼したことだ。理性に基づき、科学技術を発展させ、それを利用することで理想的社会を建設することが可能と多くの人々が考えた。

しかし、人間の合理性が信頼に足るものでないことが第一次世界大戦によって可視化された。科学技術の発展によって、毒ガス、戦車、戦闘機、潜水艦が生まれた。これらの兵器を用いて大量殺戮《さつりく》と大量破壊が可能になった。

政治的には大きな変化がマルクス主義陣営に生じた。マルクスは「プロレタリアート（労働者階級）に祖国はない」と主張した。当然、祖国防衛戦争に反対することになる。

日露戦争中、ロシアのマルクス主義者のゲオルギー・プレハーノフと日本のマルクス主義者の片山潜《せん》が、オランダのアムステルダムで開催された第2インターナショナル第6回大会に出席した。1904年8月14日、2人は壇上で握手して、共に反戦を訴えた。しかし、第一次世界大戦が勃発すると各国社会民主党の多数派は、自国の戦争政策を支持する。このとき戦争に反対したマルクス主義者は、後に社会民主党から共産党に結集するようになった。

第一次世界大戦で敗北したドイツ人にとって、戦争は破滅だった。そこからドイツの神学者や哲学者は、近代的理性自体に強い疑念を抱くようになった。もっともプロテスタント神学の場合、時代の危機を敏感に察知したのは、永世中立国スイスの牧師だったカール・バルト（1886〜1968年）だ。

バルトは、人間が神について語ることを止《や》め、神が語ることに人間が虚心坦懐《きょしんたんかい》に耳を傾けるべきであると主張した。バルトは、神と人間は質的にまったく異なると考えた。従って、人間が神について語ることは原理的に不可能である。しかし、説教壇に立つ牧師は、神の言葉を語らなくてはならない。

このような「不可能の可能性」に挑むことが神学の課題であるとバルトは主張した。第一次世界大戦前ならば、バルトのような主張は非合理主義、もしくは独断論として、神学界で相手にされなかったと思う。しかし、第一次世界大戦後の危機の中で、バルトの言説には「危機の神学」という名称が与えられた。

そして危機の神学は、哲学、文学、歴史学などに強い影響を与えた。日本では京都学派の西田幾多郎《きたろう》や田辺元《はじめ》がバルトの影響を受けている。

キリスト教文明の限界

フロマートカは、プロテスタント神学者としては、バルトと時代の危機を共有していた。他方、フロマートカはチェコ人だ。第一次世界大戦でハプスブルク帝国（オーストリア・ハンガリー帝国）が敗北したことにより、チェコ人は、チェコスロバキア共和国という独立国家を持つことができた。従って、バルトと比較するとフロマートカの第一次世界大戦への評価は肯定的だ。

〈反ドイツ連合の勝利は祖国により偉大な民主主義をもたらし、それまで中央ヨーロッパの権力に従属していた人民を解放するとわれわれは信じていた。いたる所で社会民主党は自国政府を支持していた。このことは、政治的民主主義と民族自決の領域における変革が何よりも必要であるというわれわれの感情を刺激した。しかし、崩壊したのは、中世から現代の社会・政治形態までの発展をとげたヨーロッパ文明の構造自体であった〉（『なぜ私は生きているか――J・L・フロマートカ自伝』）

ここで引用した文章は、フロマートカの自己批判でもある。当初、フロマートカは、ドイツやオーストリアの封建的な軍国主義体制が崩壊し、民主主義と民族自決の原則によって、安定的な世界秩序が構築されると考えていた。しかし、それは幻想だった。

第一次世界大戦で機能不全を示したのは、軍国主義体制に留まらず、長年にわたって国家とキリスト教が結びついて形成されたシステムの危機だったのである。

もっともフロマートカの場合、他のプロテスタント神学者と異なり１９１７年のロシア社会主義革命を肯定的にとらえていた。ロシア革命を通じていわゆるキリスト教文明の限界にフロマートカは気づいた。

〈一九一七年の革命はヨーロッパ文化の根源と構造をより良く、さらにより深く理解することを可能にした。その時私は既に（一九一六年の三月）救済教会の牧師としてプラハに着任していた。当初、われわれは一九一七年十一月のロシア革命に共感した。その当時、レーニンとボルシェヴィキの目標は、中央政府に対する闘争を弱体化する危険な脅威であるとみなされていた。私自身は何が起こっているのか全くわからなかった。ロシア革命に関する文献とマサリクの著作『ロシアとヨーロッパ』〔ロシア思想史—訳者〕を集中的に研究することを通じて、私は徐々に、不鮮明ではあったが、西欧諸国の勝利は第一次世界大戦の終結ではないと自覚し始めた。一九一七年を境に、ヨーロッパにとっての根本問題は、戦争中に明確になった西欧諸国間の相違を超えたものとなった。われわれはより深く世界をゆるがす革命の入口に立っていたのである〉（前掲書）

マサリクは、中東欧近現代史を理解する上で、重要な人物だ。百科事典から略歴を見ておこう。

〈Tomáš Garrigue Masaryk［1850—1937］

マサリク

チェコスロバキアの哲学者、社会学者、政治家。初代大統領。スロバキアとの境界に近いモラビアの農村に生まれる。父はスロバキア人、母はモラビア生まれである。苦学ののち、1876年にウィーン大学で哲学を修めた。82年にプラハのカレル大学に哲学教授として迎えられる。学者としては、ロシア思想研究やまだ新しい学問であった社会学で貢献した。教鞭《きょうべん》をとるかたわらジャーナリズムでも活躍し、90年には青年チェコ党からオーストリア帝国議会の議員となった。のち独自の小政党（現実党）を設立。マサリクは帝国の民主的、連邦的な改革を主張していたが、第一次世界大戦が勃発すると西欧に亡命し、E・ベネシュ、R・M・シュチェファーニクらとともにチェコスロバキア民族会議を設立、独立運動を展開した。1918年チェコスロバキア共和国が独立すると、その初代大統領に選出され、新国家の象徴的な存在となった。35年に引退するまで、国民的な人気を背景に、内外政に大きな影響力をもった。とくに議会の中道的な諸勢力の連立を支持し、漸進的な社会改革を唱え、チェコスロバキアの議会制民主主義を擁護した。また国内の民族対立の解決にも努力した。外交面では、ベネシュ外相の対外政策を一貫して支持し、それを内政面から支えた。［林 忠行］〉（『日本大百科全書〈ニッポニカ〉』小学館、ジャパンナレッジ版）

ちなみに筆者が大学生や高校生に授業をする際にインターネット空間でウィキペディアを参照するのは、当該分野について指導できる専門家がいるときに限定すべきと強調している。ウィキペディアには、誰でも自由に書き込むことができるので、不正確な記述や間違いとまでは言えないが極端な見解が散見されるからだ。

インターネット空間では、有料になるが小学館が運営するジャパンナレッジが、複数の百科事典、歴史事典、人名辞典などを収録している。執筆者はいずれも当該分野で専門家と認知されている人々で、しかも最新の情報に更新されている。

同志社大学の場合、法人としてジャパンナレッジを契約しているので、学生は無料で利用することができる。日常的にジャパンナレッジを用いている学生は、そうでない学生と比べて成績がよい。日常的にどの辞書や事典を参照するかによって教養のレベルが異なってくるのである。

西欧の民主主義は弱い

話を元に戻す。フロマートカは、第一次世界大戦後についてこう総括する。

〈今日、一九一八年以降の年月を振り返ってみると、戦間期は単なる休戦に過ぎず、ドイツの軍事的敗北は内政と文化構造に本質的変化をもたらさず、西側の民主主義はナチスの下でグロテスクで異常な形態をとったドイツ国家主義を制御するにはあまりに弱いものであるということをわれわれははっきりと理解している。ベルリンとウィーンは一九一八年に没落した。ロンドンとパリが戦間期に国際政治を支配した。その後一九三九年から一九四五年までの数年間、ヒトラーのベルリンのナチスとファシストのローマがヨーロッパの支配者となった。二度目の軍事的荒廃は、西側の指導的政治家がソヴィエト・ロシアに対する恐怖に麻痺してしまったために起こった。西側政治家は一九一七年のロシア革命で新たな社会、政治形態をとった歴史的事件の本質を、政治的、社会的に、（あるいは歴史哲学の視点で）理解することができなかった。第二次大戦でロンドンとパリは二流国に転落した。ワシントンとモスクワが新たな国際情勢を代表するようになった。ちょっと先走ることになるかもしれないが、現在ではこの二都市のみならず北京も考慮に入れる必要があることを私は付け加えておく。これからは、世界の発展はこの三つの国際政治の中心が人類の使命と現代人の状況をいかに理解するかに依存する〉（『なぜ私は生きているか――J・L・フロマートカ自伝』）

米国、ロシア、中国は21世紀の現在においても国際政治における主要なプレイヤーだ。

4　天上の革命と人間の責任

第一次世界大戦の大量殺戮《さつりく》と大量破壊によって、人間の理性をもって理想的社会を建設できるという楽観主義は消え去った。スイスのプロテスタント神学者カール・バルトは、人間が神について語るのを止め、神が人間に語りかける事柄に真摯に耳を傾けるべきだと説いた。神の言葉は聖書に記されている。バルトは新約聖書の「ローマの信徒への手紙」の読み解きに取り組んだ。

フロマートカは、バルトとは別の経路を辿《たど》って同じ認識に至った。

〈一方において、われわれがしなければならないのは聖書の使信の本質に沿って行動することである。近代神学は聖書の出来事の本質と生きたキリストの教会の核心を摑むことができなかった〉（『なぜ私は生きているか──J・L・フロマートカ自伝』）

フロマートカは、シュライエルマッハー以降の19世紀プロテスタント自由主義神学は、袋小路に陥ってしまい、人間の救済というキリスト教本来の目的を達成できなくなってしまったと考えた。

同時に近代に背を向け、コペルニクス革命より前の世界像に固執するカトリック神学も有効性を喪失していると考えた。

〈カトリックであれプロテスタントであれ伝統的神学は、伝統と教会制度の硬直した形態のなかで聖書の使信を凍らせてしまった。われわれは慣習的な政治体制と社会的、民族的偏見から解放されていない。今日でさえ私は、外面的歴史的、文化的相違にもかかわらず、世界中の教会が限界と停滞を伴う小ブルジョアの心情にかなり影響を受けているのはなぜかという疑問にいつも頭を悩ませている。なぜ教会は、この不安定で汚れた世界で行動することによって手を汚すことのない善良で上品な人々によって構成されているなどといったことを確信するようになったのだろうか。なぜ教会員の中に日常の民族、政治、教会生活を打破できるような見識がほとんどないのか。これはわれわれがしっかりと聖書に根をおろしていないことによるのではないか。あるいは福音の革命的神秘の本質を見抜いていないからではないか〉（前掲書）

フロマートカにとって聖書の内容は革命的だ。地上の革命よりも天上（もちろん形而上的な天上ではない。人間の力が及ばない外部の意味）における神の革命が先行するのだ。神の革命に対応し、人間が責任を負うことが地上における革命なのである。

宗教改革の意義は、キリスト教徒がこのような受動的革命性を認識したことであるとフロマートカは考える。

〈なぜ宗教改革の教会は、神学と実践において、信仰のみ、あるいはただ神の恩寵のみの義認に関する、数箇の古宗教改革の主題に関心を集中するのか。なぜわれわれはナザレのイエスがシナゴグと神殿から追放され律法学者と祭司によって死刑を宣告されたという事実を真面目に受けとめなかったのか。なぜわれわれはハンセン氏病患者と浮浪者の中に行き、路傍で浮浪者として生き、誰もかまわないような人々を神の国へ導こうとした例に従わなかったのか。なぜ社会革命の衝撃をほとんど理解しなかったのか。今日においてさえ、なぜ圧倒的大多数の教会は（社会主義諸国においても）一九一七年の出来事と関係を悪化させるような冷淡な試みを行なうのか〉（前掲書）

1917年11月のロシア社会主義革命も神の革命に対応して起きた出来事なのである。この革命の意味を近代的な市民社会（ブルジョア社会）と同化してしまったキリスト教徒は理解できないのだ。イエスは常に貧しい者たち、虐げられた者たちとともにあった。しかし、教会は、これらの人々、とりわけ近代賃金労働者階級（プロレタリアート）を交わりの外側に追いやってしまった。キリスト教徒がやるべきことをやらないので、神が共産主義者に働きかけて、貧しい者たち、虐げられた者たちのために革命を促したのだとフロマートカは考える。

第一次世界大戦とは何か

第一次世界大戦は、民衆に禍《わざわい》をもたらした出来事だった。この惨事がキリスト教文明圏から発生したという事実をフロマートカは重視する。戦争を通じて神がわれわれに何を呼びかけているかを耳を澄ませて聞かなくてはならない。

〈これが第一次世界大戦以降の私の頭を離れない神学的問題である。同時に私は批判的に自己を分析し、現代の問題を表明するのに真に適切な言葉を見つけることができたかと自問している。育ってきた時代を正しく理解してきたかを、私は常に自問してきた〉（前掲書）

ところで、敗戦国のドイツとオーストリアにとって、第一次世界大戦は災厄であり、破滅であった。これに対して、チェコ人とスロバキア人は、この戦争でオーストリア＝ハンガリー二重帝国（ハプスブルク帝国）が解体したことにより、自らの民族（国民）国家を持つことができた。第一次世界大戦によって民族の悲願が成就したという面もあるのだ。

チェコスロバキア国家は、フス派の伝統を継承するプロテスタンティズムが国家建設の原動力になった。このプロテスタンティズムは民族意識と結びついて、チェコスロバキア共和国初代大統領のトーマシュ・マサリクも建国運動を進める過程でカトリックからプロテスタントに改宗した。フロマートカも民族意識を強く持つようになった。

〈第一次世界大戦後、チェコ・プロテスタント合同運動に参加したとき、私はこの運動を民族解放に対する情熱と考えた。既に言及したように、〈公的活動の社会的側面は私の関心の中心に近いところにあったが、戦争中私の思想を支配したのは民族解放闘争であった〉（前掲書）

マサリクの場合、父親がスロバキア人で母親がチェコ人だ。当然、両民族の複合アイデンティティを持っている。父の国と母の国が同一であることが望ましいという意識を深層心理においてマサリクは抱いていたのだと思う。しかし、チェコ人であるフロマートカにとって、スロバキア人は異質な存在だった。

〈チェコ人とスロヴァキア人の共存は予想したほど単純なものではないということをわれわれは徐々に認識するようになった。旧ハンガリー帝国の文化的、社会的構造が数世紀にわたりハンガリー人と密接な関係を持っていたスロヴァキア人に影響を与えていた。チェコ人とスロヴァキア人が共存する際の重要な問題を認識するために、両民族の意識を調査することが必要であった。新国家の政治生活の出発点は、最近の解放に対する牧歌的喜び、政治的経験の欠如、平和的進歩の長い時代の入口に立っているのだという呑気な確信によって特徴づけられていた。既に述べたように、マサリクはチェコスロヴァキアの社会に成

熟した国際主義と思慮深さを植えつけた。しかしマサリクでさえヨーロッパの平和は今後長く続くと確信していた〉（前掲書）

民主主義という理念によって結合することが、民族主義によって、チェコ人とスロバキア人が反目しないようにするために、死活的に重要だった。

ちなみに1948年2月に社会主義化した後、チェコ人とスロバキア人を結びつけるメタ理論として機能したのが共産主義だ。1989年11月のビロード革命でチェコスロバキアの共産党体制が崩壊した。その後、チェコ人とスロバキア人を結合するイデオロギーは現れなかった。

スロバキア人は民族意識を高め、それに対応してチェコ人の民族意識も高揚した。結果として、1993年にチェコ共和国とスロバキア共和国が分離して、今日に至っているのである。

ソ連への接近は必然だった

　1920年代にもチェコ人とスロバキア人の軋轢《あつれき》が高まる可能性があった。しかし、それを上回る脅威が西側から迫ってきた。ドイツにおけるナショナリズムの台頭だ。〈しかしその時期に東で新たな危機が発生し、西ではドイツ国家主義の破壊的傾向が再び頭をもたげていた。一九一九年—一九二〇年の平和条約は戦後ヨーロッパの再編に対し脆弱な基盤を与えているにすぎなかった。フランス、イギリス、アメリカのどの政治指導者も現代人が直面している問題の大きさを正確に捉えることができなかった。彼らは、一九一七年のロシア革命も、攻撃を受け、敗北したドイツ人の心理における病的興奮症状をも深刻に理解しなかった。あるいは恐らく彼らはロシア革命のダイナミズムとドイツ国民の病的熱狂を意識していたが、戦後ヨーロッパのこの二つの衝撃的問題は武力によって統制できると信じたのであろう。私は判決を言い渡したいのではない。われわれは皆、戦後ヨーロッパの隠れた混乱と権力を制御するには、知的、精神的、政治的にあまりに弱かった

のである〉（前掲書）

西からはドイツのナショナリズム、東からはソ連の共産主義の脅威が中東欧諸国に及んだ。チェコ人とスロバキア人は、イギリス、フランス、アメリカを味方につけて、その軍事力を背景にする外交で、ドイツとソ連の脅威からチェコスロバキア国家を防衛できると考えた。

フロマートカ自身もそのような考えをしていた。しかし、勢力均衡論によってはドイツの侵略からチェコスロバキア国家を守ることはできなかった。

この経験から、フロマートカは、第二次世界大戦後、ソ連に接近することが安全保障上、死活的に重要と考えたのである。

〈今日の視点より見るならば、一九一四年の第一次世界大戦の勃発と一九一七年のロシア革命は、ヨーロッパの古い構造と世界秩序の激しい変動の出発点であったということを十分理解できる。今日においてもなお、われわれはヨーロッパと西側の政治的、社会的、精神的問題を十分に吟味したとは言えないのである。（第二次世界大戦後に起こった事件と動乱については言うまでもない。）〉（前掲書）

キリスト教と結びついたヨーロッパ文明は内発的生命を衰弱させてしまったとフロマートカは考えたのだ。

フロマートカは、マサリクの人間性の理念と民主主義によって、ヨーロッパは時代の危機を克服できるであろうと考えた。しかし、その見通しは甘かった。

5 キリスト教が絶対に正しいとは言えない

話を1910年代末から20年代初頭に戻す。フロマートカはチェコスロバキア共和国初代大統領マサリクのヒューマニズムと民主主義を二面的に評価する。

〈私にとってマサリクの政治的路線は明確であり、彼の社会的倫理的ヒューマニズムはわが国内のチェコ・ドイツ問題を制御するに十分強力であると確信していた。はじめから共和国の国境付近に住んでいた三百万人のドイツ人は、社会的民族的に分割されたヨーロッパの中心に位置するチェコスロヴァキアの平和的、政治的、文化的進歩に対する脅威となった。戦争の終結は、ヨーロッパを、政治的、社会的問題が解決されていない深い泥沼の中に突き落とした。しかしマサリクの指導力は、新たな抗争の危険を克服し、チェコスロヴァキアのみでなく全ヨーロッパがドイツ問題を統制し、一九一七年のボルシェヴィキ革命に対する創造的理解のための基礎を形成する道を少なくとも示すであろうとわれわれは信じた。これは難しい課題であった。不可能と思われた。現代ヨーロッパは政治的、民族的、精神的に危機に陥っていたので、もはや重大な使命を果たすことができなかった。恐らく以前より使命を果たす地位を失っていたのである。なぜなら現在われわれは二度目の世界の崩壊は、ヨーロッパ全体の政治路線の延長にあったという事実に直面しているからである〉（『なぜ私は生きているか――J・L・フロマートカ自伝』）

マサリクだけでなくこの時点ではフロマートカも、危機の精神的根源がどこにあるかを正確に把握できなかった。ユダヤ・キリスト教の伝統（ヘブライズム）、ギリシア古典哲学の伝統（ヘレニズム）、ローマ法の伝統（ラティニズム）によって形成されているヨーロッパというシステム自体が生命力を衰退させ、機能不全に陥っていたのである。

このヨーロッパを形成するシステムの弱点を突いて台頭したのがドイツのナチズムとロシアのボリシェヴィズム（共産主義）だった。

〈マサリクは既に二〇年代にドイツ国家主義の拡大に危惧を抱いていたということを、われわれは個人的にマサリクと親しい人物より聞かされていた。われわれは、ドイツ・プロテスタント教徒の大多数が一九一八年のドイツ敗北の結果を誤解しており、この誤解がワイマール共和国の平和的発展を不可能にしたという点でマサリクと共通の見解を持っていた。マサリクは国民生活の社会的再建に対する現実的計画を持っていた。しかしマサリクは革命ロシアとソヴィエト政権をヨーロッパ社会、あるいは国際社会に加えるような決断力と配慮を持ち合わせていなかった。二〇年代、あるいはそれ以降においても、チェコスロヴァキアはソヴィエト・ロシアとの開かれた積極的協力なしには平和を維持し、戦後世界の根本問題をも解決できないということを理解しなかった〉（前掲書）

政治を除外できない

フロマートカにとって、キリスト教信仰は信徒の生活全体を貫く原理だ。そこから政治を除外することはできない。

〈私があまりに政治や国際問題について話をしすぎているように見えるかもしれない。しかし、私が神学的思考を確立させた時期に起こったこれらの出来事すべては教会的、神学的闘争と結びついており、数年間これらの厄介な問題は私が夢中になった二つの問題のうちの一つであった。二〇年代を回顧してみると、神学的努力を傾けた三つの領域を認めることができる〉（前掲書）

ここでいう3つの領域とは、マサリクの思想、弁証法神学、カトリシズムであるが、時代の危機認識を捉える上では、フロマートカの弁証法神学（危機神学、神の言葉の神学と呼ばれることもある）。フロマートカは、カール・バルトらによる弁証法神学が、第一次世界大戦に直面して自由主義神学が時代に対する有効性を喪失したが故に生まれたと考える。

〈私の見解はカール・バルト、エドゥアルト・トゥルナイゼン、そしてその共働者たちの革命的神学の主張と一致した。戦前の近代神学が戦時中と戦後の激動のなかではもはや有効ではないということを自覚して以来、私はバルトの影響を偏見を持たずに受け入れた。戦前の神学は、この時期のヨーロッパの平和的発展にあまりに束縛されてしまい、中央ヨーロッパのアカデミックな知性主義の基盤の上ではぐくまれ、人間の弱さの深淵を探求すること、あるいは見かけ上の平穏の下で進行してきた深淵を探求することができなかった。生きたキリストの教会の宣教は何であるのか。単に宗教を供給し、国民的社会的生活をもっと美しくすることなのだろうか。その宣教はいわゆる宗教的諸要求を扱うべきであり、その範囲は宗教自身が必要とする生活の限定された領域に限られ、残りの社会的、政治的、学究的、文化的生活は無視すべきなのだろうか。あるいは、教会の宣教はむしろ、まったく複雑で分裂したこの世界に対して、高いところからの、絶対的かつ不可避的に赦しを与える恩寵と、人間とこの世界に対する審判を示す宣教をすべきなのだろうか。バルト神学の出発点は、アカデミックな問題にあるのではなく、むしろ教会に関する、すなわちこの世界における教会の目的と宣教に関する問題にある〉（前掲書）

プロテスタント神学は制度化されたアカデミズム（大学）に組み込まれてしまったため、キリスト教が持つ本来的な生命力を失ってしまった。キリスト教は救済宗教だ。神の言葉を聖書を通して知るというキリスト教の復古維新が弁証法神学なのである。

〈私は最初から、バルトの声は戦前の世界の破滅から発生した絶望の叫び以上のものであることに気づいていた。バルトの神学が、現代の社会と文化の混乱に対する応答と解釈され、時代の危機から聖書の権威と教会に対する集中に退避するある種の逃避と解釈されたとしても、この神学的闘争の最も深い動因は、混乱し、動揺した世界のまん中で、聖書の言葉の生きた意味と、旧・新約聖書の生きた主題と、教会共同体の根本的課題を摑もうとする能動的かつエネルギッシュな企図であるということは、私には明らかであった。それは近代神学が捉えそこねた何かを扱っていた。なぜなら近代神学は、硬直した教義体系と教職制度の中で、生きた、人間の心に衝撃を与える言葉を閉ざしてきたからである。バルトの神学は、決して神学の学問的方法からの、批判的思惟からの、不安定な世界からの逃避ではなかった。人間の知的、哲学的、社会的、政治的カテゴリーを超越する現実に対する批判的な闘争であった。私は、この大胆かつ積極的な決意に、バルトの神学的闘争、すなわち後に、ナチス時代のドイツ・プロテスタンティズムの宿命的危機のなかで根本的な姿をとるようになった闘争の真の特別の意味を理解した。神学が根本的機能を回復し、時代の激しい社会的・政治的波に巻きこまれた人々の人生の中で創造的な力となるためには、聖書の実際の核心を見抜き、生ける教会のまさにその土台へ降りていくことが不可避となるのである〉（前掲書）

信仰即行為は神学即行為

人間が神について語ることを止《や》め、神が聖書を通して人間に語りかけている事柄に素直に耳を傾けた結果、バルトはナチズムと戦わなくてはいけないと考えた。

バルトにとって神学は信仰と不即不離の関係にあった。プロテスタンティズムにおいては信仰即行為である。従って、神学即行為なのである。この点で、バルトの考えはスイスの宗教社会主義者レオンハルト・ラガツと近かった。

しかし、ラガツは自分の社会主義思想を聖書に投影していた。バルトは逆に聖書の言葉に徹底的に耳を傾け、実践においては社会民主主義者に近い行動を取ったが、社会主義イデオロギーは拒否した。

その結果、バルト神学は制度化されたアカデミズムに受け入れられやすくなった。それによってバルティアン（バルト主義者）が生まれ、弁証法神学が生命力を失っていった。フロマートカはその過程を以下のように理解する。

〈バルトの神学はラガツの宗教社会主義の修正であった。クッターとラガツの著作には、聖書と教会生活の核心が社会的、政治的情熱に早まって変形されてしまう危険性が存在する。しかし他方、恐らくより大きな危険がバルト神学にも存する。すなわち後に教会の神学に変形されたバルトの危機神学（あるいは弁証法神学）は一つの学派を形成した。バルト神学はあまりに体系化され、バルティアンは歴史の新展開を理解する可能性を失ってしまった。われわれが試みたのは、バルトの影響をクッターとラガツの強調点と共に受け入れることであった。すべての神学体系と教会制度の限界を認識させた点でラガツはわれわれに影響を残した。教会の新たな闘争、課題を追究したラガツによって歴史の流れが救われるべきであった。しかし過去を回顧した時、エルンスト・トレルチの幅広い見識は戦後ドイツの新状況下ですぐに忘れてよいものなのかという疑問が常に私の頭にはあった。トレルチは神学の舞台より引退し、一九二三年に早すぎる死を迎えた。トレルチ神学は宣教の神学の聖書的核心を失ったので死に果てた。神学者としてトレルチはバルトに場を譲る運命にあった。しかし、一九二〇年代、国家主義がドイツの教会と神学を支配し、ほんの一握りのドイツのプロテスタント教徒しか第一次世界大戦、君主政の崩壊、ドイツ侵略主義の敗北の意味と結果を理解していなかった時期に、トレルチは、バルトの回りに集まった神学者よりも、もっと効果的にドイツ思想に影響を与えることができたのではないかと私はしばしば思う。もっともこれはもちろん現代の視点で考えてのことであるのだが〉（前掲書）

トレルチは社会学的方法をキリスト教史に適用して、他宗教に比較してキリスト教が絶対に正しいとは言えないという結論を導いた。この価値相対主義を踏まえた上で、多元的価値観の中で私にとっては絶対に正しい事柄が、他者にとっては異なることを認めるような信仰が危機を克服するために不可欠と考えた。

筆者はこの考えに立って本書に臨んでいる。

Lesson 3

秘密は死んでも守り通せ

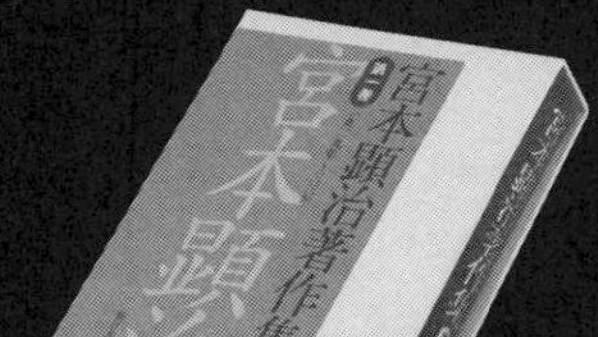

Text

「鉄の規律によって武装せよ!」

『宮本顕治著作集
第一巻 一九二九年〜三三年』所収、
新日本出版社、2012年

同論文の「改題」を同書から引く。
＜党中央に潜入していた
特高警察の二人のスパイを摘発した後、
1933年12月下旬に「赤旗」の
論説として執筆＞していたものの、
直後に別のスパイの手引きによって
街頭連絡中、宮本は特高警察に検挙された。
以後、宮本は戦後1945年10月まで
獄中で暮らすことになる。
論説は、「赤旗」1934年２月７月号に
無署名で発表された。

1　共産党の内在的論理とは？

「桜を見る会」、日本学術会議の人事問題などで政権攻撃の土俵を作っているのが日本共産党だ。その尖兵を担っているのが同党機関紙「しんぶん赤旗」である。

２０２０年９月、「桜を見る会」を巡る報道（日曜版）によって日本ジャーナリスト会議（ＪＣＪ）が設けたＪＣＪ大賞を受賞した。11月28日付の朝日新聞では、「政党機関紙の受賞は珍しい」として、赤旗特集を組んでいる。

〈11月上旬、東京・千駄ケ谷のビルに入る赤旗編集局を訪ねた。（中略）編集局は共産党の一部局で、記者はみな党員だ。

党幹部でもある小木曽《こぎそ》陽司編集局長と日曜版の山本豊彦編集長が取材に応じた。「我々は権力監視を最も重視しており、こういう問題に反応する鋭いアンテナを持っている」。山本氏はそう話す。どういうことなのか。（中略）大賞を受賞した「桜を見る会」は昨年10月13日付の日曜版の記事。「安倍後援会御一行様　ご招待　地元山口から数百人規模　税金でおもてなし」といった見出しで報じ、共産党議員が国会で政権を追及した。政府は翌年以降の開催中止に追い込まれた。会の予算額が年々増えていることに山本氏らが着目し、取材が始まったという。自民党議員への取材で、前首相の地元後援会関係者が多数招かれていることを確認した。（中略）

ただ、赤旗の紙面は党の政策の紹介や党幹部の国会質問、党所属国会議員の発言、政権批判が中心だ。その一方で、米大統領選などの一般ニュースやスポーツニュースも扱い、将棋の棋戦も主催している。（中略）「インタビューを断られることも多い」（山本氏）というが、党が野党共闘路線に本格的に踏みだした2015年以降、「登場してくれる文化人やタレントが増えた」ともいう〉

記事では、〈機関紙である以上、党指導部の方針を伝える役割からは自由になれない。

その矛盾は抱え続ける〉（政治学者の加藤哲郎・一橋大名誉教授）との指摘を伝えつつも、同紙を批判的には論じていない。共産党が野党共闘路線を取ったことも、こうした評価の背景にある。

たしかに共産党を無視して日本の政治を分析することはできない。ここで注意しなくてはならないのが、共産党は普通の政党ではないという事実だ。

日本共産党綱領（２００４年）は、〈日本の社会発展の次の段階では、資本主義を乗り越え、社会主義・共産主義の社会への前進をはかる社会主義的変革が、課題となる〉と革命の方針を明確にしている。日本政府は、日本共産党が暴力革命路線を放棄していないと見ている。

この点について、破壊活動防止法（破防法）に基づき、共産党を担当している法務省の外局である公安調査庁の見方には説得力がある。

〈共産党は、第５回全国協議会（昭和26年〈１９５１年〉）で採択した「51年綱領」と「われわれは武装の準備と行動を開始しなければならない」とする「軍事方針」に基づいて武装闘争の戦術を採用し、各地で殺人事件や騒擾（騒乱）事件などを引き起こしました。

その後、共産党は、武装闘争を唯一とする戦術を自己批判しましたが、革命の形態が平和的になるか非平和的になるかは敵の出方によるとする「いわゆる敵の出方論」を採用し、暴力革命の可能性を否定することなく、現在に至っています。

こうしたことに鑑み、当庁は、共産党を破壊活動防止法に基づく調査対象団体としています〉（公安調査庁HP、註釈など省略）

共産党は、最近、筆者に対する敵意を剝き出しにしている。

「しんぶん赤旗」（2020年11月19日）が、「フェイクの果ての「赤旗」攻撃／菅官邸を擁護する佐藤優氏の寄稿」（三浦誠社会部長署名）と題し、筆者を名指しで非難する記事を掲載した。

「赤旗」は、日本共産党の公式の立場を反映する媒体だ。共産党が筆者に対して、〈佐藤氏を知るメディア関係者は、「官邸の代弁をしている」といいます〉という印象操作をしている。筆者が「官邸の代弁をしている」という事実はない。

偽りの処方箋

「赤旗」記事に対する反論は『月刊Ｈａｎａｄａ』２０２０年2月号に記したので、自らが気に入らないと考える有識者に対して「官邸の代弁をしている」などというレッテル貼りと印象操作で自らの正当化を試みる共産党の内在的論理について考察してみたい。危機の時代において、共産党が提示する偽りの処方箋がいかに危険であるかを、共産党が現在も規範とするテキストの分析を通じて論ずることにする。

ここで取り上げるテキストは、共産党の書記局長、委員長を歴任した宮本顕治氏（１９０８～２００７年）の論文「鉄の規律によって武装せよ！――党ボルシェヴィキ化のために――」（『赤旗』１９３４年2月7日号）だ。

ボリシェヴィキとは、ロシア語で「多数派」の意味だが、ロシア社会民主労働党のレーニン派（共産党の前身）がボリシェヴィキと自称してから、共産党を意味するようになった。

戦前、共産党が非合法化されていた時期のテキストだが、宮本氏は１９４９年にこの論文を『自由と独立への前進』（真理社）に収録した際の付記にこう書く。

〈今日、党は合法党として活動していて、当時とことなった事情にあり、したがって非合法時代の党防衛上の個々の具体的措置や指示は、今日ではそのまま通用しない点もいろいろある。しかし、支配階級は民主勢力にたいするスパイ、挑発政策という古くさい武器を今日もあいかわらず愛用しているし、今後も、ますますその傾向はつよくなることはあきらかである。したがって、階級的組織を防衛するための基本方針と覚悟については、この論文も今日役だつものがあろう〉（『宮本顕治著作集　第一巻　一九二九年〜三三年』新日本出版社、２０１２年）

「鉄の規律」が共産党の核心

現在も、公安調査庁や警察庁は、共産党に対する調査を続けている。その中には、共産党内で協力者を育成し、情報を入手することも含まれる。共産党からすれば「スパイ、挑発政策」ということになるであろう。

この文書が2012年に共産党系の新日本出版社から刊行されたという客観的事実自体が、ここで宮本氏が記した組織原則が今も共産党で活きていることを示唆するものだ。

その前に宮本顕治氏の履歴について百科事典の記述を引用しておく。

〈政治家。共産主義者。山口県熊毛郡光井村（現在の光市）に生まれる。愛媛県松山高校在学中に社会科学研究会を組織し、松山に『無産者新聞』支局をつくる。東京帝国大学経済学部在学中の1929年（昭和4）、芥川龍之介の自殺を論じた「『敗北』の文学」が雑誌『改造』の懸賞論文に1位で入選、文壇に登場する。1931年、東大卒業後、日本共産党に入党し、プロレタリア作家同盟に参加。1932年、中条百合子と結婚、1933年2月、共産党中央委員となる。同年12月、治安維持法とスパイ査問事件で逮捕され、法廷闘争を続けたが、1945年（昭和20）1月、無期懲役の判決を受けた（第二次世界大戦後「刑の言い渡しを受けざりしもの」として復権）。非転向を貫き、1945年10月網走刑務所から釈放。獄中の宮本と妻百合子との往復書簡は、のちに『十二年の手紙』として公刊された。共産党再建強化委員となり、中央委員などを歴任。1950年の党分裂後は「国際派」の指導者として活動した。（中略）1977年～1989年（平成1）まで参議院議員。1982年（昭和57）7月、第16回大会で委員長の座を不破哲三に譲り、議長となった。1997年（平成9）議長を引退し、名誉議長となり、2000年（平成12）名誉役員となる。『網走の覚書』『日本革命の展望』など著書多数。［小田部雄次］〉（『日本大百科全書〈ニッポニカ〉』小学館、ジャパンナレッジ版）

宮本氏は、民主的中央集権の原則に基づく「鉄の規律」が共産党の核心であると強調する。

〈ボルシェヴィキ党の鉄の規律のためには、民主的中央集権の原則にもとづき、上級指導部の決定が、下部組織によって無条件的に遂行されねばならぬ。また機関内部にあっては、討議は徹底的におこなわなければならぬが、一たび多数決の原則にもとづいて決議が採用された以上は、全員がその決議に無条件に服従し、その遂行のために全力をつくす義務がある。

実に、上級機関の決定をまず討論してみて、やるかやらないかをきめるというようなことは、党の民主的中央集権を小ブル的民主主義にすりかえるものである。と同時に、口先だけで決定を承認しながら、なんらそれを実践にうつさない日和見主義こそ、多年わが党の規律を弛緩させてきたもっともおそるべき害悪であった〉（『宮本顕治著作集　第一巻』）

党中央が決定したことに、下部党員は無条件に従わなくてはならない。ブラック企業の論理に似ている。末端の共産党員が「しんぶん赤旗」の配達や集金で苦労している姿を見ると実に哀れになってくる。

さらに共産党員には私生活がないと宮本氏は強調する。

〈なお、私的生活についていえば、共産党員は全生活を革命の事業にささげている。その意味において私生活というようなものはない。しかし、もし衣食住の部分をかりに私生活とよぶとすれば、共産主義者はつねに模範的なプロレタリア生活の実行者とならねばならぬ。飲酒・遊興・性的堕落・浪費・金銭上のルーズさ、とくに紙代、党費、公金の費消、流用等々は徹底的に指摘され、時としては断乎たる革命的査問に附せられなければならぬ〉（前掲書）

一般論として、禁止事項は当該行為に及ぶ人が少なからずいるから設けられる。宮本氏が、飲酒、遊興、性的堕落、浪費、金銭上のルーズさについて指摘するのは、それが共産党員の弱点だからだろう。共産党内部に協力者を獲得する際には、金銭の提供、飲酒やギャンブル、セックスなどが有効な手段になるということだ。

いずれにせよ、革命に人生の全てを捧げているから私生活はないと考える人々による組織は、普通の政党ではない。

2 獄中生活に打ち克つ

日本共産党は危機に強い政党だ。共産党にとって最大の危機は、1991年12月のソ連崩壊だった。なぜなら世界各国の共産党は、日本共産党を含め、ソ連の指導によってコミンテルン（共産主義インターナショナル＝国際共産党）の各国支部として作られたからだ。

ソ連崩壊によって、先進資本主義国の共産党は、ほとんど崩壊してしまった。共産党という名称を社会党や左翼等に変更した。これに対して、日本共産党は党名を維持すると共に、影響力を維持している。

2020年1月14〜18日、日本共産党第28回大会が行われた。初日に小池晃書記局長が報告を行ったが、党勢についてこう述べている。

〈後退したとはいえ、全国の地域・職場・学園に27万人余の党員、100万人の「しんぶん赤旗」読者をもち、国民と草の根で結びついた自前の組織、政党助成金や企業・団体献金に頼らない自前の財政をもっている政党は他に存在しない〉(『日本共産党第28回大会決定集』日本共産党中央委員会出版局、2020年)

共産党のような党が「他に存在しない」というのは小池氏の指摘の通りだ。革命に命をかけた献身的な党員によって支えられる共産党は「普通の政党」ではない。

ここで重要になるのが宮本顕治氏の思想だ。宮本氏は文芸評論家でもあるので文章がうまい。

2012〜13年に不破哲三氏(日本共産党付属社会科学研究所長、前党中央委員会議長)、志位和夫氏(党中央委員会幹部会委員長)らが編集委員となって『宮本顕治著作集』(全10巻)を刊行したのも、宮本氏の思想が共産党では今も生きているからだ。

宮本氏は、党員が革命的理論によって武装することが不可欠であると強調する。

〈全党員は、コミンテルンの綱領・規約、とりわけ三十二年テーゼを日常闘争の指針として十分に把握しなければならぬ。

マルクス・レーニン主義による思想的武装なくしては、党の確固たる統一はありえない。もしもわれわれが共産主義の原則にたいして無関心であり、無知であったならば、われわれは佐野・鍋山の裏切理論――支離滅裂な「プロレタリア天皇主義」にも容易にだまされてしまう。秘密警察、スパイ、挑発政策がいよいよ悪らつになりつつある今日では、敵の挑発に寸分のスキも与えないための革命的理論による全党員の武装が絶対的に必要である。共産主義の原則にたいする不抜の確信なしには鉄の規律はありえない〉（『宮本顕治著作集第一巻　一九二九年～三三年』）

もっとも最近の共産党は、党内でも革命という言葉をあまり使わないようだ。また、「理論による全党員の武装」というような、おどろおどろしい言葉も避ける。

1950年代に共産党が暴力革命を目指していたこと（現在の共産党は、分裂した一方の側が勝手にしたこととして責任を回避するが、説得力がない）について一般党員には説明しないようだ。そんな説明をすると「この党は、恐いことをしていた」と党員が逃げ出してしまう可能性があるからだ。

もっとも、筆者のような共産党批判を無視していると専従（職業革命家）から「あんな奴に言われっぱなしでいいのか」という突き上げが党幹部に対してなされる。「しんぶん赤旗」は、筆者の共産党批判を無視することの利益と損失を計算しているのだと思う。

批判した場合、その後、筆者やその考えに共鳴する人たちが共産党批判を強め、当然、それに共産党は再反論するが、27万人にも党組織が膨れ上がっている現状で、市民社会の常識から外れる暴力革命や武装、リンチ、拷問といった言葉が用いられること自体が一般党員に与える影響を計算するであろう。

いずれにせよ、現下日本の政治に無視できない影響を与えている共産党について研究することはとても重要だ。

アメリカ人のビジネスセンス

宮本氏は共産党員の仕事のスタイルはスターリンの指針に従うべきだと強調する。

〈与えられた仕事を期日どおりに遂行することと仕事にたいする個人的責任を明白にすること、以上は党活動を停滞なしに遂行する第一条件である。同志スターリンの「アメリカ的事務的才能とロシア的革命的熱情との結合」が必要である〉（前掲書）

ロシア人の情熱とアメリカ人のビジネスセンスを結合せよというのはユニークな発想だ。もっとも現在のロシアの政治エリートは革命ではなく帝国主義的権益拡張に情熱を燃やしている。

宮本氏は、共産党にとって重要なのは秘密保全であると強調する。

〈どんな信頼できる同志にも直接仕事と関係のないことを絶対にシャべるな！　アジトにあっては生活を正常的に忍耐づよくおこなえ！　多人数で街頭、喫茶店等をウロつくな！　連絡線は相手以外の第三者に絶対に知らせるな！　他人の連絡線を便宜的にかりるな！

連絡は自動的に回復できるように二重、三重にとれ！　同一連絡線をくりかえしてもちいるな！　時間は励行せよ！　組織の秘密は記録するな！　人名アド等は暗記せよ！　やむをえない場合は絶対に他人に知られぬ方法でしるせ！　とくに連絡についてはそうだ！〉（前掲書）

この規律は、政党というよりもＣＩＡ（米中央情報局）、ＳＶＲ（露対外諜報庁）、モサド（イスラエル諜報特務庁）などのインテリジェンス機関のものだ。

筆者も外交官時代は情報（インテリジェンス）業務に従事していたが、どんなに信頼できる同僚や家族にも、仕事上の秘密は絶対に話さなかった。雑談でも仕事の秘密に気づかれるような話は一切しなかった。また、秘密や人名、電話番号はノートに記さず、記憶した。インテリジェンス・オフィサーは記憶力がよくなければばなれない。宮本氏は、獄中回想録からもビジュアル型の優れた記憶力を持っていることが伝わってくる。宮本氏は報告書を作成するコツについても指南する。

〈なお、報告書を提出する場合には、細胞所在工場名や企業の党員数を明記するな！　提出、受取、中央部への伝達は、もっとも敏速に安全にやれ！　かつてスパイが通信網に巣くっていた時代には、やつらは一切の原文を秘密警察にわたし、書き写しだけを廻送してきた！　通信・レポ報告書はただちに所定の機関に伝達せよ！　そして重要な報告は細字にて書き、密封して中途にて絶対にひらかれぬように工夫せよ！〉（前掲書）

モスクワの日本大使館に勤務していたとき、特に高度な秘密情報については、一部だけ文書を作成し、写しを取らずに同僚の外交官に託して東京の外務本省の幹部に届けた。また公電（外務省が公務で用いる電報）にする場合も情報源の名前や会見場所は秘匿した（日時は正確に記した）。

文書の扱いについても、宮本氏の指針は国家機密を扱う役所に似ている。歴史の巡り合わせが少し違って、宮本氏が旧大日本帝国陸軍の情報参謀になっていたならば「宮本機関」を組織して多大な成果をあげたと思う。

牢獄生活こそ最大の試練

ところで、共産党は民間政党だ。国家は民間にこのようなインテリジェンス機関が存在することを嫌う。なぜなら国家はあらゆる領域に権力が及ぶようにしたいという欲動を持つからだ。これは国家の本性ともいえる。

国家は、自らがアクセスできない情報空間を嫌う。そのような情報空間を持つ共産党に、インテリジェンスに従事する情報官僚は忌避反応を抱くのである。

宮本氏は、共産党員は警察に逮捕された場合、拷問されても完全黙秘を貫くべきだと主張する。

〈真に生命を党にささげるならば、どんな拷問迫害も、幾百幾千日の拘留生活も、そして死もまたなにものでもない！　革命的闘争の犠牲は幾百万大衆の闘争の焔となる。それはやがてきたるプロレタリア革命の歴史に美しくそめぬかれるであろう！〉（前掲書）

死んでも構わないと腹を括っている人は強い。戦前、戦中、非転向を貫いた共産党員は少なからずいる。しかし、完全に黙秘したのは宮本氏だけだ。

ちなみに筆者は2002年5月14日、鈴木宗男事件に連座して、東京地方検察庁特別捜査部によって逮捕され、512日間、東京拘置所の独房に勾留された。

当初、筆者は完全黙秘しようと考えていた。しかし、弁護人から「実務家的観点からすると、黙秘は不利です。否認を貫いた方がいいです」と強く勧められた。検察官経験者のある弁護士によると被疑者が黙秘すると「面倒だなこいつ。刑期を1・5倍にしてやろう」と腹の中で思うそうだ。筆者の判決は懲役2年6カ月（執行猶予4年）だったが、黙秘していたならば懲役3年6カ月で実刑になっていたと思う。

宮本氏は起訴された後の獄中生活の重要性についてこう述べる。

〈警察で沈黙をまもりとおしただけでわれわれの闘争はおわったのではない。永い牢獄生活こそ、試練の最大のものだ。ここでこそ外界からの絶縁、ありとあらゆる誘惑と説教、そして侮蔑と迫害がまちうけているのだ。

ここで敗北すれば、過去幾十年の闘争経歴もまったく反対者に転化する〉（前掲書）

否認していると勾留が長期間になる。これに耐えるのは、取り調べに対応するよりも面倒だ。

さらに宮本氏は公判では自らの主張を積極的に展開せよとアドバイスする。

〈検事廷はもとより、予審、公判のいずれにあっても、党の機密、党活動の組織的事実については一言ものべるな！　実に佐野・鍋山の裏切の第一歩は、この規律をふみやぶったことにはじまる。

法廷にたったわれわれは、組織を追求することを目的とする敵の訊問にたいして答えてはならぬ。われわれは、敵の訊問の機会をとらえ、労働者、農民大衆にたいして、わが党の政策の正当性を明示するとともに、階級裁判にたいする闘争を精力的に展開するのだ〉（前掲書）

筆者も公判廷では、自らの主張を十分に展開した。公判を担当する検察官もそれに協力してくれた。公判廷は、検察が設定した土俵なので、そこで被告人が勝利することは（特に相手が特捜検察の場合）、まず不可能だ。筆者の場合、公判廷での陳述が、作家としてデビューする『国家の罠——外務省のラスプーチンと呼ばれて』を書く土台になった。

Lesson 4

コロナ禍と国家論

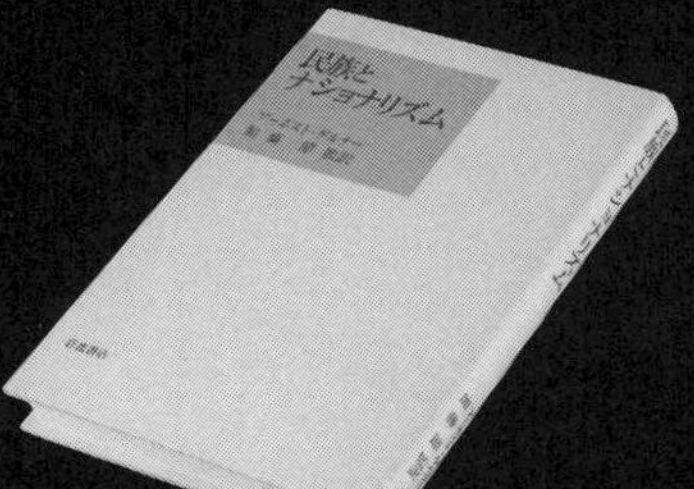

Text

『民族とナショナリズム』
アーネスト・ゲルナー【加藤節監訳】、
岩波書店、2000年

近代世界の形成に深く関わっていながら、
枠外の人間からは理解の難しい
「ナショナリズムの本質」について、
哲学者にして、
20世紀を代表する知識人でもある
アーネスト・ゲルナーが政治社会学、
社会人類学などを総動員して解明する書。
現代に起こる戦争、
紛争の底流をなす民族問題にも
補助線を与えてくれる。

1　ナショナリズムの行方

コロナ禍によってグローバリゼーションに歯止めがかかった。その結果、国家機能が強まった。近代の国家はナショナリズムと結びついている。ナショナリズムが暴発した結果が20世紀に起きた二度にわたる世界大戦だ。アメリカ、中国、韓国においてもナショナリズムが強まっている。

ここで今一度、ナショナリズムについて、深く考えてみることが、危機の時代に必要な作業と思う。

この項で取り上げるのは、イギリスの社会人類学者で哲学者のアーネスト・ゲルナー（1

925～95）だ。ゲルナーは、フランスのパリでユダヤ人の家庭に生まれたが、生後すぐにチェコスロバキアに移住し、プラハで育った。1939年にドイツのプラハ占領で、ユダヤ人に危険が迫ったので、ゲルナー一家はイギリスに移住した。第二次世界大戦でゲルナーはイギリス軍に志願し、北アフリカのサハラ砂漠で戦車兵としてドイツ軍と戦った。戦後は、オックスフォード大学とロンドン大学で当初、哲学を学んだが、当時、有力だったヴィトゲンシュタインの学派と波長が合わずに、社会人類学に専攻を変えた。エディンバラ大学、ロンドン大学を経て84年にケンブリッジ大学社会人類学教授に就任した。東西冷戦が終結した後は、93年にプラハに新設された中央ヨーロッパ大学ナショナリズム研究センター所長に就任したが、95年に急逝した。

1983年に上梓した『民族とナショナリズム』は、ナショナリズム論の古典として確固たる地位を築いている。原書には註がない。表面上は、学術書ではなく一般書のように見える。文章も難解ではない。しかし、内容は高度の教養を持っていなくては理解できない。

より正確に言うと、読者の教養のレベルによって、本書から得られる情報は異なってくる。ここでは、ゲルナーのテキストを、コロナ禍で直面する危機からどのようにすれば、われわれは抜け出すことができるかという視座から読み解いていきたい。

ゲルナーは、〈ナショナリズムとは、第一義的には、政治的な単位と民族的な単位とが一致しなければならないと主張する一つの政治的原理である。／感情としての、あるいは運動としてのナショナリズムは、この原理によって最も適切に定義することができる。ナショナリズムの感情とは、この原理を侵害されることによって喚び起される怒りの気持ちであり、また、この原理が実現されたときに生じる満ち足りた気分である。ナショナリズムの運動とは、この種の感情によって動機づけられたものにほかならない〉（アーネスト・ゲルナー［加藤節訳］『民族とナショナリズム』岩波書店、2000年）と説いた。

ナショナリズムは、政治的な単位と民族的な単位の一致が壊されたという否定的感情から怒りを伴って現れる。感情的な現象だから、純粋に学問的に扱うことが難しいのだ。

では、具体的にどのような場合に、人々はナショナリズムの原理が侵害されたと考えるのであろうか。ゲルナーはこう説明する。

〈ナショナリズムの原理は、次のような様々な方法によって侵害されうる。ある既存の国家の政治的境界が、その固有の民族のすべての構成員を包含するのに失敗する場合、あるいはその国家が彼らのすべてを包含することはできたが、同時に多少の外国人を含んでいる場合、あるいは国家がこの両方に同時に失敗し、民族の構成員すべてを組み込まず、その上、民族外の少数の人々を含むといった場合がそれである。さらには、一つの民族が外国人と混在することなく複数の国家に分かれて住み、したがってどの国家も自分たちこそが唯一の民族国家であると主張できない場合もある。

しかし、ナショナリズムの原理を侵害する方法のうち、ナショナリズムの感情がとりわけ敏感に反応するある一つの特殊なものがある。すなわち、ある政治的単位の支配者たちが、被支配者の多数が所属するのとは別の民族に属している場合がそれであって、これはナショナリストたちにとって、政治的な公正さに対するとりわけ耐えがたい侵犯であるとみなされる。そして、こうしたことは、民族の領土がより大きな帝国に統合される場合、あるいはある異民族集団が地域的な支配を行う場合に起こりうるのである〉（前掲書）

米英で植民地支配に相違

日本と韓国の関係が難しいのは、大日本帝国が朝鮮半島を植民地支配したときの構造が、ある政治的単位、すなわち朝鮮の支配者たちが、被支配者の多数が所属する朝鮮人／韓国人ではなく別の民族に属している日本人だったからだ。植民地時代の歴史の記憶が長く続くのは日本と韓国に限られた特殊な問題ではない。イギリスとアイルランド、ロシアとポーランドの関係も構造的に日韓関係とよく似ている。

ナショナリズムの前提は国家が存在することだ。

ここで国家について掘り下げて考えてみることにしよう。

〈国家についての議論は、マックス・ウェーバーの有名な定義、つまり国家とは、社会の中で正統な暴力を独占的に所有する機関であるというものから始めることができよう。この定義の背後にある観念は簡潔で魅力的なものであって、われわれの多くが住んでいる、あるいは住みたいと希求するような秩序のよく保たれた社会では、私的、あるいは党派的な暴力は正統性を持たないというものである。紛争そのものは正統性を持たないわけではないが、それが私的、もしくは党派的な暴力で解決されることは合法的ではない。暴力は中央の政治的権威と、その権威によって権限を委任された者とによってのみ、行使されうる。秩序維持のための様々な制裁力のうち、その究極のもの――実力――は、社会のなかにある特別で明確に規定された、そして十分に集権化され、規律のある一つの機関によってのみ適用されるのである。その機関、あるいは機関の集合体こそが国家にほかならない〉（前掲書）

国家の特徴が暴力を独占的に所有することであるという見方はウェーバーだけでなくレーニンもしている。具体的には、国家は国民に徴兵を義務付けることができる。戦場に征《ゆ》けば、死ぬこともある。国家は国民に命を捨てることを強要する力がある。また、国家には徴税権がある。国民から税を強制的に取り上げることが可能なのも、国家が暴力を独占的に所有しているからだ。

税を逃れようとする者を国家は、逮捕、勾留し、起訴することができる。徴兵と徴税に国家による暴力の独占が端的に示されている。

もっとも、暴力を独占していないような国家も少数ながら存在する。その例として、ゲルナーは第一次世界大戦後、イギリスのイラク統治を挙げる。

〈第一次世界大戦後、イギリスの委任統治領となっていたイラク国家は、襲撃者たちが遠征の前と後とに最も近い駐在所に報告し、殺人と略奪とのきちんとした官僚的な記録を義務として残すという条件の下に、部族による襲撃を大目にみていた。つまり、国家の中には、正統な暴力の独占を実行する意志もしくは手段を欠きながら、なお多くの点で「国家」と認めうるものがあるのである〉（前掲書）

当時のイギリスは帝国だった。大英帝国が植民地に求めたのは宗主国（本国）に対する忠誠心だけで、植民地に人権や民主主義的統治制度を確立する必要を感じなかった。

この点が、自らの影響力が及ぶ国に自由と民主主義という原理を定着させようとするアメリカとは根本的に異なる。米英は特殊な同盟関係にあり、言語も共通だが、政治文化はかなり異なる。

国家は不可欠ではない？

さて、国家について理解するためには、国家と社会の関係について整理しておく必要がある。一昔前まで、歴史においてはマルクス主義的な唯物史観の影響が強かった。そのため、歴史は、原始共産制、奴隷制、封建制、資本主義というように発展していくという見方が未《いま》だ根強く存在する。しかし、このような見方は実証的に支持されない。

ゲルナーの見方では、前農耕社会（狩猟・採集社会）、農耕社会、ポスト農耕社会（産業社会）という3段階の発展が人類史で起きた。

〈人類は、歴史の中で三つの基本的な段階を経験してきた。前農耕社会、農耕社会、そして産業社会である。採集狩猟集団は、国家を構成するような政治的分業を受け入れるにはあまりにも小規模であり、過去においてもそうであった。したがって、彼らにとっては、国家の問題、つまり、安定し専門化した秩序強制の組織の問題は本当には起らない。対照的に、決してすべてのではないが、多くの農耕社会は国家を与えられてきた。これらの国家のあるものは強く、あるものは弱く、またあるものは専制的で、あるものは遵法的であった。その形態はそれぞれ非常に異なっている。人類の歴史における農耕社会の段階は、国家の存在自体がいわば選択肢であるような時期であった。さらに国家の形態は著しく多様であった。採集狩猟の段階では、この選択肢は存在しなかったのである。

それに対し、ポスト農耕社会、つまり産業社会では、再び選択肢が失われた。しかし、今度は、国家の不在ではなく存在が避けられないものとなったのである〉（前掲書）

図式的に整理してみよう（○存在、×不存在、△いずれの可能性もある）。

	社会	国家
狩猟・採集社会	○	×
農耕社会	○	△
産業社会	○	○

21世紀の日本は産業社会だ。従って、国家は必ず存在する。だからわれわれには国家が

人間共同体にとって不可欠と思い込んでしまうが、理論的にそれは間違いだ。国家が存在しなくても人間は生きていくことができる。

２０１１年3月11日の東日本大震災で被災した東北地方の一部地域では、1~2週間、国家機能が停止した。しかし、人々の良識によって秩序が維持された。こういう緊急事態に国家が存在しなくても社会が機能することをわれわれは体験する。しかし、そのような状態が長期間続くことはない。

重要なのは、国家が存在しないときにナショナリズムは発生しないという事実だ。もっとも国家があれば常にナショナリズムが生まれるわけでもない。

2　去勢の意味

現代に生きるわれわれにとって、いずれかの民族に所属することは、当たり前のように思える。これが当たり前でないことに気付くことが重要とアーネスト・ゲルナーは指摘する。

〈人は一つの鼻と二つの耳とを持つように、ナショナリティを持たねばならない。それらのうちの個々のものを欠くことは考えられないわけではなく、実際に時折起ることではあるが、それは何らかの災難の結果起るものであり、またそれ自体が一種の災難なのである。こういったことはすべて当たり前のように思えるが、残念ながら真実ではない。しかし、これが、あまりにも明らかな真実であると思われるようになったこと自体が、ナショナリズムの問題の一つの側面、あるいはその中心を占めるものなのである。民族を持つことは、人間性の固有の属性ではないにもかかわらず、今ではそう思われるようになっているのである〉（『民族とナショナリズム』）

特定の民族に所属しているという意識を持っている人たちは、当該民族が遥か昔から存在したと思っている。だが、歴史実証的に見るならば、民族は1789年のフランス革命の頃から流行になった近代的現象なのだ。ちなみに民族は、国家が不在の状況では生まれない。

しかし、国家があれば必ず民族が生じるということでもない。だから民族と国家の関係について考察することが重要になる。

〈民族や国家が、あらゆる時代にあらゆる状況の下で存在するわけではない。さらに、民族と国家とは、同じ偶然から生れるものでもない。ナショナリズムは、民族と国家との結びつきは運命づけられていると主張し、一方が欠けると、他方も不完全なものになり、悲劇が生じると言う。しかし、この二つが互いに不可欠なものとなる前に、それぞれが出現しなければならず、しかもその出現は、相互に独立で偶発的なものであった。国家は明らかに民族の支援なしに現れた。また、ある民族は明らかに自分たちの国家の祝福を受けずに現れている。近代的な意味での民族という規範的な概念が、それに先立つ国家の存在を前提としていなかったのではないかという問題は、さらに議論されなければならない〉（前掲書）

ゲルナーの理解によれば、国家と民族は起源を異にする。この連載の目的は民族について考察することなので、国家については、これ以上、踏み込まずに、民族と国家は原理的に別な存在であるという前提で議論を進めていこう。

さらにゲルナーは、民族についての暫定的定義を定めておく必要があるとする。しかもその定義が2つある。読者を落胆させてしまうことになるが、この本を最後まで読んでも民族の明確な定義は得られない。

なぜならゲルナーは、民族について「〜でない」「○○でない」という命題を重ねた後に残る否定神学的なものと考えているからだ。しかし、民族についてまったく無定義な状態で議論を進めても、読者一人ひとりが民族について異なるイメージを持ちながら議論が空中戦のようになってしまうことを恐れて、暫定的定義を定めるのである。

ちなみに論壇で行われている民主主義、自由、階級、イスラム教などについての議論は、暫定的であっても定義がなされずに行われている。

その結果、各人の独断を主張し合う形での空中戦になってしまう。空中戦型の論戦から知的に得られる内容はほとんどない。

民族に関する暫定的定義

それでは、民族に関するゲルナーの暫定的定義を見てみよう。

〈だとすれば、偶然的でありながら、われわれの時代においては普遍的で規範的に見えるこの民族という概念とは、いったい何なのであろうか。以下の二つの定義について議論することは、それらが当座しのぎで一時的なものであるとしても、このとらえどころのない民族という概念に焦点を合わせるのに役立つであろう。
①二人の男は、もし、彼らが同じ文化を共有する場合に、そしてその場合にのみ、同じ

民族に属する。その場合の文化が意味するのは、考え方・記号・連想・行動とコミュニケーションとの様式から成る一つのシステムである。

②二人の男は、もし、彼らがお互いを同じ民族に属していると認知する場合に、そしてその場合にのみ、同じ民族に属する。換言するならば、民族は人間が作るのであって、民族とは人間の信念と忠誠心と連帯感とによって作り出された人工物なのである。(例えば、ある領域の住人であるとか、ある言語を話す人々であるとかといった)単なる範疇に分けられた人々は、もし彼らが、共有するメンバーシップの故に、互いにある相互的な権利と義務とを持っていると固く認識するならば、その時、民族となる。ある範疇の人々を民族へと変えていくのは、お互いがそのような仲間であるという認知であって、何であれ、彼らをメンバー以外の人々から区別するような他の共通する属性ではないのである。

一方は文化に、他方は意志に力点を置いた以上二つの仮の定義は、それぞれ長所を持っており、どちらもナショナリズムを理解するのに真に重要な要素を取り出している。しかし、そのいずれもが十分ではない。第一の定義の前提にある規範的というよりは人類学的な意味での文化の定義は、周知の難点を含み、満足のいかないものである。この問題に接近するには、形式的に定義することをあまり試みることなしにこの言葉を用い、文化が何をなすのかを探っていくのが最良の途であろう〉（前掲書）

①の定義には、民族は地理や経済、共通の文化などを強調するスターリンの民族定義が当てはまる。一般にマスメディアで用いられる民族の定義がこれだ。

もっともこの民族の前提とされる文化について、無定義であることが、理論的には大きな弱点である。

②の定義は、アカデミズムにおいて民族を扱う人々が好む。「民族とは想像上の政治的共同体である」というベネディクト・アンダーソンの定義もこの類型に属する。

もっとも意志があれば民族ができるということにはならない。民族は意志を持つ人々の共同体だが、意志を持つ人々の共同体が民族を形成できるとは言えない。民族と意志の非対称性をこの定義では説明できない。

ゲルナーは、国家があるが民族が形成されなかった前近代的（農耕）社会の構造について考察する。ここで鍵になる概念が去勢だ。

〈中央集権国家の観点からすると、主要な危険は、ずっと以前にプラトンが気づいていたように、軍事または書記の官職保有者が、特定の血縁集団と結びついて政権を獲得したり保持したりすることである。これら血縁集団の利害のために、官僚たちは義務の厳格な軌道から逸れがちになり、また同時に彼らの支援によって官僚は時にあまりにも多くの権力を帯びがちになるのである。

この広まりやすい危険に対抗するために採用される戦略は、細部においては異なっていても、一般的には去勢化として特徴づけられる。これは戦士・官僚・聖職者からその幼少のうちに先祖か子孫、またはその両方との関係を奪うことによって血縁的なつながりを切断しようという考え方に立っている。利用されるテクニックには次のようなものがある。宦官のばあいは、肉体的に子孫を所有することが不可能になる。聖職者の場合、その特権的地位は独身制に条件づけられ、そのため子孫の存在を公言することは防止される。外国人の場合、その血縁的つながりは遠く離れているので安全であるとみなされることが多い。あるいは別の仕方で権利を剝奪されたり締め出された集団の成員の場合、彼らは雇われた国家から切り離されると無力であろう。別のタイプのテクニックは「奴隷」の採用である。彼らは事実上特権的で勢力があったとしても、国家によって「所有された」存在であり、技術的に他のいかなる正統な絆も持っていない。そして、彼らの富と地位とはいつでも国家に戻るのである。その際、正当な手続きへの権利という擬制すら必要ではなく、したがって罷免された官僚が属する地方集団や血縁集団に対していかなる権利を創造する必要もない〉（前掲書）

国家を運営するには記録が必要だ。これに従事する書記（官僚）は識字と計算の力を持つ。国家システムを放置しておくとこの人々に権力が集中してしまう。それを防ぐために設けられたのが去勢制度だ。

去勢をすれば、生物学的に子孫を作ることができなくなる。そのため宦官が絶大な権力を持っていても、それが相続されることはない。こうすれば皇帝の権力が官僚によって脅かされることはない。

宦官はなぜ必要だったか

カトリック教会の聖職者独身制も、社会学的には去勢と同じ機能を持つ。聖職者に子どもがいても、それが公に認められることはない。その結果、聖職者が権力や財産を自分の子どもに継承させることができなくなる。日本でも、鎌倉時代中期まで仏教僧侶は独身制が徹底されていた。それは寺院が絶大な権力を持っていたので、相続ができないようにするためだ。鎌倉時代の民衆仏教が、僧侶の妻帯を認めたのは、仏教教団がかつてのような強大な権力を持たなくなったからである。もっとも去勢というシステムが取られなかった帝国もあった。

〈中国の官僚は「ジェントリー〔郷紳〕」から採用されたし、ヨーロッパの封建階級は軍役の見返りとしての土地分与の原理に世襲原理を重ね合わせることに成功した。エリートの成員が自己を社会的に再生産し、子孫にその地位を確保することを正式に許されている場合、これらのエリートは去勢化と対照的に、胤《たね》を残す〔世襲〕エリートと呼んでよかろう〉（前掲書）

現代は公務員、弁護士、医師などの職業は、去勢化されている。それは、難関な資格試験によって選抜されることにより、能力の欠ける子どもがこれらの権力を持つ高度専門職に就いている親の職業を継承できないようにしているからだ。民族は去勢が主流となった社会で発生するのである。

3　能力主義の罠

近代の特徴は能力主義（メリトクラシー）だ。アーネスト・ゲルナーはそれを去勢との比喩で解説した。日本でも能力主義が社会の基調となっている。中高校生は偏差値、大学生は就職活動でのコミュニケーション力、社会人になっても人間力というような「能力」でふるい分けられるという仕組みから逃れることができない。

教育社会学者の中村高康氏（東京大学大学院教授）は、能力主義の構造の原因についてこう説明する。

〈社会のなかで「能力」が持つ意味を考察してきたのは主に社会学であるが、その社会学において「能力」の議論には欠かせない用語がある。それが「メリトクラシー（meritocracy）」である。メリトクラシーは、日本では「能力主義」とほとんど同義の言葉として使われてきた〉（中村高康『暴走する能力主義――教育と現代社会の病理』ちくま新書、２０１８年）。

中村氏は、能力主義は能力のある者が国家や社会を支配するのが当然であるという意味を含んでいると考える。

〈メリトクラシーにはただ単に能力主義という意味合いがあるだけではなく、能力を持った人間による支配の体制を意味する側面もある。いやむしろ、後者の意味合いのほうがもともとの英語の語義に近いと思われる〉（前掲書）

去勢化された産業社会は、能力主義に傾きやすい。

このことをゲルナーは椅子取りゲームにたとえて説明する。

〈永久の椅子取りゲームを運命づけられた社会は、それが所有する様々な椅子のセットの間に位階、カースト、身分などの高い障壁を設けることができない。そうすることは社会的流動性を妨げることになるであろうし、社会的流動性が存在する場合には、耐えがたい緊張状態を引き起こすことになろう。不平等が安定的で、慣習によって神聖化されていれば、人々はひどい不平等も許すことができる。しかし、熱に浮かされたように流動的な社会においては、慣習には何ものをも神聖化するひまがない。転がる石にオーラはつかない〔「転がる石に苔はつかない」という諺《ことわざ》のもじり〕。そして流動する人口は、社会成層にいかなるオーラも付着することを許さない。社会成層と不平等とは実際存在するし、時には極端な形で存在する。けれども、それらは性質上弱められ控えめにされている。それらは、富や地位の差別を緩やかに段階化することによって、また社会的距離の欠如と生活様式の収斂《しゅうれん》とによって、統計的または蓋然的な特性を持つ差異（それは農耕社会に典型的な、強固で絶対化された、裂け目とも言うべき差異とは対照的である）によって、そして社会的流動性の幻想または現実によって和《やわ》らげられているからである〉（『民族とナショナリズム』）

江戸時代に、若干の例外があったとしても、武士の子どもは武士、医者の子どもは医者、農民の子どもは農民というように身分と職業が結びついていた。現在も、富裕層の子どもが、幼少時から塾や家庭教師をつけて勉強し、国立や私立の中高一貫の難関校に進学する事例がある。

しかし、入学試験は、保護者の経済状態と関係なく、平等に受ける。仮に保護者の学校に対する寄付金の額で入学試験の得点にかさ上げがなされるような事態になれば、それは正義に反すると世間から厳しく批判される。

もっとも実際の入試は附属校からの無試験での進学、推薦入試、総合型選抜（いわゆるAO入試、学力よりも人物を重視する場合が多い）など、平等とは言えない仕組みが組み込まれている。しかし、これらの恣意《しい》性が加わる選抜は例外的なものと見なされている。

近代教育と軍隊の相似

高校入試も大学入試も、一般的な知識を問う内容で、高度に専門的な知識や技能は問われない。これも産業社会の構造と関係しているとゲルナーは考える。

〈産業社会の訓練の主要部分は全般的な訓練であって、それは当人の高度に専門化された職業活動と特に関連しているわけではなく、また専門的な職業活動に先行している。産業社会は、たいていの基準から見て、最高度に専門化された社会であろう。しかし、その教育制度は、かつて存在した中でも、明らかに最も専門化の度合いが少なく、最も普遍的に標準化されている。同一の種類の訓練や教育が、すべてのまたはほとんどの子供や青年に、驚くほど遅い年齢に達するまで施される。専門的な学校教育は、それが先行する長期にわたる非専門教育のある種の仕上げを達成しようとする場合、ようやく教育課程の最後の段階で威信を獲得する。これに対して、若い人々を早期に採用することを意図した専門学校は消極的な威信しか持たない〉（前掲書）

大学教育でも職業活動に直結する高度に専門化した内容は教育されない。そのような専門教育は、汎用性を持たないので、急速な科学技術の変化に対応することが難しいからだ。

近代の教育のモデルは軍隊に似ているとのゲルナーの指摘も興味深い。

〈近代的な軍隊は、新兵に対してまず最初に共通の一般教練を課す。その課程を通して、新兵たちは軍隊全体に共通する基礎的な慣用句、儀礼、技能を獲得し身に着けなければならない。やっとその後になって、新兵に一層専門的な教練が施される。きわめて高度な訓練を受けた比較的少数の特殊兵を除いて、適切な教練を受けた新兵はすべて、あまり時間の無駄なく一つの専門からまた別の専門へ再訓練されることが前提され、または期待され

ている。近代社会は、この点で近代的な軍隊に似ているし、それ以上でさえある〉（前掲書）

軍隊の教育システムという観点ならば旧日本陸軍の内務班は効率的だった。歴史学者の藤原彰氏は、内務班についてこう記す。

〈第二次世界大戦前の日本陸軍における兵営生活の単位。陸軍では訓練や演習を除き兵営内の日常生活の起居動作のことを内務と称した。平時には軍隊の最小単位は中隊であったが、中隊はさらに兵舎内の兵士の居室ごとに五ないし六の内務班に分かれ、営内居住の下士官を内務班長とし、場合によってはさらに内務班付の下士官をおいた。内務の規則書として作られた『軍隊内務書』によると、内務班長の任務は「兵卒ヲ愛護シ、兵卒間ノ和親ヲハカリ、諸種ノ規定及上官ノ命令意図ヲ班員ニ伝達告示セシメ、且中隊長ノ旨ヲ奉シテ自ラ儀表トナリ班員ヲ指導シ確実ニ内務ヲ実施セシメル」ことであった。しかし実際の内務班生活は、起床から就床まで食事、清掃、洗濯、兵器の手入れなど一分の隙もないきびしい規則と慣行が強制され、兵士にとって盲目的服従が慣性となるまでに訓練する場所であった。内務班内において古年次兵が初年兵を私的制裁によって苦しめることも一般的であった。このため軍隊家庭主義がとなえられ、軍隊内の上下関係は親子関係、兵士相互間の関係は兄弟関係であることが強調されたり、私的制裁の禁止がくり返し通達されたりしたが、内務生活が兵士とくに初年兵にとって堪えがたい苦痛であることは変わらず、自殺者・脱走者が絶えなかった〉（『国史大辞典』吉川弘文館、ジャパンナレッジ版）

学校でのいじめも、生徒間の人間関係が内務班のようになるところから生じる。職場でも、物理的暴力の行使はないとしても、内務班的な雰囲気が支配している場合が少なからずある。産業社会における基礎教育の場に内務班的文化が適合しているという事実を軽視すべきではない。

官僚機構から職人は育たない

ゲルナーは近代社会の新人教育の特徴についてこう説明する。

〈近代社会は、新人全員に対してかなり周到な長期間の訓練を施し、一定の共有された資質、すなわち、読み書き、計算能力、基礎的な労働習慣、社会的な技能、基礎的な技術的、社会的技能の熟知といった資質を強く求める。人口の大多数の人々にとって、労働生活に付随する特殊技能は、仕事を通じて、またはあまり長引かない補助的訓練の一部として、基礎的な訓練の上に追加されるのである。ここに想定されているのは、全住民に共通の全般的な訓練を終えた者は誰でも、大した困難もなく、たいていの他の仕事のために再訓練されうるということである。一般的にいえば、必要とされる追加的技能は、かなり迅速に習得しうるいくつかの技術と追加「経験」、そして環境・人員・作業法の熟知から成っている。これを修得するには少し時間がかかるかもしれないし、その手間が多少とも保護的な奥義によって増強される場合もあるが、それでも大したことになることはめったにない。確かに、少数の真の専門家も存在する。その地位を有効に占めることができるかどうかは、大変長期の追加的な訓練に左右されるため、特別な教育的経歴と才能とを分かち持っていない人々と彼らを取り替えることは容易にはできないし、あるいはそうすることはまったくできないのである〉(『民族とナショナリズム』)

企業や官庁が求める人材は、総合職、一般職という区別がなされていても、基本的にどのような業務にでも対応できる人事だ。

これに対して、中世の職人のような高度に専門化した知識を持つ人を育てることは企業も官庁も苦手だ。

筆者が勤めていた外務省で、外交官は総合職と専門職に分かれていた。専門職は、語学や地域の高度な専門家であるという建前になっていたが、外国語研修を除いて、専門職に高度な専門的知識を得る機会はほとんどなかった。外務省の職務内容が、専門職であっても総合職と同じ内容だからだ。

ただし、総合職の場合は、成績が悪くても本省の課長、在外公館では大使になるが、専門職の場合は、大使になるのは同期で2〜3人、本省の課長になるのは4〜5年に1人に過ぎなかった。筆者の場合、民族問題や宗教について、モスクワの日本大使館に勤務している時期にかなり高度の専門知識を身につけることができた。それは、筆者がロシア科学アカデミーの研究所に通ったり、モスクワ国立大学哲学部で神学を教えたりと、自発的にさまざまな活動を行ったからに過ぎない。官僚機構から職人は育ちにくい。

専門家の不在は、コロナ禍のような非常時に陥ったとき国家の危機として顕在化する。

4　黄禍論が甦りつつある

米国では、人種差別が依然、深刻な問題だ。米中西部ミネソタ州ミネアポリスで2020年5月に黒人男性ジョージ・フロイド氏が白人警官の暴行によって死亡した。本件に関する裁判で白人元警官に対して21年4月20日、陪審団は第2級殺人罪など問われていた全ての罪で有罪評決を言い渡した。

量刑は裁判官がこれから決定するが、第2級殺人（計画的でない殺人）の最高刑は、禁錮40年だ。本件は米国において、深刻な政治問題でもある。

〈バイデン大統領とハリス副大統領は評決後、ジョージ・フロイドさんの遺族に電話でメッセージを伝えた。バイデン氏は「全てがただちに解決するわけではないが、少なくとも今ここには正義がある」と語った。ハリス氏は「この悲劇から何か良いものを生み出すつもりだ」と述べた。オバマ元大統領は「多くの人々が拒まれてきた正義を、全ての米国人に保証しようとする人々と心を共にする」との声明を発表した〉（2021年4月21日「日本経済新聞」電子版）。

米国の民主党はマイノリティーの人権を重視する。だが、米国社会においては、黒人への差別意識が根強く組み込まれている。

〈米国では警官が関与した殺人は年間約1000に上る。ただ、警官が職務中に人を殺しても、殺人罪や過失致死罪で起訴されることはまれだ。ボウリング・グリーン州立大学（オハイオ州）の警察犯罪に関するデータベースによると、05〜15年の間に殺人または過失致死で起訴された警官は200人にとどまった〉（同前）。

コロナ禍によって米国ではアジア系の人々に対する差別も顕在化している。

〈米国で、アジア系市民に対するヘイトクライム（憎悪犯罪）が深刻な問題になっている。ニューヨーク（NY）では、3月29日、65歳の女性が差別発言と激しい暴行を受ける事件が発生。バイデン政権は対策に本腰を入れ始め、司法省は3月30日、今後30日で現状を把握しつつ、対策を強化する方針を決めた。

路上を歩く女性の胸付近を男が蹴って倒す。男はさらに3発、蹴りを入れる。建物内から見ていた男性3人は助けもせず、開いていたドアを閉める——。NY市警は30日、前日の昼に起きた事件の動画と容疑者の写真を公開した。米メディアによると、女性はフィリピン系の移民で、「ここはお前の居場所じゃない」と差別発言を受けたという。市警は31日、容疑者の男を逮捕したことを明らかにした。

市警によると、NYでは今年は3月25日時点で、暴行を伴うアジア系へのヘイトクライムが12件確認された。昨年同期は0件だった。増加傾向はNYだけでなく全米で見られる。新型コロナの感染拡大で、中国への視線が厳しくなったことが理由の一つとみられる〉（2021年4月1日「朝日新聞デジタル」）

米国だけでなく、ヨーロッパでも人種、民族差別は深刻だ。人間が差別を起こす構造についてもアーネスト・ゲルナーは深く切り込む。ここでゲルナーは、熱力学で用いるエントロピー概念からヒントを得て、「耐エントロピー（entropy resistant）」という切り口で解明を試みる。この言葉は、「平準化に抗《あらが》う力」と理解してもらえばよい。〈しかし、人々はあらゆる仕方で相違を持ち続ける。人々は、背が高いか低いかによって、肥っているか痩せているかによって、色が濃いか薄いかによって、またその他多くの仕方によって類別されるからである。言うまでもなく、人々を分類する仕方の数には実際際限がない。それらのほとんどは、何らの重大性も持たないであろう。しかし、その一部は社会的・政治的にきわめて重要となる。私は、それらを耐エントロピーとでも呼びたい。もしある分類が、産業社会が最初に確立されてからしばらく経った後でも、社会全体の中に均等に分散しようとしない顕著な傾向をもつ属性に基づくものであるならば、それは耐エントロピーである。そのような耐エントロピーの場合には、問題となる特性によって特徴づけられる諸個人は、社会全体の中のどこか特定の部分に集中するであろう〉(『民族とナショナリズム』)

肌色が差別を作り出す社会

ここでゲルナーは青色人というモデルを用いる。

〈例えば、ある社会が、遺伝的偶然によって色素の青い人を一定数含んでいると仮定してみよう。さらに、新しい経済の最初の確立から数世代が経過し、政府が「すべての才能に開かれた機会」の政策を公布し施行しているにもかかわらず、たいていの青色人が当該社会の頂点か底辺かのどちらかの場所を執拗に占有し続けている、言い換えれば、彼らがこの社会で利用しうる便益のうちあまりにも多くのものを得るか、あるいはあまりにもわずかのものしか得られない傾向にあると仮定してみよう。この場合には、青色は、ここで意図されている意味での社会的耐エントロピーの特性を持つものとなるであろう。

ところで、いつの時点でも耐エントロピーであるような特性を作り出すことは、常に可能であるという点に注意する必要がある。あれこれの種類の人々にだけ適用しうる概念を作り出すことは常に可能である〉（前掲書）

現実に青色の皮膚をした人々は存在しない。ただし、ここでゲルナーが皮膚の色による差別を念頭に置いていることは間違いない。皮膚の色は遺伝的に決まるのであって、本人の努力によって変化させることはできない。ゲルナーが、「いつの時点でも耐エントロピーであるような特性を作り出すことは、常に可能である」と指摘していることが重要だ。皮膚の色を理由に差別を作り出す社会構造が問題なのである。

ゲルナーは、青色人が社会の底辺に集中する耐エントロピー構造を持っている場合について考察する。

〈青色人は底辺に集中させられ、しかも、彼らが行うことは、平均的にみて、より無作為に分布している集団のそれよりも劣るかもしれない。それが遺伝的な差によるのか社会的要因によるのかどうかは、誰にも分からない。しかし、一つのことだけは確かである。すなわち、青色人人口の中には、全人口中の非常に多くの非青色人人口のメンバーよりも、今日妥当なものとして用いられているどのような能力基準からみても、はるかに有能で適した者が大勢いるかもしれないということである。

このように描かれ定義された状況の下では、さて何が起きるであろうか。青と言えば低い地位を連想することから、青色人に対する偏見が生まれるであろう。底辺にいる人々が、膚の色によって、あるいは、どんな選び方をしても人口中の無作為な抽出例であるような場合には、彼らに対する偏見は他の何らかの特徴にまで及ばない。この場合、仮説上、最底辺の地位を占めていることは他のいかなる特性とも強く結びついてはいないからである。けれども、もし底辺にいる人々のうちきわめて多くの者の膚の色が青ければ、底辺よりほんの少し上にいる人が、下の方に押しやられる恐れから、彼らより低い人々に対して抱く偏見は、不可避的に青色に向けられる。実際、社会階梯の下層に属する非青色人人口は、反青色人感情にとりわけ陥りやすいであろう。彼らには他に自慢できることがほとんどなく、それ故、非青色人であるという彼らのたった一つの哀れな卓越性に、激しい憎悪の念をもって固執するからである〉（前掲書）

底辺にいる青色人に対して偏見を抱くのは、それよりも少し上にいる底辺の人々なのである。このようにして底辺の人々が互いにいがみ合っている状況は支配層にとって都合がいい。

ところで近代の産業社会の特徴は流動性にある。青色人であっても高度な教育を受け、技能を身につければ、社会的な地位が上昇する。もっとも他の皮膚の色の人々と比べて、このような上昇を遂げるために青色人は追加的な努力を必要とされるであろう。〈青色人のかなり多くは、彼らに対する偏見にもかかわらず、社会的に上昇していくであろう。底辺への青色人の集中は単に統計的な事実にすぎず、多くの青色人は（たとえ彼ら自身は、青色人という下位人口の中では少数派にすぎなくても）、勤勉や能力や幸運によって上昇し、より高い地位を獲得するであろう。その時、彼らに何が起きるであろうか。

ここでは、青色は、あれやこれやの理由で消せないと仮定した。それ故、上昇する青色人の状況は辛く、緊張を孕んだものとなるであろう。彼らの個人的な長所が何であれ、彼らと無作為に知り合ったり出会ったりした非青色人（非常に多くの人的接触が無作為で束の間のものであるが、それにもかかわらず重要な意味を持つということが、流動的で複雑な産業社会に特徴的なことである）にとっては、彼らは未だに汚く怠惰で貧しい無知な青色人であるであろう。こうした、あるいはそれに類する特徴は、社会等級の低い地位を占有していることを連想させるからである〉（前掲書）

民族に刻印された識別マーク

個人の能力としては、他の人々と変わらないにもかかわらず、青色人は依然として偏見にさらされ続ける。産業社会は、流動的で文化的に同質的なはずだ。農耕社会のような身分制や差別は産業社会に馴染《なじ》まない。しかし、人種偏見を含む人間集団の文化は、必ず耐エントロピー構造を持つ。産業化の過程で底辺に置かれていた事実がある人種や民族に関しては、その記憶が刻印のごとく焼き付けられることがある。ゲルナーはこう指摘する。

〈産業社会は、その初期の段階で、きわめて厳しい、苦痛に満ちた、きわだった不平等を生じさせる。しかも、この不平等は、大きな社会不安を伴うが故に、そして、産業化の初期の段階では、不利な立場に置かれた人々が相対的のみならず絶対的な苦難を蒙りがちであるが故に、一層苦痛に満ちたものとなる。そのような状況――平等主義的期待、不平等主義的現実、苦難、そして願望されてはいるが未だ実現されていない文化的同質性――では、潜在的な政治的緊張が深刻なものとなり、この緊張が支配者と被支配者、特権的な人々

と非特権的な人々とを分ける適当な象徴や識別マークをつかむことができれば、それは現実化してしまうのである〉（前掲書）

米国の黒人は、識別マークをつけられ続けているのだ。コロナ禍が中国から発生したという印象を多くの米国人が持っているために、東アジア系という人種的特徴も識別マークとなりつつある。19世紀末から20世紀初頭の黄禍論が甦《よみがえ》りつつある危機に日本人も直面しているのだ。

5　アフターコロナの「民族とナショナリズム」

アーネスト・ゲルナーのナショナリズム論に関する古典的名著『民族とナショナリズム』

の読み解きも、そろそろ締めくくりたい。

ゲルナーの思考の特徴は、否定神学の手法を用いることだ。否定神学は、ビザンチン〈東ローマ帝国〉の正教神学で多用された。現在もロシア正教、ルーマニア正教、ギリシア正教などの正教神学者は否定神学を用いる。

これに対して、「神は全能である」「神は善である」と積極的に定義していくのが肯定神学だ。カトリック教会やプロテスタント教会などの西方神学で用いられる。否定神学では、「神は悪ではない」「神は被造物ではない」というように否定的な命題を立てて、その残余で神を定義していく。

この方法をゲルナーは民族に関して適用している。〈ナショナリズムに関する誤った理論について、短い、そしてもちろん不完全な以下のようなリストを提示しておく価値はあるかもしれない。
①それは自然で自明で、自己発生的である。もし存在しないとすれば、それは強制的に抑圧されているからにちがいない。
②それは公式化される必要のなかった観念の人為的な帰結であり、悔やむべき不測の出

来事によって出現したものである。産業社会においてすら、政治生活はそれなしですますことができる〉（『民族とナショナリズム』）

①は、ナショナリストの見解だ。民族を人間の属性と考えている。しかし、民族は近代的現象で、近代より前の人間共同体は民族という意識を持っていなかったことは学術的には定説となっている。

②は、道具主義者の見解で、民族はエリート集団によって創《つく》り出されたものであるという見方だ。しかし、エリート集団が民族を創り出そうとしても必ずしもうまくいくわけではない。現在の中国共産党指導部は、漢人だけでなく、ウイグル人、チベット人、モンゴル人などを包摂した中華民族を形成しようとしているが、うまくいっていない。道具主義によって民族を説明することはできない。

〈③マルクス主義の好む「宛先違い」の理論。つまり、シーア派ムスリムの過激派が、大天使ガブリエルは間違いを犯して、アリーに届けられるはずの神のメッセージをムハンマドに届けてしまったと主張するように、マルクス主義者たちは、基本的に、歴史の精神あるいは人間の意識はひどいへまをやらかしたと考えがちである。目覚めよというメッセージは、階級に届けられるはずであったのに、ひどい郵便の誤配のために、民族に配達されてしまった。その結果、革命的な運動家たちは、不正な受取人を説得し、そのメッセージとそれが生み出す熱狂とを、本来意図されていた正しい受取人に譲り渡すよう説得しなければならなくなったのである。正当な受取人と、横領した受取人との両方が、この要求に従おうとしないことが、活動家たちに大きな苛立ちを与えている〉（前掲書）

一部、マルクス・レーニン主義（科学的社会主義）のイデオロギーでよく訓練された人は、共産主義社会実現のために命を捧《ささ》げる覚悟を持っている。ただし、そのような人たちは少数派にとどまる。

マルクス主義者は、人民の意識が向上すれば、ナショナリズムは克服され、プロレタリア（賃金労働者）階級という意識が人々の生き死にの原理になるはずだと考えたが、そうはならなかった。ソ連、中東欧の社会主義諸国が崩壊したのもナショナリズムによる社会主義体制への異議申し立てを抑え込むことができなかったからだ。

特殊な時代の愛国主義

〈④暗い神々。ナショナリズムは、先祖の血や土の力が再出現したものである。これは、ナショナリズムを愛する者と嫌悪する者との両方がしばしば共有する見方である。前者は、こういった暗い力を生命を躍動させるものと考え、後者は、それを野蛮だと考える。実際には、ナショナリズムの時代に生きる人間が、他の時代の人間に比べてより好ましい、あるいはより不快だなどという事実はない。おそらくより好ましいであろうという若干の証拠はある。彼の犯罪は、他の時代の犯罪と同等である。それらの犯罪が目立って見えるのは、まさに、犯罪がより衝撃的なものとなり、より強力な技術的手段によって実行されるからにすぎない〉（前掲書）

ナショナリズムは、血と土の神話から生まれるという言説だ。ナチスがこのような人種論に基づく民族観を持っていた。

ゲルナーはナチスによるユダヤ人虐殺や米国による広島、長崎への原爆投下などのナショナリズムの犯罪が、過去と比べてとりわけ悪質であるとは考えない。技術的手段が向上したために大量殺戮《さつりく》と大量破壊が可能になったという量の問題として認識する。

ゲルナーは、これら4つの言説について、〈これらの理論のうち、わずかばかりでも有効性を認められるものは一つもない〉（前掲書）と全面的に否定する。

これら否定された見解の残余に、ナショナリズムの積極的要因があることになる。この点に関してゲルナーは愛国主義（パトリオティズム）に着目する。

〈人類がいつの時代でも集団の中で生活してきたということを否定することは、決して私の目的ではない。そうではなく、人は常に集団の中で生活してきたのである。通常は、これらの集団は時代を越えて存続した。これらが存続した一つの重要な要因は、人間がこれらの集団に対して感じた忠誠心であり、彼らが集団に一体感を抱いたという事実であった。人間生活におけるこの要素はある特殊な経済の出現を待つ必要はなかった。それは、言うまでもなく、これらの集団を恒久的なものとする手助けをした唯一の要因ではなく、多くの要因中の一つであった。もしこの要因を総称して「愛国主義」と呼ぶとすれば、そうした愛国主義の幾分かが実際人間生活の永遠の部分であることを否定することは、断じて私の意図するところではない（それが他の要因と比べてどのくらい強いかを、ここで決定しようと試みる必要はない）。

本書で主張されていることは、ナショナリズムがきわめて特殊な種類の愛国主義であり、実際のところ近代世界でしか優勢とならない特定の社会条件の下でのみ普及し支配的となる愛国主義だということである〉（前掲書）

人間が群れを作る動物で、定住する傾向を持つが故にパトリオティズム（あるいは国家形成以前の愛郷主義）は常に存在する。

識字と計算という高い文化的能力が人々の標準装備となっている産業社会という特殊な時代における愛国主義がナショナリズムになるというのがゲルナーの仮説だ。

〈ナショナリズムは、いくつかの非常に重要な特徴によって識別される種類の愛国主義である。その特徴とは、この種の愛国主義、すなわちナショナリズムが忠誠心を捧げる単位は、文化的に同質的で、（読み書き能力を基礎とする）高文化であろうと努力する文化に基礎づけられていること、この単位は読み書き能力に基礎を置く文化を存続可能にする教育システムを維持しようとする希望に耐えるに十分なほど大きな単位であること、この単位はその中に強固な下位集団をほとんど持たないこと、この単位の住民は匿名的、流動的、動態的であり、直接的に結びつけられていること、すなわち、各人は、入れ子式に重ねられた下位集団への帰属によってではなく、彼の文化様式によって直接この単位に所属しているということである。要するに、同質性、読み書き能力、匿名性が鍵となる特性なのである〉（前掲書）

読み書き能力の平等化

ナショナリズムの時代においては、文化が政治に包み込まれていくのである。

〈それ故、産業社会の文化は、信仰の運び人あるいは信仰のほとんど認知されない付属物としてではなく、文化として維持されることを求める。（中略）農耕社会の高文化から産業社会のそれへの移行は、外見的にはナショナリズムの到来として見える。しかし、この複雑で重大な問題の真実が何であれ、産業世界の出現は、新たに登場しつつある世界を特徴づけることになった重要な特性のいくつかをたまたま所有し、同時にナショナリズムを出現させたプロテスタンティズムのような宗教となぜか密接に結びついていた。読み書き能力と聖書中心主義との強調、聖なるものの独占を廃した司祭なき一神教、各人を自分自身の司祭かつ良心とさせ他人による儀式的礼拝に依存することを許さない個人主義、これらすべては匿名的で個人主義的できわめて流動的な大衆社会を先取りするものであった。この社会の中では、共有文化への相対的に平等なアクセスが広く普及し、文化は、その規範を、特権的専門家の維持にではなく、公的にアクセス可能な書字に置いている。聖書中心主義的な神への平等なアクセスは、高文化への平等なアクセスに至る道を敷いたのである。読み書き能力はもはや専門的能力ではなくなり、誰もが専門家であるような社会でのあらゆる専門の前提条件にすぎない。そのような社会では、個人の主要な忠誠心は、われわれの読み書き能力の媒体に、そしてその政治的保護者に向けられる。神に対する信者の平等なアクセスが、結局、教育と文化とへの不信仰者の平等なアクセスとなるのである〉（前掲書）

同質性、読み書き能力、匿名性については、インターネット社会とも親和性が高い。加えて、移動の自由化が、21世紀の「民族とナショナリズム」を考える上で、重要な要素であった。

しかし、コロナ禍で、グローバリゼーションに歯止めがかかった。人々が国境を越えて動くことが難しくなった。また、感染防止のために各国政府は、国内でも移動を制限している。このような状況で、人々の意識は、自分が住んでいる地域の文化に対する拘束を無意識のうちに強める。家にとどまり、自国語で本を読み、自国語で話をするということの積み重ねが、自らの民族に対する帰属意識を強める。

コロナ後の世界では、民族による分節化を基準とする新たな危機が生じる可能性がある。

Lesson 5

教養としてのインテリジェンス小説

Text

『鳴かずのカッコウ』
手嶋龍一、小学館、2021年

ヒトなし、カネなし、武器もなし。
そんな弱小情報機関・
公安調査庁に入った梶壮太は、
ジョギング中にふと目にした
看板から中国、北朝鮮、ウクライナの
諜報網に足を踏み入れていくことに。
著者11年ぶりとなるインテリジェンス小説。

1　インテリジェンスの「見える化」

本書は二重の意味での教養小説だ。

第一は、主人公の梶壮太《かじそうた》がさまざまな経験を経て一級の公安調査官に成長していく物語だ。この点に関しては、ゲーテ『若きウェルテルの悩み』（1774年）の流れを継承する教養小説（Bildungsroman、自己形成小説）だ。軽い気持ちで公安調査庁に就職した梶は、最終的に意外な選択をすることになる。

第二は、日本では興味本位で語られることが多く、実態がよく知られていない公安調査庁という役所の特徴とその重要な機能について国民に伝える啓蒙小説としての役割だ。『鳴かずのカッコウ』は、荒唐無稽な冒険譚によって構成されるスパイ小説とは異なり、インテリジェンスの現状を極力反映させた（もちろん小説なのでそこには創作も含まれる）作品である。外交ジャーナリストの手嶋龍一氏は、日本であれ外国であれ政府機関に勤務したことはない。ただし、NHKの記者として、国際政治とインテリジェンスの現場を目撃している。手嶋氏には、凡庸な記者と異なり、目に見える事柄の背後に動く隠れた力を読み解く才能がある。その才能は、NHK記者時代のノンフィクション『たそがれゆく日米同盟――ニッポンFSXを撃て』『一九九一年日本の敗北』（共に新潮文庫）で見事に発揮されている。NHKを退職した後に手嶋氏は小説も書くようになった。現象の背後にある隠れた力を見抜く眼力は小説家としてのデビュー作『ウルトラ・ダラー』と次作『スギハラ・サバイバル』（共に小学館文庫）で見事に開花した。

ところで、日本では学術面でのインテリジェンスに関する研究が著しく立ち後れている。アカデミズムにおいてインテリジェンスに関する共通の定義すら存在しないというのが実態だ。

小林良樹氏（明治大学公共政策大学院特任教授、元内閣情報分析官）は、高知県警本部長、内

閣情報調査室の内閣情報分析官をつとめたインテリジェンス実務の第一人者である。

小林氏は、日本においてインテリジェンスに関する通説的定義がない理由についてこう説明する。

〈日本においても、現時点では、インテリジェンスの定義に関する学術理論上の通説は十分には確立していないと考えられます。この背景事情として、第1に、日本においては、第二次大戦以後のインテリジェンス活動は欧米先進諸国に比較して小規模にとどまっていること（第6章2）、第2に、（その結果として）インテリジェンスに関する学術理論研究も十分には進展していないこと、などが考えられます。すなわち、「インテリジェンスの定義に関する通説がない」という状況自体が日本の政治・社会状況の反映であり、インテリジェンス文化の特徴の一つであるとも考えられます。そうした状況の中で、主な見解の例は次のとおりです。

外交官の北岡元は、「インテリジェンスとは、国家安全保障にとって重要な、ある種のインフォメーションから、要求・収集・分析というプロセスを経て生産され、政策立案者に提供されるプロダクトである」としています。こうした見解は、インテリジェンスの政策決定支援機能を重視する米国における立場に近いものです。
元内閣情報調査室長の大森義夫は、インテリジェンスの定義として「敵対勢力あるいはライバルについての秘密情報」や「対象側が隠している本音や実態すなわち機密を当方のニーズに合わせて探り出す合目的的な活動」と論じています。こうした立場は、インテリジェンスの機能を秘密情報の収集に限定する傾向が強いイギリスにおける立場に近いものです。
研究者の山本武利は、戦前の陸軍中野学校を始め戦前・戦中の日本軍のいわゆる「特務機関」の活動、すなわち秘密工作活動に関する研究成果を多く発表しています。この前提として、政策決定支援機能よりも秘密性をインテリジェンスの定義の中心に据えていると考えられます。一般に、歴史研究及びこれに近い研究分野においてはこうした傾向が強いとみられます〉（小林良樹『なぜ、インテリジェンスは必要なのか』慶應義塾大学出版会、2021年）
インテリジェンスにおいては、秘密情報だけでなく公開情報の分析も大きなウエイトを占めている。また、インテリジェンスと政策を分離するといっても、それは建前に過ぎない。なぜなら政策決定者に報告する情報の内容によって、政策は事実上、決定されてしまうことが多いからだ。

インテリジェンスは文化拘束性が高いので、外国インテリジェンス機関の機構や理論をそのまま日本に移植することは不可能だ。日本独自の対外インテリジェンス機関を育成するとともに、日本の状況に合致したインテリジェンス理論を構築する以外の道はないのであろう。

この点、公安調査庁について研究することにはとても重要な意義がある。公安調査庁は、戦後、ＧＨＱ（連合国軍総司令部）と緊密な関係を持って誕生した役所だ。その意味では、アメリカ的なインテリジェンス文化がある。

また創設期の公安調査庁では、旧陸軍参謀本部の情報将校や陸軍中野学校出身者も活躍した。その意味で旧日本陸軍のインテリジェンスの良質な部分を継承している。さらに協力者を通じて対象が秘匿する情報を入手するヒュミントに公安調査庁は長じている。この点はイギリス的だ。

日本共産党とオウム真理教

公安調査庁の歴史を簡潔に振り返っておこう。

１９４６年８月７日に内務省調査局が起源になる。48年1月1日に内事局第二局、同年2月15日に法務庁特別審査局、49年6月1日に法務府特別審査局に改組された。そして、52年7月21日、破壊活動防止法の施行に伴い設置されたのが公安調査庁だ。

〈破壊活動防止法は、内乱や政治目的を達成するための騒乱、殺人など、平穏な市民生活にとって重大な脅威となる暴力主義的破壊活動を行った団体に対し、必要な規制措置を定めるとともに、こうした暴力主義的破壊活動に関する刑罰規定を補整することにより、我が国の公共の安全の確保に寄与することを目的としています。

同法は、暴力主義的破壊活動を行った団体について、将来更にこれを行う明らかなおそれがあるなどの要件を満たす場合には、その団体の活動を制限又は解散の指定の処分を行うことを定めています。さらに、こうした暴力主義的破壊活動に該当する行為のうち、刑法その他の刑罰法規では処罰し得ないか、軽い処罰しかできないものについて、適正な処罰をなし得るように規定しています〉（公安調査庁ＨＰ）

具体的には、日本共産党が破壊活動防止法の調査対象になっている。情報の力で国民を守ることが公安調査庁の任務である。

もっとも日本国家と日本国民に脅威となる対象は、時代と共に変化する。それに対応して、公安調査庁の対応業務も変化してきた。

「オウム真理教」による無差別大量殺人事件のような事件の再発を防止するために１９９９年12月27日には、無差別大量殺人行為を行った団体の規制に関する法律が施行された。こういう団体の規制に関する調査、処分の請求及び規制措置に関する事務も公安調査庁が担当している。

〈公安調査庁は、過去に暴力主義的破壊活動を行った団体等に対する規制処分を視野に入れた調査を進めるとともに、収集・分析した情報を関係機関へ提供して政府の施策推進に貢献することで、〝縁の下の力持ち〟として、我が国の民主主義体制擁護の一翼を担ってきました〉（同前）

公安調査庁が存在することが、日本共産党、過激派、大量殺人を行う可能性のあるカルト、日本に敵対する外国政府機関、国際テロ組織などの脅威に対する抑止力として機能している。

身分を明かせない世界

『鳴かずのカッコウ』は、縁の下の力持ちとして、インテリジェンスによる抑止という目立たないが重要な任務を担う公安調査官の姿を小説という形態で「見える化」した稀有な作品だ。

主人公の梶壮太は、高い志を持って公安調査庁に就職したのではない。関西の国立大学法学部出身で、専攻は国際政治だが、インテリジェンスに関心を持っていたわけではない。大学時代のサークルは漫画研究会に属していた。公安調査庁を志望したのも、公務員だから安定しているだろうという消極的な理由からだ。

〈初めから上級職は望まず、地元採用枠のある一般職に狙いを絞った。期せずして迷いこんだのが公安調査庁だった。

　この役所のことは就活を始めるまで名前も知らなかった。官公庁合同の説明会でたまたまブースに立ち寄ったところ、手持ち無沙汰の担当者と一対一の面談になってしまった。

「君、酒のめる？」

「はあ、まあ」

「いける口？　ビール何本？　日本酒何合？」

　いきなり型破りな質問が飛んできて困惑した。その一方で、給料は悪くないなと感じた。公安職は一般の行政職より初任給で二万五千円近くも多く、率にして十二％も高い。公安調査官は国民の生命安全を守る仕事だからだろうと勝手に解釈した。その後の試験は難なくクリアした。

「公安職として採用する」

　そう通知を受け取ったものの、公安調査官が果たしてどんな仕事なのか、具体的な活動内容が分からない。さすがの壮太も不安になり、採用パンフレットをもう一度、隅々まで読み返してみた。末尾の「Q＆A」にこんなくだりがあった。うかつにも読み落としていたのだ。

「仕事の性質上、公安調査庁のことを好ましく思っていない勢力が存在するのは事実ですので、自らの勤務先や仕事の内容をあまり積極的にオープンにしないようにしている職員もいます」

身分を明かすか否かは、各人の自由な意思に委ねている。そんな書きぶりだが、身の安全を鑑《かんが》みて身分は明かすべきでない――組織は狡猾《こうかつ》にもそう示唆していたのである。自分が何者であるか、公にできない職業。その代償として報酬が上乗せされているのだ〉(手嶋龍一『鳴かずのカッコウ』小学館、2021年)

梶は自分の正体を秘匿しなくてはならない世界の一員となったのだ。

2　ヒュミントと記憶術

インテリジェンスにはさまざまな技法がある。その中でも王道とされるのが人間によって情報を入手するヒュミント（Humint：ヒューミントと表記することもある）だ。ヒュミントはHuman Intelligenceの略だ。

インテリジェンス理論の第一人者である小林良樹氏は、ヒュミントについてこう解説する。

〈ヒューミントとは、人的情報源（Human Source）から収集される情報に基づくインテリジェンスのことです。（中略）ヒューミントの一般的な例としては、「秘密の人的情報源を通じた非公開の情報の収集」（いわゆるスパイ活動）があります。相手国の政府関係者を通じて当該政府の外交・軍事上の秘密情報の提供を秘密裡に受けるような場合です。中国の春秋時代末期（紀元前5世紀頃）に孫武によって記された兵学書とされる『孫子』にも「用間篇」という章があり、こうした活動の重要性が説かれています。

ただし、ヒューミントはいわゆるスパイ活動よりも広い概念です。すなわち、「ヒューミント＝スパイ」という理解は正しくありません。人的情報源を通じた情報収集である限り、情報源の性質、情報の内容、収集の手法等に特段の秘匿性が無い場合でも、ヒューミントに含まれます。

いわゆるスパイ活動とは異なる形態のヒューミントの例としては、研究者・有識者その他の一般人からの聞き取り、在外公館に勤務する外交官等による現地関係者等からの聞き取り、同盟国、友好国等のインテリジェンス機関との公式な渉外（リエゾン）関係を通じた情報収集、被疑者に対する取調べを通じた情報収集等があります〉（『なぜ、インテリジェンスは必要なのか』）

ここで重要なのは、小林氏が「ヒュミント＝スパイ」は正しくないと指摘していることだ。スパイ活動は違法な手段を通じて秘密情報を入手することだ。しかし、秘密情報でなくても、新聞、書籍、雑誌などを読むだけでは正しく理解できない事柄も多々ある。そのときには専門家に話を聞くのがいちばん早い。公安調査官は、研究者、有識者、ジャーナリスト、政治家、公務員とさまざまな機会に意見交換を行っているが、これがヒュミント活動の核になる。

『鳴かずのカッコウ』は小説なので、公安調査官の活動をそのまま描いているわけではない。創作や脚色も当然ある。しかし、まったくあり得ない話を書いているわけではない。

ここで興味深いのはヒュミントの失敗例だ。主人公の梶壮太は、国家公務員一般職員試験で合格したいわゆるノンキャリアの公安調査官だ。大学では漫画研究会に所属し、押し出しの強いタイプではない。

実を言うと押し出しがあまり強くない人はヒュミントの現場に向いている。他人の注目を過度に集めることがないからだ。

〈壮太は中学二年の時、インターネットで「フォトグラフィックメモリー」という言葉を見つけた。映像記憶と呼ばれる特異な能力をいい、三島由紀夫やウォーレン・バフェットもそんな記憶力の持ち主だったらしい。

幼少期には誰もが持っているのだが、通常、思春期までには失われてしまうという。洞窟で暮らしていた太古の人類はみな周辺の光景を画像として記憶に刻んでいた。だが、複雑な言語を操るようになるにつれ、原初の能力は次第に失われていった。

壮太はいまでも少し集中力を高めれば、文字も映像もたやすく記憶することができる。便利なようだが、本人はさして嬉しくもない。困ったことに、この能力はメモリー消去が不得手なのだ。嫌な記憶まで残像となって居座ってしまう。だから、壮太はできるだけぼんやりとあたりを眺めることにしている。映像情報をあまり多く抱え込まないよう、自己防衛本能が無意識に働くのだろう。そのせいか「なにボケーッとしとんねん」と言われることも多いが、仕方がないとあきらめている〉(『鳴かずのカッコウ』)

酒席の会話も再現

筆者も他の人と比較すると少しだけ記憶力がいい。その基本は映像記憶だ。このことに気付いたのは、1988年にモスクワの日本大使館政務班に勤務して半年くらい経《た》ったときのことだ。

ソ連時代、ロシア人は外国人と会うことを警戒していた。筆者が勤務し始めた頃は、ゴルバチョフ・ソ連共産党書記長によるペレストロイカが進められていたが、ロシア人と非公式な会食をするとき、メモをとることはできなかった。メモをとっていることがわかると相手が口を噤《つぐ》んでしまうか、「プラウダ」（ソ連共産党中央委員会機関紙）か「イズベスチヤ」（官報）の記事と同じことしか話さなくなる。

研修上がりの三等理事官（書記官より下の外交官）だった筆者は、大使館幹部の会食に同席し、会食終了後、大使館に戻って報告公電（公務で用いる電報）の草案を作るのが仕事だった。機微に触れる話は酩酊したときに出やすい。

ウオトカをショットグラスで十数杯飲んだ後だと、上司は記憶が飛んでいる場合がほとんどだ。同席している若手外交官も会話の内容をほとんど再現できないのが通例だった。しかし、筆者の場合、こういう記録作成に難を感じたことはなかった。食事をしながら話をしている情景が記憶に焼き付いているからだ。

記憶を集中すると、静止画像が動き始めると同時に会話が始まる。その話をメモにしていけばいいので、記録作成は難しくはなかった。勤務3年目からは独り立ちして自分で情報を集めてくるようになったが、そのときも記憶力がよいことに助けられた。

1995年に外務本省に戻ってからはモサド（イスラエル諜報特務庁）とSVR（ロシア対外諜報庁）とのリエゾンを担当した。その関係で、イスラエルやロシアのインテリジェンス・オフィサーたちとも親しく付き合ったが、筆者と同レベルの記憶力を持っている人が数人いた。その人たちに聞いてみると、いずれも映像記憶に頼っているとのことだった。梶壮太が映像記憶に長《た》けていることが、公安調査官の仕事に極めて有利に働いている。

ちなみに映像記憶は、訓練によりかなり鍛えることができる。カミール・グーリーイェヴ／デニス・ブーキン（岡本麻左子訳）『KGBスパイ式記憶術』（水王舎、2019年）を教科書にして3カ月くらい訓練すると記憶力が確実に向上する。主要国のインテリジェンス機関では、記憶術も訓練科目に加えている場合が多い。

ヒュミントにおいて、公安調査官は、警察官と比較して、有利な点と不利な点がある。この点について、手嶋氏はわかりやすく説明している。警察官は警察手帳を見せれば、大抵の場合、相手は話に応じてくれる。しかし、公安調査官の場合は、そうならない。

〈初対面の相手に堂々と身分を名乗れず、所属する組織名を記した名刺も切れない――〉。

公安調査官となって何より戸惑ったのはこのことだった。

警備・公安の警察官なら、警察手帳を示して話を聞く。だが、公安調査官は正体を明かさない。時に大学の研究者や民間会社の調査員を装い、アポイントメントを取りつけて話を聞きにいく。

情報源と接触するに当たって、どのように身分を偽装するか。公安調査官のヒューミント、対人諜報活動の成否はこの一点にかかっている。偽装が巧みなら、相手を自然とリラックスさせ、思うさま貴重な話を引き出すことができる。

その一方で偽装が露呈する危険は常につきまとっている。情報源が後日電話をかけてきたとしよう。

「おかけになった電話番号は現在使われておりません――」

そんな応答メッセージが流れようものなら、名刺の会社は架空で、住所も偽りだとばれてしまう。相手は騙されたと気づき、もう二度と会ってはくれない。効果的なカバー、見破られない身分偽装こそ、公安インテリジェンスの核心なのだ。神戸のような街では、三宮駅の周辺で情報源にばったり遭遇しないとも限らない。我が身を偽る。それは、高層のビルとビルに渡した綱を渡るようなリスクを伴う。

梶壮太は、両親を除いて、祖母にも親しい友にも公安調査官になったことを話していない。広島に赴任した同期は、公安調査庁に就職が決まったと明かすと、地元に住む祖父母の表情がこわばり、「おまえ、特高じゃの、中野学校じゃの、よう知らんが、そがぁな秘密組織入ってどうするんなら。やめとけ」と諫《いさ》められたという。

公安調査官はみな、いわゆる「薄皮一枚」を身にまとっている。職業を聞かれると、壮太は「いや、しがない役所勤めです」とやりすごす。嘘ではないが、真実も明かさない。虚実ないまぜにして凌《しの》いできた〉（前掲書）

筆者の場合

筆者の場合、モスクワで何となくしていたことが結果として身分偽装になった。1つはソ連科学アカデミー民族学研究所（現ロシア科学アカデミー民族学人類学研究所）の特別研究生として大学院に在学したことだ。

ロシア人のインテリたちの間では、筆者は外交官としてよりも、民族問題に関心を持つ研究者として受け入れられた。その結果、他の外交官が閲覧できないような100〜150部しか作成されていない部内使用の民族問題に関する機微に触れた情報を扱った資料を入手することができた。ここでアカデミズムでの人脈を確立することができた。それがソ連崩壊後、モスクワ国立大学哲学部の客員講師をつとめることにつながっていく。

モスクワ国立大学では、現代プロテスタント神学を教えた。筆者はモスクワ国立大学客員講師（神学修士）という名刺を作った。この名刺に嘘は記されていない。この名刺を持っていると学者ということで、通常は大使しか会えないようなクレムリン（大統領府）の高官と会えるようになった。

ところで、日本のように法や制度が厳格で、情報部員に特別な権限が与えられていない国では、偽装工作のハードルは極めて高い。物語では梶壮太はさまざまな身分をまとい、核心的な情報を得ていく。

法を乗り越えない範囲での偽装には、クリエイティブな発想が求められる局面も多い。これは、小説の中だけの話ではない。

3 偽装のシグナル

ヒュミント（人によるインテリジェンス活動）において重要なのは偽装だ。当方の意図について察知されずに重要な情報を入手する場合、偽装が不可欠になる。

例えば、外交官に対して機微に触れる話をすることを嫌がる人がいる。外交官は話を聞いたらそれを公電（外務省が公務で用いる電報）にして、本国に報告するからだ。

公電には暗号をかける。もっとも暗号が絶対に破られないという保証はない。また、外務省から自分の話した内容が漏洩しないという保証もない。だから事情に通じた有識者は外交官との接触には慎重になる。あるいは会話する場合も秘密に触れないように注意する。それでも外交官の方が、ジャーナリストよりは情報収集をしやすい。

ジャーナリストは書くことが仕事だ。ジャーナリストの取材を受けるときは公表されることが前提となるので、重要な秘密については話さないのが普通だ。もっともインテリジェンス関係者が、あえて国家機密をジャーナリストに漏洩することもある。そうすることで特定の政策を失敗させたり、政治家を失脚させることを目的とする場合だ。これは情報漏洩というよりも政治的意図を持った謀略だ。

モスクワに勤務していた時代だが、筆者も意図せずに偽装をしていた。いずれも筆者の知的好奇心から生じたことだ。

第一は1990年からソ連科学アカデミー民族学研究所（現ロシア科学アカデミー民族学人類学研究所）の大学院に在籍していたことだ。ロシアの大学院には「ソイスカーチェリ」（論文提出有資格者）という制度がある。ロシアの大学は5年制、大学院は3年制で、大学院で必要単位を取得すると博士候補論文を提出することが認められる。

ちなみにロシアの博士候補学位は、欧米のPh.D（博士）に相当する。ロシアでの博士号は、博士候補学位取得後、大学や研究所での研究を10年以上続けてから取得する資格だ。欧米の大学の博士論文よりも遥かにレベルが高い。

筆者は「ソイスカーチェリ」の認定を受けたので、研究所の図書はもとより部内使用の資料を見ることができた。民族問題や政治意識に関する興味深い資料が多数あり、これらの文書を読み込むことで筆者のソ連内政に対する理解は飛躍的に深まった。

防諜機関とのゲーム

第二の偽装は、ソ連崩壊後、モスクワ国立大学宗教史宗教哲学科で1992年から95年までプロテスタント神学を教えたことだ。筆者の基礎教育が神学なので、知識を更新するために行ったいわば趣味であったが、これが仕事に役立った。

当時、筆者は大使館の二等書記官だったが、この肩書きでは閣僚や大統領府幹部と会うことはできない。しかし、モスクワ国立大学哲学部客員講師という肩書きだと、経済大臣、第一副首相、国家院（下院）第一副議長、大統領府副長官、大統領補佐官などと容易に会うことができた。

ロシアでは知識人のステータスが高い。特に政治学は、哲学の一分野とされていたために哲学部の講師とならば政治家は喜んで会ってくれる。

ロシアの防諜機関からは「佐藤さん、学者を偽装して情報収集やロビー活動をすることはいいかげんよした方がいい。外交官としての活動の限界を超えている」と警告されたこともある。こういう警告を無視すると尾行が強まり、状況によっては車を壊されたり、家屋に侵入され、家財を壊されたりする。それでもシグナルを無視すると殴られる（筆者も一度だけ殴られたことがある）。

警告を受けてびびりあがって情報収集やロビー活動を止《や》めると「その程度の奴か」と防諜機関に嘗《な》められる。警告があったら1カ月くらい、活動を抑制し、その後、以前同様に動き出すというのが筆者の経験則では上手な対処法だ。防諜機関も「こいつはシグナルを出せば反応する」と受け止め、ゲームができるようになる。

さて『鳴かずのカッコウ』の主人公梶壮太は、駆け出しの頃に北朝鮮からの産地偽装松茸を調査するために潜入工作をするが、思いがけないミスで失敗してしまう。このエピソードがとても興味深い。

〈九月半ば、壮太は仲卸《なかおろし》の作業員となり、初めて調査の一線に出た。税関職員の知人に紹介してもらい、神戸市中央卸売市場で輸入の青果物を専ら扱う会社に潜り込んだ。

「まずは仕事の流れを覚えてもらわんとな。現場をひとわたり回ってみぃ」

こうして一週間後には、目指す中国産野菜を扱う部門にたどり着いた。貨物船から荷物が降ろされて保税倉庫に収められ、通関業務を終えて、仲卸業者に渡るまでの過程をひと通り呑み込めた。「中華人民共和国吉林省延辺朝鮮族自治州」と刻印された松茸の箱を収めた貯蔵庫を探し当てたのは九日目だった。

輸入松茸のなかでも上ものを捌《さば》いているのは、大阪の仲卸業者だった。壮太は配送伝票から「まると青果（株）」の名前を割り出した〉（『鳴かずのカッコウ』）

「まると青果」にも何とか潜り込むことができた。配送部門のアルバイトだ。

〈時給は千三百八十円と良かったが、臨時雇いにしては履歴書に詳しい記述を求められた。あらかじめ役所（引用者註：公安調査庁）の担当者から指示されていた住所、氏名、電話を

書き込んだ〉（前掲書）

壮太のアプローチはかなり危険だ。なぜなら公安調査官は国家公務員なので副業が禁止されている。カネを貰《もら》うと国家公務員倫理法に基づいて届け出なくてはならない。届け出ると工作が露見する。届け出ないと違法行為を犯したことになる。国家公務員として違法行為を伴うような工作は絶対に行ってはならない。リスクが高すぎる。

もっとも公安調査官が民間人を雇ってこのような工作を行うならば、そこに兼業禁止や国家公務員倫理法の届け出などの面倒な問題は出てこない。

壮太は、「まると青果」が吉林省産の松茸を、京都丹波篠山産の高級松茸に偽装して販売している事実をつかんだ。上司に相談するとこんなことを言われた。

〈不安になった壮太は、尾行がついていないか、背後に気を配りながら、法務総合庁舎に出向いて柏倉《かしわくら》に相談を持ちかけてみた。

「そりゃ、不正競争防止法に明らかに違反しとるな。その幇助、もしかすると主犯や。しかも報酬までもろとるからな。まあ、手が後ろに回るやろな。けどな、梶。そんなカラクリに一切気づいていなければ、お前は善意の第三者や。ええか、お前はボケっと現場監督

に言われたまま包装の作業をしとる、それでいけ」〉（前掲書）

柏倉の理屈は一応通っているが、警察に摘発された場合、こんな言い訳が通用するはずがない。

壮太の潜入工作は、些細なミスがきっかけで露見してしまう。

〈杉の香が匂い立つ木箱に松茸をおさめていく。それが壮太の仕事だった。丹波篠山産の三に対して吉林省産を一の割合で混ぜて、体裁を整える。高級セロファン紙で丁寧にくるんで、出荷用の段ボールに入れていく。生来の真面目な性格に加えて、手先が器用なことから、たちまち指導員に気に入られてしまった。（中略）

「心配すな。俺らがしとることなんかはなあ、中国の連中がやっとることに比べたら、可愛いもんやで。中国人言うてもな、吉林省延吉市場の仲買人はみな朝鮮族や。国境を越えて北朝鮮の咸鏡北道《ハムギョンブクト》に行って、松茸を二束三文で買いつけてきよる。それを持ち帰って、『中国産』と書いた証明書類をつけて日本へ輸出しよるんや。ご丁寧に『北朝鮮産は混入させない』と書いた誓約書まで付けてな」

そんな危うい話は聞いていないことにしたほうがいい。そうは分かっているのだが、あまりに面白い話で、壮太はつい手を止めてしまった。研修所で習ったヒューミントの真髄とはこういうことなのだろう。現場調査の面白さにハマりそうだ〉（前掲書）

潜入捜査は違法

それからしばらくして、「まると青果」に天満《てんま》署からの家宅捜索がなされた。〈同時に警備・公安筋から、壮太の行為は商品偽装の幇助にあたり、直ちに手を引くよう本庁を通じて厳重に申し渡された。それにしてもなぜ、警備・公安の連中に潜入を知られてしまったのか。

いま振り返ってみると、曲者《くせもの》はサワラの葉を敷き詰めていた色白の茶髪男だった。指導員が席を外した隙に、「俺の腕も随分あがったやろ」と言って、作業済みの箱をスマホで撮影していた。一瞬油断した隙に顔写真を撮られてしまった可能性がある。確証はないものの、どうやらここから面が割れたのではないか——。もしかしたら、寮に帰る際にも尾行されていたかもしれない。

だとすれば、この色白の茶髪は、警備・公安が送り込んだ内偵者だったに違いない。おそらく若手の捜査官だろう。彼らは不正競争防止法違反の商品偽装などには全く興味がない。狙いは、北朝鮮産松茸の密輸ルートに北の協力者の影が落ちているかどうか。その一点に焦点を絞って「まると青果」に潜入していたのだろう。

だが、これといった情報は摑《つか》めなかったに違いない。そのうえ、新米の公安調査官があろうことか自分たちのシマに闖入《ちんにゅう》してきたため、食品偽装を取り締まる生活安全課に通報して摘発させることにした〉（前掲書）

この文章は、必ずしも実態に即していない。

公安調査庁にせよ警察庁にせよ、違法な潜入調査はできない。特に潜入捜査で偽装した仕事でカネを受け取ると厄介なことになる。このようなリスクを避けるためには、警察官や公安調査官のOB、OGが経営する探偵会社や調査会社を使えばよい。民間のクッションを1つ挟めば安全に潜入工作活動ができる。

『鳴かずのカッコウ』は小説なので、事実のような創作と創作のような事実が混在している。ただし、日本では、国内機関のインテリジェンス・オフィサーに何の権限も付与されず、法律を守らなければならないのは紛れもない事実だ。

近隣国との情報戦が展開される昨今、国内での諜報活動こそ難点というのは皮肉である。壮太の偽装工作は奇《く》しくも日本の危機を浮かび上がらせている。

4　国際基準の重偽装

神戸公安調査局の公安調査官・梶壮太は、偽装能力や浸透工作も巧みになり、重要な鉱脈を掘り当てる。アメリカと中国の工作員が日本を舞台にコレクティヴ・インテリジェンス（協力諜報）を行っている事実だ。日本政府に知らせずに同盟国のアメリカがこのような工作を行っているのは大問題だ。しかし、この件は闇から闇に葬り去られることになった。

〈かくして、内閣合同情報会議は、本件に関して、神戸公安調査事務所に厳格な機密保持を命じてきた。壮太の報告書には永久の封印が施された。関連の調査資料も一つ残らず本庁に送るよう厳命が下された。

当然、梶壮太には一切の褒賞を授与しないことが決まった。以後、米中の接触の現場にも近づいてはならない、と矢継ぎ早の訓令が神戸公安調査事務所に届いたのだった。

柏倉チームは直ちに解散を命じられた。Ｍｉｓｓロレンスには、在英国日本大使館へ辞令が下り、外務省へ移籍の上、外交官の身分が付与された。英国陸軍の語学学校でアラビア語課程を専修すべし。上層部の意向で来月早々にはロンドンに発《た》つよう指示があった。

一方、壮太には、広島にある中国公安調査局管内の松江事務所への異動が発令された〉（『鳴かずのカッコウ』）

あまりにもまずい真実を知ってしまった場合、「なかったこと」にされてしまうことはよくある。筆者は１９９１年３月にソ連共産党中央委員会委員から「共産党中枢部にクーデター計画がある。ヤナーエフ副大統領、シェイニン政治局員が中心だ。ゴルバチョフ政権が継続するかどうかはわからない」という情報を得た。

情報源はヤナーエフと個人的に親しい人で、筆者とも人間的信頼関係が構築されていたので、筆者はこの話の内容を公電（外務省が公務で用いる電報）にまとめた。しかし、この公電は大使館上層部によって握りつぶされた。

公使に呼び出され「今、東京の外務本省では、4月のゴルバチョフ訪日に向けて一丸になって頑張っている。それに水を差すような情報を送ると君の立場が悪くなる」という話だった。このクーデター計画の情報は事実で、三日天下で終わったもののその年の8月に決行された。

上司に貴重な情報を握りつぶされる経験を何回かすると、こちらも知恵がついてくる。1992年9月にエリツィン大統領が訪日をドタキャンした。その1週間後に、ブルブリス国務長官（訪日準備委員長）とロシアのマスメディア幹部とのオフレコ懇談の記録を入手した。

そこには1956年日ソ共同宣言を基礎に歯舞群島と色丹島の2島返還をロシアが極秘裏に日本に打診したが、渡辺美智雄外相が拒否し、強行に4島返還を要求したので、エリツィンは日本との妥協点を見いだせずに訪日延期を余儀なくされたと記されていた。

筆者は、この記録の内容は真実と思ったが、そのまま公電にすると幹部に握り潰されるのが確実なので、「ロシア側が以下のような情報操作を行っているので、念のために報告する」と書いて公電にした。この公電は無事発電された。後に本省幹部から「君はロシア側の情報操作と書いていたけれど、あれはエリツィンの本音だね」と言われた。

その人は、コズィレフ外相が渡辺外相に秘密提案を行ったことを知っていたので、そのような反応をしたのだ。インテリジェンス・オフィサーは真実を知ってもそれを報告すると自分の身にどのような災難が降りかかってくるかを常に意識していなくてはならない。

忍者のような潜入工作員

米中インテリジェンス協力をつかんだことで、壮太の運命は変わった。
〈「どうやら今回のオペレーションでひどいドジを踏んだらしい。それで松江に左遷されるんじゃないか」

神戸公安調査事務所内の同僚たちはそう囁きあった。高橋とＭｉｓｓロレンスは真相を知っているが、口をつぐんでいる。誰もが壮太を腫れものに触るように扱い、近寄ろうとしない。

「首席、松江への転勤に当たって、永山祥子先生（引用者註：壮太の茶道の先生）に挨拶に伺うことを許してもらえませんか」

壮太は柏倉にそう願い出た。

「役所のなかでは一切口にするなよ」

柏倉は暗黙の許可を与えてくれた。

「それともうひとつ、別件でお話があります。じつは私事《わたくしごと》なのですが、このたび――」

壮太が言いにくそうに切り出した。

「おう、いよいよ身を固めるのか。よかったやないか」

「いえ、松江の祖母の家に養子に入ることにしました。これで正式に野津姓となります。人事上の手続きも宜《よろ》しくお願いします。これで、祥子先生には、結果としてですが、身分を偽らずに会えることになり、内心ほっとしています」

翔太（引用者註：壮太が仕事で用いる偽名の1つ）という名前はどうするんだ——そう口にしかけた時、柏倉の脳裏に雷鳴に打たれたように一つの着想が閃いた。それは天啓ともいうべき妙案だった。

野津をこのまま古美術商にしてしまおう〉（前掲書）

柏倉はこの機会に壮太を忍者の「草」のような潜入工作員に仕立てようと考えたのだ。

〈公安調査官、梶壮太を名簿から抹消し、野津壮太として松江の古美術商に仕立てる。超ジミーの転職としては悪くないはずだ。そのうえで、覆面公安調査官としてロンドンから来た風変わりな秘密情報部員のカウンターパートを務めさせ、米中の密やかな接触を監視する秘密要員とすればいい。公安調査庁にはごく稀なのだが、重偽装を施して地下に潜伏している調査官がいる。役所の極秘名簿からも名前が消され、公安調査庁の司令塔である参事官室だけがその存在を知っているにすぎない。

「インテリジェンス・オフィサーは、生涯を通じてインテリジェンス・オフィサーなり——この箴言《しんげん》は知っているな。お前、松江の古美術商というカバーを被って、この仕事を続けてみいひんか」

壮太は、あまりに唐突な話に思わず言葉を失った。

「え、カイシャをやめるんですか」

「まあ、表向きはそうなるな。古美術商の仮面をかぶって、俺の下で仕事をするいうことや」

「しばらく考えさせてもらってもいいでしょうか」

「もちろんや、急ぐことやない」

「それと、あの、決める前にひとつ伺ってもよろしいですか」

「お前の一生のことや。なんでも言うてみい」

「その場合、僕の年金はどうなるんでしょう。そもそも安定志向でこの役所に入ったものですから——」

「男子たるもの、そんなことは心配すな。俺が手を回しておく。松江に赴任した後、じっくり結論を出してもええんやぞ」

柏倉は、自らの思い付きがすでに実現したかのように晴れ晴れとした表情を見せた〉（前掲書）

実際にこのような重偽装を公安調査庁が行っているかどうか、筆者は承知していない。国際基準では、インテリジェンス・オフィサーがこのような重偽装をするのは常識だ。『鳴かずのカッコウ』はインテリジェンス小説なので、真実のような虚構と虚構のような真実が織り交ぜられている。

この小説の最後の部分で、少し出てくるが、松江で古美術商の重偽装をした壮太は、SIS（英秘密情報部）との接触を続けているようだ。恐らく、手嶋氏は古美術商に偽装した壮太が奇想天外な活躍をする続編を考えているのであろう。

怪しいビジネスマン

重偽装をしたインテリジェンス・オフィサーに筆者は何度か気付いたことがある。1993年10月にエリツィン大統領側と旧議会側が対立するモスクワ騒擾《そうじょう》事件があった。モスクワ市内で銃撃戦や放火が起きたが、最終的にエリツィンが戦車を出動させ、大砲をホワイトハウス（国会議事堂）に打ち込んだ後、特殊部隊を投入してハズブラートフ最高会議（国会）議長、ルツコイ副大統領らを逮捕して、事件は鎮圧された。

その後、エリツィンは、家族以外を信頼しなくなる。家族とそのスポンサーであるオリガルヒヤ（寡占資本家）に囲まれた宮廷のような構造に大統領府が変化した。寡占資本家と人脈を持つさまざまなロビーストが暗躍するようになった。

モスクワの日本大使館のA公使は、ロシア語にも堪能で、幅広い人脈を持っていることで有名だった。A公使は、カルテンブルンナー（仮名）というスウェーデン人ビジネスマンと知り合った。カルテンブルンナーは、エリツィン家の内情と共に、チェルノムィルジン首相、サスコヴェッツ第一副首相と親しいという触れ込みだった。

当初、大使館もカルテンブルンナーの情報を高く評価していた。しかし、途中から筆者は怪しいと感じるようになった。日本のある総合商社が実現しようとしているプロジェクトに日本政府を誘導する方向で情報を流してくるからだ。

筆者は、国務長官を退き国家会議（下院）議員となったブルブリスの別荘を訪ねたときにカルテンブルンナーについて尋ねた。ブルブリスは、私が話を終える前に、唇に指をあてて、天井を向いた。「ここでは盗聴されているんで、まずい」という意味だ。

ブルブリスが庭に出たので筆者もついていった。ブルブリスが「その男がスウェーデン人であるという裏は取っているか」と尋ねたので筆者は「取っていない」と答えた。ブルブリスは「カルテンブルンナーというのは本名ではない。スウェーデン人であるというのも偽装の可能性がある」と言った。

筆者が「それでは何人なのか」と尋ねると「確証はないがロシア人の可能性が排除されない。GRU（参謀本部諜報総局）ならば、それくらいのことをする。日本側の信頼を得て、経済プロジェクトから利益を得ることが目的だ。遠ざけた方がいい」と言われた。A公使にこの話を伝えたが、信じなかった。

その直後にカルテンブルンナーが東京でトラブルを起こしたので、大使館との関係は切れた。こういう小説のようなほんとうの話を筆者も何回か経験したことがある。

Lesson 6

マルクスは甦る

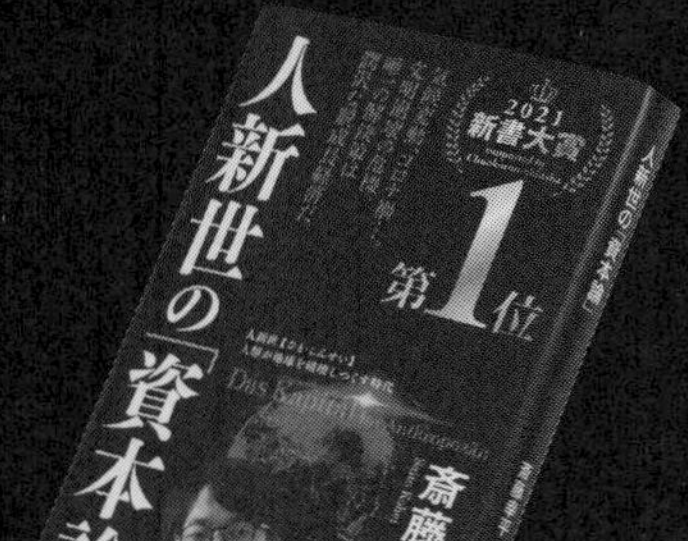

Text

『人新世の「資本論」』
斎藤幸平、集英社新書、2020年

「人新世」というのは、
地質学的にみて、人間たちの活動の痕跡が、
地球の表面を覆いつくした年代という意味である。
資本主義の追求はもはや
地球環境が許容できない段階にきている。
経済思想史を専門とする著者は、
危機の解決策として
晩期マルクスの思想にヒントを得る。

1　21世紀の疎外論

２０２１年10月31日に投開票が行われた第49回衆議院議員総選挙（定数４６５）の結果は以下の通りだった。

政党名	小選挙区	比例区	合計
自民	１８９	72	２６１
公明	９	23	32
維新	16	25	41

NHK党	0	0	0
立民	57	39	96
共産	1	9	10
国民	6	5	11
れいわ	0	3	3
社民	1	0	1

※諸派・無所属からの当選はのぞく。
（改選前は、自民276、公明29、維新11、NHK党1、立民109、共産12、国民8、れいわ1、社民1、当選者には無所属からの公認を含む）

この結果を素直に読むならば、自民党は15議席を減らしたが、公明党が3議席を増やし、与党では12議席減に留まっている。与党で衆議院委員会の全部の委員長ポストを独占し、どの委員会でも与党が多数を占めることになった。
他方、立憲民主党と共産党は75％の選挙区で史上初となる本格的な選挙協力を行ったにもかかわらず、改選前より立憲民主党は13議席、共産党は2議席を減らした。与党が勝利し、野党の立憲民主党と共産党が敗北したのは明白だ。原因は、野党第一党の立憲民主党が、政権獲得後には共産党と限定的な閣外協力を行うという方針を明確にしたからだ。共産党は「普通の政党」ではない。前述のように、社会主義・共産主義社会を目指す革命政党だ。

〈共産党は、第5回全国協議会（昭和26年〈1951年〉）で採択した「51年綱領」と「われわれは武装の準備と行動を開始しなければならない」とする「軍事方針」に基づいて武装闘争の戦術を採用し、各地で殺人事件や騒擾（騒乱）事件などを引き起こしました。

その後、共産党は、武装闘争を唯一とする戦術を自己批判しましたが、革命の形態が平和的になるか非平和的になるかは敵の出方によるとする「いわゆる敵の出方論」を採用し、暴力革命の可能性を否定することなく、現在に至っています〉（公安調査庁HP）

2022年はコミンテルン（国際共産党）日本支部として日本共産党が創立されて100年にあたる。

共産党の現行綱領でも「資本主義を乗り越え、社会主義・共産主義の社会への前進をはかる社会主義的変革」が目標として掲げられている。コミンテルン日本支部として発足した時点から共産党が革命を放棄したことは一度もない。

立憲民主党は、2021年の総選挙で各小選挙区において1万〜2万票あると見られる共産党票を得られると計算したのであろう。共産党も、自公政権を倒すという名目で、小選挙区から共産党候補者を立てずに供託金没収で党の財政に悪影響を与えることを防ぐことができる。

また共産党の応援で当選した立憲民主党の議員は共産党の政策を忖度するようになる。このようにして国会で共産党が望む社会主義革命・共産主義革命に向けた環境整備が可能になる。

他方、この選択は立憲民主党にとって大きなリスクを伴うものだった。まず共産党と連携する立憲民主党を支持する経団連傘下の経済人は皆無になる。

第二に、官公労を除く連合傘下の組合は経団連傘下なので共産党に対する忌避反応が強い。立憲民主党は連合傘下の多くの組合から支持を得ることが難しくなる。

第三に共産党系の民商・全商連と御縁がある人を除き中小企業経営者、個人事業主も共産党と連携する立憲民主党を支持しないであろう。第四に自民党と連立与党を構成する公明党の支持母体である創価学会にとっては、価値観の観点から共産党を受け入れることができない。そのため公明党と支持母体である創価学会は、自民党、公明党の候補者を当選させるために徹底した票の掘り起こしを行うことになった。

共産党との連携で、立憲民主党は、共産党から得られる票の足し算だけを考えていたが、経団連、連合、中小企業・個人事業主の票が逃げ、創価学会が本気になって共産党の推薦を得た立憲民主党の候補を落選させるために自民党候補の選挙運動を行うことを十分に計算していなかった。

「大義ある共闘」だった?

興味深いのは客観的に見れば敗北であることが明白なこの総選挙について、共産党が「大義ある共闘として取り組まれ、確かな効果を上げていると思います」という総括を暫定的に行ったことだ。共産党の志位和夫委員長は、10月31日23時20分ごろ、党本部で記者会見し、総選挙を評価して以下のように述べた。

〈開票の途上なので、現時点でのコメントを述べたいと思います。

私たちは今度の選挙を「野党共闘で政権交代を始めよう」と訴えてたたかいました。この野党共闘は、確かな効果を上げていると考えております。

今度の野党共闘は、市民連合のみなさんと野党4党が20項目の共通政策に合意をし、立憲民主党との関係では、政権協力での合意も確認しました。そのうえで小選挙区の調整を行い、214の小選挙区での一本化を図りました。

それは大義ある共闘として取り組まれ、確かな効果を上げていると思います。

これも今、開票の途上ですので詳しいことは分析してみたいと思いますが、都市部の自民党の有力議員を倒す、これは野党共闘なしにはできなかったと思います。これは効果を上げただろうと考えておりまして、ぜひ、野党共闘の道は引き続き、揺るがず発展させたいと考えております〉（2021年11月1日「しんぶん赤旗」）

志位氏の発言は決して虚勢ではないと思う。共産党は組織を温存して革命に備えることを第一義的目的としている。

従来のようにほとんど全ての小選挙区に候補者を擁立して供託金が没収されるような事態は、避けたかった。今回、立憲民主党を中心とする野党共闘に加わることは共産党にとって渡りに船だったのである。

マルクスと日本共産党

日本では国会に議席を持っているマルクス主義政党は共産党だけだ。その関係でマルクス主義解釈において共産党流のスターリン主義が標準と見なされている。マルクスは偉大な知識人であり、その知的営為を共産党と切り離して理解することが重要だ。

この点で非共産党マルクス主義にもっと光をあてる必要がある。筆者が現在、もっとも関心を持っているのが斎藤幸平氏（大阪市立大学准教授、1987年生まれ）によるエコロジーの視座から『資本論』を再解釈する作業だ。

地球生態系の危機について、斎藤氏はこう指摘する。

〈事実、かつてならば「一〇〇年に一度」と呼ばれた類いの異常気象が毎年、世界各地で起きるようになっている。急激で不可逆な変化が起きて、以前の状態に戻れなくなる地点（ポイント・オブ・ノーリターン）は、もうすぐそこに迫っている。

例えば、二〇二〇年六月にシベリアで気温が三八℃に達した。これは北極圏で史上最高気温であった可能性がある。永久凍土が融解すれば、大量のメタンガスが放出され、気候変動はさらに進行する。そのうえ水銀が流出したり、炭疽菌のような細菌やウイルスが解き放たれたりするリスクもある。そして、ホッキョクグマは行き場を失う。

危機は複合的に深まっていくのだ。そして、「時限爆弾」に点火してしまえば、ドミノ倒しのように、危機は連鎖反応を引き起こす。それはもはや人間の手には負えないものだ〉

（斎藤幸平『人新世の「資本論」』集英社新書、2020年）

地球生態系の危機は、できるだけ多くのモノやサービスを商品にし、利潤を追求するという内在的論理を持った資本主義によって必然的にもたらされる。水の事例について斎藤氏はこう説明する。

〈水道が民営化されると、企業が利益を上げることが目的となるため、システム維持に最低限必要な分を超えて水道料金が値上げされる。

水に価格をつけることは、水という限りある資源を大切に扱うための方法だという考え方もある。無料だったら、みんなが無駄遣いをしてしまう。それが、生態学者ギャレット・ハーディンが提唱したことで有名な「コモンズの悲劇」の発想である〉（前掲書）

偽りの処方箋

斎藤氏に言わせると悲劇の原因は水という共通資本ではなく、商品化だ。

〈だが、水に価格をつければ、水そのものを「資本」として取り扱い、投資の対象としての価値を増やそうとする思考に横滑りしていく。そうなれば、次々と問題が生じてくる。例えば、水道料金の支払いに窮する貧困世帯への給水が停止される。運営する企業は、水の供給量を意図的に減らすことで、価格をつり上げ、より大きな利益を上げようとする。水質の劣化を気にせず、人件費や管理・維持費を削減するかもしれない。結果的に、水というコモンズが解体されることで、普遍的アクセスや持続可能性、安全性は毀損されることになる。

ここでも、水の商品化によって「価値」は増大する。ところが、人々の生活の質は低下し、水の「使用価値」も毀損される。これは、もともとはコモンズとして無償で、潤沢だった水が、商品化されることで希少な有償財に転化した結果なのだ。だから、「コモンズの悲劇」ではなく、「商品の悲劇」という方が正しい〉（前掲書）

斎藤氏は人間とカネの交換で、人間を疎外し、地球環境を破壊する経済に歯止めをかける障害となっているのが国家や資本によって提示される偽りの処方箋だと指摘する。

〈温暖化対策として、あなたは、なにかしているだろうか。レジ袋削減のために、エコバッグを買った？　ペットボトル入り飲料を買わないようにマイボトルを持ち歩いている？　車をハイブリッドカーにした？

はっきり言おう。その善意だけなら無意味に終わる。それどころか、その善意は有害でさえある〉（前掲書）

個人的には善意であると思って行っている行動が客観的には構造悪を温存してしまう。このような状況をマルクスは疎外と名づけた。斎藤氏は21世紀に疎外論を甦《よみがえ》らせようとしている。

2　日本のマルクス主義の伝統

複数の読者から、斎藤幸平氏の独自性について語る前に、マルクス主義について簡潔に説明して欲しいという要請があった。

確かに斎藤氏が21世紀に疎外論を甦らせようとしているという筆者の見方を示しても、疎外論などマルクス主義の基本概念について共通の理解がなくては議論が空中戦になってしまう。

そもそもマルクス主義、キリスト教は、その言葉で包摂される思想や政治運動が幅広くあるので定義が不可能だ。キリスト教でも、「イスラム国」（ＩＳ）のような過激派をテロリストと規定し、武力による徹底的鎮圧を主張するアメリカのキリスト教（プロテスタント系）右派がいる。他方、攻撃された場合の抵抗権すら否定するメノナイト派のような絶対平和主義者もいる。

マルクス主義でも北朝鮮の主体思想も一応、マルクス・レーニン主義の系譜に属する。また、ドイツのフランクフルト学派のような知的に洗練された社会学者たちの思想もマルクス主義に含むことができる。これら幅広い思想や運動を簡潔な定義によって包摂することはできない。

ただ何の定義もしないと議論が拡散してしまうので、マルクスの影響を受けている思想をマルクス主義とすると大雑把に括《くく》っておく。

また政治的マルクス主義と学術的マルクス主義は、部分的に重なるに過ぎない。

政治的マルクス主義に関しては、現在は日本共産党が圧倒的比重を占めている。ただし、日本のマルクス主義の特徴は、戦前は労農派、戦後は日本社会党左派と新左翼（警察の分類では極左暴力集団）という非共産党マルクス主義者が無視できない影響力を持っていたことだ。さらに新左翼は多くの党派（セクト）に分かれていたが、これらの勢力は社会党の傘の下で発展してきた。

俯瞰《ふかん》して見ると1989年のベルリンの壁崩壊に象徴される中東欧諸国の社会主義体制から資本主義体制への移行、1991年のソ連崩壊によって社会党左派と新左翼は影響を失った。その結果として、共産党が政治運動に関しても大学や学会においても、ほぼ唯一のマルクス主義勢力となった。

そのような状況で、共産党や旧社会党、新左翼の政治的影響を受けないところでマルクス主義を現代に活かそうとする斎藤幸平氏が登場したのである。

斎藤氏は、アメリカとドイツでソ連・東欧型のスターリン主義（ロシア共産主義）とは別の西欧マルクス主義の知的伝統を十分に吸収して、人間と自然の循環という巨視的観点でマルクスを扱い、日本と世界を危機から脱出させ、格差を解消し、人間の自由を実現しようとしている。

日本の保守派知識人の大多数が斎藤氏の問題提起を真剣に受け止めず「共産党の亜流だろう」「過激派崩れじゃないか」「今更マルクスなんて古い」といった印象批判を繰り返していることは、知的に不誠実であるのを通り越し、滑稽である。

また共産党も斎藤氏の取り扱いには頭を悩ましている。共産党は、マルクス主義の正しい解釈をできるのは共産党だけだという強い自負を持っている。従って、斎藤氏のような共産党綱領の枠組みに収まらないようなマルクス解釈については、触らないでおくという姿勢を取っている。

日本共産党と社会党左派

日本における学術的マルクス主義に関して、もう少し深掘りしたい。

共産党系の講座派と非共産党系の労農派の間で1930年代に展開された日本資本主義論争が重要だ。講座派は、主に岩波書店から刊行された『日本資本主義発達史講座』の寄稿者から構成されていたのでこの名称がついた。

労農派は、山川均《やまかわひとし》、向坂逸郎《さきさかいつろう》らが編集する雑誌『労農』への寄稿者が中心となっていたのでこういう名称になった。日本資本主義論争は日本資本主義の現状分析について、歴史、政治、経済など広範な分野で行われた。一言でまとめると、講座派は、日本は天皇と地主を中心に封建的性格が強い絶対主義体制であるという見方だ。

明治維新はブルジョア革命（市民革命）ではなく、その前段階の絶対主義体制の確立だったと見る。対して労農派は、日本は一部に封建的残滓《ざんし》を残しているが、高度に発達した帝国主義国家と見る。明治維新は基本的にブルジョア革命であるという見方になる。

この講座派と労農派の対立は、共産党と労農派の戦略の差として現れた。戦後、労農派の主流派は社会主義協会を結成し、社会党左派を支えることになった。

社会主義協会によれば、共産党（講座派）と労農派の革命戦略の違いは次のようになる。

〈共産党——日本を支配しているのは天皇制というかたちでの絶対主義であって、日本は絶対主義国家である。それ故にプロレタリアートの政治闘争の目標は天皇制の打倒であり、プロレタリアートの戦略目標はブルジョア・デモクラシーの革命である。ブルジョア・デモクラシーの革命が達成されたとき、はじめて社会主義革命がプロレタリアートの戦略目標となる。（この点、ロシアの三月革命と一一月革命の関係と同じである。わが国の革命の展望にたいするこのような見解が、当時、二段革命論とよばれた。）

労農派——われわれの政治闘争の対象は金融資本・独占資本を中心として結集された帝

国主義的ブルジョアジーの政治勢力である。わが国はブルジョアジーの政権がすでに確立されているブルジョア国家（資本主義国家）である。ブルジョアジーの民主主義革命が徹底的に行なわれなかったわが国には、天皇制を初め多くの封建的な遺物や遺制が残ってはいるが、それらは（天皇制そのものも）もはや独立した政治勢力ではなくて、ブルジョアジーの政治勢力のなかに吸収または同化されて、その一部をなすものとなり、またはその支配力をつよめる道具になっている。地主階級もある程度にブルジョア化し、ブルジョアジーの政治勢力に対立するものとしての絶対主義の社会的基礎をなすものではなくなっている。それ故に、このつぎに展望される革命（政権の階級的移転を意味する革命）は、ブルジョアジーへの政権の移転であるブルジョア・デモクラシーの革命ではなくて、ブルジョアジーにかわってプロレタリアートが政権をにぎる社会主義革命のみであり、それ以外の革命はありえない〉（『社会主義協会テーゼ』社会主義協会、1971年）

また、政党の形態についても両者には大きな違いがあった。

〈共産党——結合する前にまず分離せよ。マルクス主義者（このばあいはボリシェビズム［引用者註：ソ連共産党の主張を指す］の信奉者）はボリシェビズム以外の理論をとる人びとからきれいに分離して、ロシアのボリシェビキ型の職業革命家の党を組織しなければならない。

労農派——一般大衆にとっては、資本主義か社会主義かの二者択一はまだ当面の現実の問題になっていない。それ故に現実にブルジョアジーの利害に対立した利害をもっているすべての社会層を、反ブルジョア戦線に結集する大衆的な政党を組織しなければならない。大衆的、革命的な政治運動の伝統と訓練のないわが国では、とくにこのことが必要である。かかる性質をもつためには、この政党は、合法的に存在する政党でなければならない。われわれは合法的な舞台から逃避するのではなしに、合法的な行動領域を実力によって拡大して行かなければならない。現在（当時）の段階におけるマルクス主義者が第一に果たすべき任務は、このような政党の組織——すなわち反ブルジョア政治勢力の結集——と成長とに積極的な役割を果たし、この政党の闘争のなかで、大衆に密着しつつ、その指導力を拡大することである〉（前掲書）

ソ連崩壊とともに

労農派の見解を紹介するだけでは一方的で客観性が担保されないので共産党の公式党史から労農派の評価が端的に現れている箇所を紹介する。

〈「二七年テーゼ」（引用者註：モスクワのコミンテルン［共産主義インターナショナル、国際共産党］が、日本支部＝日本共産党に宛てた指令書）にもとづいて、日本共産党が、大衆とかたくむすびついて革命運動を前進させる真の大衆的前衛党への一歩をふみだそうとしたとき、山川均、堺利彦《さかいとしひこ》、猪俣津南雄《いのまたつなお》、荒畑寒村《あらはたかんそん》らの「合法マルクス主義者」は、一九二七年十二月に雑誌『労農』を発刊して、反党分派「労農派」をつくり、天皇制とのたたかいをさけて、ブルジョアジーとの闘争だけを問題にする「社会主義革命」論の立場から、日本共産党の政治方針への攻撃をはじめた。党は、一九二八年二月、山川らの除名を決定するとともに、かれらを理論的に粉砕し、天皇制の廃止と日本国家の民主主義化、農業革命の実行を主内容とする民主的変革と、その社会主義革命への転化の路線こそ、日本人民の解放の道、日本における社会主義への道であることをあきらかにする活動をつづけた。この論争は、一般の雑誌のうえでも長くつづけられたが、今日では歴史の判定はすでに明白である〉（『日本共産党の六十年』日本共産党中央委員会出版局、1982年）

講座派も労農派も、歴史は原始共産制―奴隷制―封建制―絶対主義―資本主義―社会主義―共産主義に単線的に発展するというエンゲルス・スターリン流の唯物史観に基づいて議論を展開していたので、日本資本主義がどの段階にあるかということが革命理論と直結したのである。

太平洋戦争後、共産党はアメリカ帝国主義の従属状態から日本を解放する民族独立民主革命を当面の課題に定めた。そして民主革命が完成した後、社会主義革命を行うという二段階革命論を取るようになった。対して、社会党と新左翼は、日本帝国主義は十分に復活し、自立しているので、社会主義革命の一段階革命論を主張した。

戦前の講座派と労農派の対立図式が少し形を変えて、戦後も続いたのである。ただし講座派に関しては、理論的枠組みとしては講座派であるが共産党とは距離を置く新講座派と呼ばれる学者も増えた。

1991年のソ連崩壊からしばらくして労農派、新左翼の系譜の大学教授が退職すると、大学や学会には共産党と新講座派の知識人だけが残った。

3 マルクス主義を再構築

日本のマルクス主義を語る際にもう一つ外すことができないのが宇野学派だ。宇野弘蔵《うのこうぞう》氏（1897～1977年）は、戦前は東北帝国大学、その人民戦線事件に連座して大学を辞し（治安維持法違反で逮捕起訴されたが公判で無罪が確定）、戦後は東京大学、法政大学、立正大学で教壇に立ったユニークなマルクス経済学者だ。人脈的には労農派に属するが、講座派（共産党系）とも労農派（非共産党系）とも異なる『資本論』の解釈をした。

筆者なりに整理すると、宇野氏はマルクスに資本主義を打倒して共産主義社会を建設しようとする革命家の魂と資本主義の内在的論理をつかもうとする社会科学者の魂があるとする。そして革命家の魂（イデオロギー）は一旦、括弧の中に入れ、『資本論』を論理整合的に再編することに一生を費やした。

これは新カント派の枠組みを用いて『資本論』を解釈したことになる。理論と実践は分離される。すなわち資本主義の内在的論理をつかむことは資本家でも労働者でも誰でも可能であるが、その上で資本主義にどう向き合うかは人それぞれということになる。

宇野経済学は労農派マルクス主義者の理論集団であり、社会党左派の支柱になった社会主義協会の一部と新左翼に強い影響を与えた。宇野経済学を用いると実践に関する倫理が外挿的になるので、社会主義協会は平和革命、新左翼は暴力革命と接《つ》ぎ木した。

また滝沢克己《たきざわかつみ》氏のような哲学者はキリスト教（カール・バルトの神学）と宇野経済学を融合しようとした。なお、日本共産党は宇野経済学を蛇蝎《だかつ》の如《ごと》く嫌っている。

斎藤幸平氏の『資本論』解釈は、講座派、労農派、宇野派のいずれとも異なるユニークなものだ。講座派、労農派は、いずれも生産力の向上によって歴史は原始共産制―奴隷制

―封建制―資本主義―社会主義―共産主義という発展を遂げるという唯物史観をとる。これは生産力至上主義と言い換えることができる。

宇野経済学の場合、生産力至上主義はとらず、唯物史観を柔軟に解釈する。そして人間の属性である労働が、商品化して労働力となり売買可能になったことで資本主義が生まれたと考える。

裏返して言うならば、労働力商品化を止揚するならば、資本主義は終焉《しゅうえん》する。斎藤氏は唯物史観も労働力商品化も重視しない。斎藤氏にとって最重要なのは地球という環境である。そして、マルクスの環境理解を最晩年のマルクスの思想から掬《すく》い出そうとする。〈もちろん、研究者たちは『資本論』もしっかりと研究してきた。ところが、事態をややこしくするのは、マルクスが自らの最終的な認識を『資本論』においてさえ十分に展開できなかったという事情である。

というのは、『資本論』第一巻は本人の筆によって完成し、一八六七年に刊行されたものの、第二巻、第三巻の原稿執筆は未完で終わってしまったからだ。現在読まれている『資本論』の第二巻、第三巻は、盟友エンゲルスがマルクスの没後に遺稿を編集し、出版したものにすぎない。そのため、マルクスとエンゲルスの見解の相違から、編集過程で、晩年のマルクスの考えていたことが歪《ゆが》められ、見えにくくなっている箇所も少なくない。なぜなら、マルクスの資本主義批判は、第一巻刊行後の一八六八年以降に、続巻を完成させようとする苦闘のなかで、さらに深まっていったからである。いや、それどころか、理論的な大転換を遂げていったのである。

そして、私たちが「人新世」の環境危機を生き延びるためには、まさに、この晩期マルクスの思索からこそ学ぶべきものがあるのだ。

しかし、この大転換は、現行の『資本論』からは読み取ることができない。エンゲルスは『資本論』の体系性を強調しようとするあまり、『資本論』の未完の部分がどこにあるのかを隠蔽《いんぺい》してしまったのだ。つまり、マルクスが理論的に格闘していた箇所ほど、その事実が見えなくなっている〉(『人新世の「資本論」』)

スターリン主義党

斎藤氏は、堪能なドイツ語力、英語力、フランス語力を駆使し、マルクスが晩年に書いたノートやメモを徹底的に読み込む。そして、生産力史観を克服したマルクスの姿を見出したのである。

〈結果的に、晩期マルクスの本当の姿は依然として、ノートの研究を行うごく一握りの専門家にしか知られていない。そのため研究者やマルクス主義者たちのあいだでさえ、依然としてマルクスは大きく誤解されたままである。

そしてこの誤解こそ、マルクスの思想を大きく歪め、スターリン主義という怪物を生み出し、人類をここまで酷い環境危機に直面させることになった原因といっても過言ではない。今こそ、この誤解を解かなければならないのだ〉（前掲書）

斎藤氏はスターリン主義の最大の問題が生産力至上主義にあると見る。筆者もこの見解に賛成だ。重要なのはスターリン主義が現在も生きていて日本の政治に影響を与えているていることだ。日本共産党第28回大会（2020年1月）に規定された同党の綱領にはこう記されている。

〈日本の社会発展の次の段階では、資本主義を乗り越え、社会主義・共産主義の社会への前進をはかる社会主義的変革が、課題となる。

社会主義的変革の中心は、主要な生産手段の所有・管理・運営を社会の手に移す生産手段の社会化である。社会化の対象となるのは生産手段だけで、生活手段については、この社会の発展のあらゆる段階を通じて、私有財産が保障される。

生産手段の社会化は、人間による人間の搾取を廃止し、すべての人間の生活を向上させ、社会から貧困をなくすとともに、労働時間の抜本的な短縮を可能にし、社会のすべての構成員の人間的発達を保障する土台をつくりだす。

生産手段の社会化は、生産と経済の推進力を資本の利潤追求から社会および社会の構成員の物質的精神的な生活の発展に移し、経済の計画的な運営によって、くりかえしの不況を取り除き、環境破壊や社会的格差の拡大などへの有効な規制を可能にする。

生産手段の社会化は、経済を利潤第一主義の狭い枠組みから解放することによって、人

間社会を支える物質的生産力の新たな飛躍的な発展の条件をつくりだす〉（「日本共産党綱領」2020年）

日本共産党によれば、社会主義・共産主義革命によって「人間社会を支える物質的生産力の新たな飛躍的な発展の条件をつくりだす」のである。ここにいくら化粧直しを繰り返しても日本共産党の本質がスターリン主義党であることが表れている。

斎藤氏は、スターリン主義だけでなく、西欧の人間主義的マルクス主義（ルカーチ、ブロッホら）や構造主義的マルクス主義（アルチュセール）にも生産力至上主義とともにヨーロッパ中心主義があると考えているようだ。

このモデルだと生産力の発展が近代化である。生産力が発展することによって貧困、環境などの問題も全て解決されることになる。

世界史的に見ると、これは単線的歴史観で、西ヨーロッパのモデルを東ヨーロッパ、ロシア、アジア、中東、アフリカなどが追いかけてくるという認識になる。斎藤氏はこのような通俗的マルクス解釈に対して異議を唱える。

〈しかし、そんなはずはない。マルクスが資本と環境の関係を深く鋭く分析していたことを本書の読者はすでに知っている。『資本論』でも、地球を《コモン》として管理することを目指していた。

では、いつ生産力至上主義から脱却して、変貌を遂げたのか。マルクスの理論的転換に大きな役割を果たしたのは、（中略）リービッヒだ。リービッヒの『農芸化学』第七版（一八六二年）で展開された「掠奪農業」批判に、マルクスは感銘を受けた。一八六五年から翌年にかけてのことだ。そして、それをすぐに『資本論』第一巻（一八六七年）に取り込んだのだった。『共産党宣言』からは、二〇年近い月日が流れている。

ここで鍵となるのが、リービッヒからヒントを得て、マルクスが『資本論』で展開するようになった物質代謝論である。

人間は絶えず自然に働きかけ、さまざまなものを生産し、消費し、廃棄しながら、この惑星上での生を営んでいる。この自然との循環的な相互作用を、マルクスは「人間と自然の物質代謝」と呼んだ〉（『人新世の「資本論」』）

人間と自然の物質代謝

マルクス主義を生産力至上主義から解き放ち、もっと巨視的に「人間と自然の物質代謝」の視座から再編することを斎藤氏は考えている。

これは、生産力が歴史を突き動かしているというイデオロギーを脱構築し、唯物論の立場から徹底的にマルクスを再解釈するということだ。

〈もちろん、人間から独立したところでも、自然にはさまざまな循環過程が存在している。光合成であったり、食物連鎖であったり、土壌養分の循環もそうだ。

例えば、鮭《さけ》は川を上り、産卵をする。産卵後の鮭の死骸は分解され、海洋由来の栄養分を運ぶことで、上流や陸地の栄養分となる。あるいは、産卵前に熊やキツネ、鷲《わし》に食べられてしまうかもしれない。動物に食べられた鮭も、排泄《はいせつ》を通じて、森のなかで木々の養分となる。その木々の落ち葉は大地を育み、一部は川に流れ、水生昆虫やエビといった小さな生き物の餌になり、あるいは、隠れ家として小魚たちを育む。鮭を媒介として、物質代謝・循環が営まれているのである。

このような自然の循環過程を、マルクスは「自然的物質代謝」と呼んだのだった。そして、人間もまた、自然の一部として、外界との物質代謝を営んでいる。呼吸もそうだし、飲食も排泄もそうである。人間は、自然に働きかけ、さまざまなものを摂取し、排出するという絶えざる循環の過程のなかでしか、この地球上で生きていくことができない。これは生物学的に規定された歴史貫通的な生存条件なのである〉(前掲書)

問題は、人類が地球生態系を破壊することができる破壊的な技術力を身に付けてしまったことだ。その破壊性は資本家階級、地主階級、労働者階級の中にも内在している。だから表面的には地球生態系の危機のように見える。

しかし、その本質は資本家による環境(地球)に対する収奪から生じているのである。低成長経済によってこの構造を転換し、人類と地球生態系を救い出すというのが斎藤氏の戦略だ。

4 コミュニズムの復活に向けて

斎藤幸平氏は、資本主義の枠内で脱成長を実現することは不可能であると指摘する。〈資本の定義からして、「資本主義」と「脱成長」のペアは両立不可能だからである。資本とは、価値を絶えず増やしていく終わりなき運動である。繰り返し、繰り返し投資して、財やサービスの生産によって新たな価値を生み出し、利益を上げ、さらに拡大していく。目標実現のためには、世界中の労働力や資源を利用して、新しい市場を開拓し、わずかなビジネスチャンスも見逃してはならない。

ところが、資本主義が世界中を覆った結果、人々の生活や自然環境が破壊されてしまった。だから、脱成長は、この行きすぎた資本の運動にブレーキをかけ、減速しようとするのである〉（『人新世の「資本論」』）

筆者も斎藤氏の見解を支持する。資本主義の特徴は、人間の労働能力を商品にしてしまうことだ。この労働力商品を搾取することで価値を増大させることが資本家の職業的良心なのである。脱成長は資本家の良心に反する行為なのだ。

もちろん現象として脱成長に見える資本主義の停滞がある。このような停滞した資本主義は、勤労大衆に禍《わざわい》であると斎藤氏は強調する。

〈日本社会を例にして、なぜ資本主義の内部で脱成長が不可能かについて、もう少し詳しく考えてみよう。

そもそも、本来成長を目指す資本主義を維持したままの脱成長とは、「失われた三〇年」の日本のような状態を指す。（中略）

だが、資本主義にとって、成長できない状態ほど最悪なものはない。資本主義のもとで成長が止まった場合、企業はより一層必死になって利益を上げようとする。ゼロサム・ゲームのなかでは、労働者の賃金を下げたり、リストラ・非正規雇用化を進めて経費削減を断行したりする。国内では階級的分断が拡張するだろうし、グローバル・サウスからの掠奪も激しさを増していく。

実際、日本社会では、労働分配率は低下し、貧富の格差はますます広がっている。ブラック企業のような労働問題も深刻化している。

そして、パイが小さくなり、安定した仕事も減っていくなかで、人々はなんとか自分だけは生き残ろうと競争を激化させていく。「上級国民・下級国民」という言葉が流行語になったことからもわかるように、社会的な分断が人々の心を傷つけている〉(前掲書)

資本主義の停滞がゼロサム・ゲームによる競争の激化を資本家だけでなく、労働者にもたらすとの斎藤氏の分析は事柄の本質を突いている。

人間は群れを作る動物であるが、このように競争が激化する環境下では、一人ひとりが分断されてしまい、肉体的にも精神的にも疲れ切ってしまう。

資本主義の欠陥

斎藤氏は、ここで脱成長の本来の目的を再定義する。

〈この日本社会の惨状から、重要なことがわかる。日本の「長期停滞」やコロナ禍の「景気後退（リセッション）」を、「定常状態」や「脱成長」と混同してはならないのだ。

よく誤解されるが、脱成長の主要目的は、ＧＤＰを減らすことではない。それでは結局、ＧＤＰの数値しか見ない議論になってしまう。

資本主義は経済成長が人々の繁栄をもたらすとして、私たちの社会はＧＤＰの増大を目指してきた。だが、万人にとっての繁栄はいまだ訪れていない。

だから、アンチテーゼとしての脱成長は、ＧＤＰに必ずしも反映されない。人々の繁栄や生活の質に重きを置く。量（成長）から質（発展）への転換だ。プラネタリー・バウンダリーに注意を払いつつ、経済格差の収縮、社会保障の拡充、余暇の増大を重視する経済モデルに転換しようという一大計画なのである〉（前掲書）

ＧＤＰを増大させずに人々の生活水準を向上させることは、資本主義の枠内でも十分可能だ。カーシェアリングやメルカリのようなサイトでリサイクル品を利用してもＧＤＰは増大しない。しかし、人々の効用を満たすことはできる。

しかし、このようなシェアリングエコノミーが資本主義システムの主流になることはない。なぜなら資本主義というシステムの文法が、労働力を商品化し、利潤の極大化を追求していくことだからだ。資本の価値増殖に貢献しないシェアリングエコノミーは、資本主義の文法に反するので、経済活動のごく一部の領域を占めることしかできないのである。

資本主義体制下で脱成長を志向することは、このシステムを成り立たせる文法に反するので実現不可能なのである。神学ならばカール・バルトの弁証法神学のように「不可能の可能性」に挑むことに意味がある。しかし、経済活動に関しては、あくまでも実現可能な制約条件の中で考えなくてはならない。

資本主義システムをそのままにして、主観的に脱成長を目指しても、そこから生じるのは長期停滞に過ぎず、それは競争の激化と貧困の拡大をもたらすことになると斎藤氏は喝破する。

〈「脱成長」は平等と持続可能性を目指す。それに対して、資本主義の「長期停滞」は、不平等と貧困をもたらす。そして、個人間の競争を激化させる。

絶えず競争に晒される現代日本社会では、誰も弱者に手を差し伸べる余裕はない。ホームレスになれば、台風のときに避難所に入ることすら断られる。貨幣を持っていなければ人権さえも剝奪され、命が脅かされる競争社会で、相互扶助は困難である。

したがって、相互扶助や平等を本気で目指すなら、階級や貨幣、市場といった問題に、もっと深く切り込まなくてはならない。資本主義の本質的特徴を維持したまま、再分配や持続可能性を重視した法律や政策によって、「脱成長」・「定常型経済」へ移行することはできないのである〉（前掲書）

宇野経済学との親和性

斎藤氏はあまり強調しないが、資本主義の本質は労働力の商品化にある。この点を強調したのが、独自の『資本論』解釈を展開した前述の宇野弘蔵だ。

宇野は本来、商品になることができない人間の属性である労働が、労働力という商品になってしまうところに資本主義の特徴があると考えた。

労働力商品の使用価値は労働そのものだ。労働力商品の価値は、1カ月単位で考えると、その間に労働者が食べ、服を着て、住み、ちょっとしたレジャーをして働く力を回復するのに必要な財やサービスを商品として購入する価格の総計だ。

正確に言うとこれに家族を養う費用と、技術革新に応じて労働者が学習するための費用が含まれる。働く力を回復するための費用、家族を養うための費用、自己教育のための費用で賃金は構成される。資本家が労働者を雇用して得られる価値は、労働者に支払う賃金と機械や道具に支出する費用の合計よりも大きい。これが剰余価値だ。

資本家は剰余価値を増大させるために生産を行う。労働者から見れば、自分の労働によって形成した価値の一部を資本家によって搾取されていることになる。

もっとも資本家と労働者は自由で平等な環境で、労働力と賃金を交換しているのだからそこには不正はない。自由と平等という外皮の下に階級関係が隠蔽されているのが資本主義システムの特徴だ。労働力の商品化という、人類の長い歴史から見れば異常な状態を止揚するのが共産主義革命の目的であると宇野は考えた。

斎藤氏の経済哲学は宇野との親和性が高い。斎藤氏はこう指摘する。

〈低成長の時代に待っているのは、帝国的生活様式にしがみつくための生態学的帝国主義や気候ファシズムの激化のはずだ。

それは、気候危機から生じる混乱に乗じた惨事便乗型資本主義とともにやってくる。だが、そのまま突き進めば、地球環境はますます悪化し、ついには人間には制御できなくなり、社会は野蛮状態へ退行する。低成長時代の「ハード・ランディング」である。もちろん、これこそ、最も避けたい事態にほかならない。

「人新世」の時代のハード・ランディングを避けるためには、資本主義を明確に批判し、脱成長社会への自発的移行を明示的に要求する、理論と実践が求められている。中途半端な解決策で、対策を先延ばしにする猶予はもうないのだ。それゆえ、新世代の脱成長論は、もっとラディカルな資本主義批判を摂取する必要がある。そう、「コミュニズム」だ。

こうして、ついにカール・マルクスと脱成長を統合する必然性が浮かび上がってきた〉（前掲書）

斎藤氏は、手垢のついた共産主義という日本語を避け「コモン」（共同管理）に基づく社会を作るという意味で「コミュニズム」という片仮名を用いる。

人間は群れを作る動物である。誰一人として孤立して生きていくことはできない。その意味で「コモン」こそが人間社会の本来のあり方だと思う。

ここで重要なのは国家と社会が起源を異にする存在だということだ。英国の社会人類学者アーネスト・ゲルナーは、人間社会の発展は、狩猟・採集社会、農業社会、産業社会の3段階で発展してきたと説く。

その上で、社会と国家の関係について次のように整理する。狩猟・採集社会においては国家はなかった。農業社会においては、中世ヨーロッパや戦国時代の日本のように村単位での自給自足経済が成り立っていて国家を必要としない場合もあれば、古代エジプトや古代中国のように巨大帝国を生みだしたこともある。それが産業社会になると国家が必ず必要になる。

産業社会では、工場のマニュアルを理解するために識字能力が必要となり、また経済運営のために計算が必要になる。この能力を付けるための普通教育には莫大な費用とエネルギーがかかる。

これを担保することができるのは、国家のみというのがゲルナーの見方だ。しかもこの産業社会は資本主義と相性がいい。

資本は利潤の獲得のために自己増殖する。その結果、産業社会の基盤を崩す状況に至っているというのが斎藤氏の現状認識だ。この現状認識は正しい。産業社会を持続的に維持するために人間社会の「コモン」を回復するのだという発想は、疎外論である。

疎外論では、人間の本来のあり方を想定する作業が不可欠になる。この点については、経済学の範疇を超える哲学（あるいは神学）からのアプローチも必要になると思う。

斎藤氏のように根源的に考える知識人が出現したことを筆者は歓迎する。

特別対談

佐藤優×片山杜秀（慶應義塾大学法学部教授）

ウクライナ侵攻を読む

1963年生まれ。慶應義塾大学法学部教授。政治思想史研究者。『未完のファシズム――「持たざる国」日本の運命』にて司馬遼太郎賞を受賞。近著に『尊皇攘夷――水戸学の四百年』。

撮影 横田紋子

佐藤　最初に本対談の企画趣旨を読者に説明します。ロシアによるウクライナ侵攻以降、私には日本の危機が露わになったように思えてなりません。そういう意味で、本書が提示する問題意識は、より切実になっています。そこで編集部からは、「危機の読書」特別編として、侵攻後の出来事の本質を読み解く「読書ガイド」を依頼されました。しかし、日本語で読める書籍で論評に耐えるものは、残念ながらほとんどありません。無理して書くよりも、ウクライナ侵攻以後の世界を俯瞰して捉えられる方と対談し、その流れのなかで書籍を紹介していったほうが深い論評ができると考え、信頼する片山先生にお越しいただきました。

片山　大変恐縮です。私がその任にふさわしいかはともかく、令和以降の日本の行く末には思うところもあります。佐藤さんとこうしてお話しできることはとても楽しみにしておりました。

佐藤　ありがとうございます。では、さっそく本題に入ります。

もともとウクライナは、日本にはなじみが薄い国でした。この戦争が始まるまでウクライナとウルグアイの違いも分からなかった人も多かったはずです。にもかかわらずいまや国民の大多数が、ウクライナに肩入れし、ロシアを敵視するようになった。

片山　確かにウクライナをメディアが連日取り上げるようになり、誰かが発信した情報を相対化も検証もせず「そうなのか」と鵜呑みにしてしまう人が増えた気がします。それが正しい情報ならまだいいのですが……。

佐藤　そうなんです。

例を挙げれば切りがありませんが、マリウポリでロシア軍が化学兵器を使用したと断言した大学教授がいたでしょう。でも、実際は使っていなかったことが明らかになってきている。少し前には、6月からウクライナの反転攻勢が始まり年内にロシア軍を駆逐すると力説した専門家もいました。願望なのかもしれませんが、まったく根拠はありません。

また、ウクライナ軍は士気が高くて、ロシアは低いとさかんに語られましたが、士気が低い軍隊が、今年5月9日の対独戦勝記念日に1万1０００人もの兵士を「赤の広場」に動員し、パレードできますか?

片山　ふつうに考えれば、分かりそうなものですが、ウクライナ側の大本営発表を真に受けてしまう。日本人の体質は戦中と変わっていないように思えますね。

佐藤　そのあたりを理解する上で適切な書籍がドイツの哲学者ユルゲン・ハーバーマスの**『後期資本主義における正統化の問題』**（＊1）です。細谷貞雄の翻訳で「順応の気構え」という言葉が出てきます。我々は高度な教育を受け、たくさんの情報を持っている。ところが、そのすべてを精査し、検証するとクタクタに疲れてしまう。それを避けようと理解できないことがあれば、誰かが説得して自分を納得させてくれるはずと考えるようになる。ハーバーマスは、そうした「順応の気構え」は教育水準が上がり、情報量が増えると出てくると指摘しています。

片山　ハーバーマスは、資本主義社会における市民の哲学的・政治的・社会的判断能力を問題にしてきた社会学者ですね。アドルノやホルクハイマーの流れを汲むフランクフルト学派の一員ですから、市民が理性的に判断できるはずだったのが無判断の方にひっくり返って、結局、権力に操られてしまうという、そのプロセスに、初期の著作からとても関心があったのでしょう。が、そこで終わらず、希望を見つけようとする。それでカントに先祖返りして、現代社会における市民の理性の甦りに期待する。よい人なのでしょう。それはともかく、そんなハーバーマスの深刻で悲観的なときの診断に、日本の市民というか大衆はとてもよくあてはまるでしょう。インテリというのはもはや死語ではないでしょうか。日本の市民は自前の判断力を失ってしまった。市民という概念が消滅してきているのかもしれない。もう情報の多さと解釈の複雑さに付いていけていない。ウクライナに関して言えば、どこにあるかも分からないのでは、判断もへちまもない。誰かの解説を「そうなのか」と。動物的な脊髄反射だけで生きていると言えばいいか……。衆愚ここに極まれりでしょうか。

佐藤　劣化した大衆をさらに劣化した専門家と自称する解説者や識者がミスリードしているから、なおさらタチが悪い。

本来ならメディアが検証すべきなのでしょうが、それは期待できない。ウクライナ危機では、珍しく朝日新聞から産経新聞までが、全て同じ論調でした。

片山　型にはまった思考しかできないというのが、フランクフルト学派的に言えば野蛮ということでしょうが、それはウクライナ問題に限りませんね。7月8日に安倍元首相の銃撃殺害事件が起きましたが、翌朝の新聞一面は、朝日から産経まで同じような見出しが並びましたね。「民主主義」への挑戦、もしくは危機をうたうものがほとんどでした。それはそうかもしれないけれど、紋切り型ですよね。オウム事件のときの各紙の論調を彷彿とさせるくらいに紋切り型で。柔軟な考察への逃げ道を作っておかないと。

佐藤　まったくその通りです。そもそも政治目的がないならテロにはならない。民主主義への脅威という話にストレートにつながるのが理解できません。

ウクライナ版の皇国史観

片山　ウクライナ危機では、すべてのメディアが、ウクライナは西側諸国と価値観が一緒だから、日本も足並みを揃えよう、支援しようと主張した。しかし価値観が一緒というのは無理筋でしょう？

佐藤　おっしゃる通りです。ウクライナの歴史観1つ取ってもそう。いま広まっているウクライナの歴史は、実証的な歴史学には耐えられない、ガリツィア地方の民族主義者の主張をもとにしたウクライナ版の皇国史観、いわばガリツィア史観とも呼べる代物です。

片山　ソ連崩壊後の30年間、ウクライナは政党政治もままならず、大統領の独裁体制のような形で国を動かしてきた。そして２０１４年に親ロシア派の大統領を追放したマイダン革命が起きた。以降、ロシア帝国時代から存在したウクライナ神話（皇国史観）を利用して、民族主義、ナショナリズムを煽ってきた背景があります。

佐藤　ウクライナ危機を理解する上で片山先生の『**皇国史観**』（＊2）は必読ですね。戦中の日本でも同じことが言えますが、皇国史観は戦況に左右される。だからロシアが優勢になってきて、ウクライナ必勝を訴え続けていた人たちが、メディアから徐々に姿を消しはじめた。現実とかけ離れた言説が、視聴者に刺さらなくなってしまった。

太平洋戦争ではガダルカナル戦以降に戦況が悪化した。その時期に、はじめて皇国史観を持ち出したとしても神話が成立しなかったのではないかと思うのですが、どうですか？

片山　「皇国史観」の基礎は江戸時代の水戸学にありますが、鎖国体制を死守するための言わば「動員のプロパガンダ術」なんですね。それが日中戦争以後、日本人に身の丈以上の無理をさせ、国家総動員体制を完遂するためのイデオロギーとして利用される。

極端に言うと、神国だから絶対に負けないとみんなが信ずる。神話の無謬《むびゅう》性を信じることでやる気が出るのですけれど、絶対に勝つという前提があって、本当に勝つことで証明されていかないと回らない。負けていても本土決戦で勝つということを言い続けないと回らない。負けるかもしれないが一所懸命やれば勝てるかもしれないという謙虚さは絶対に出てこない。必勝思想なので。そこに恐ろしい硬直が起きる。無謬神話にはまると負けていても勝っているように見えるのです。

佐藤　神話の崩壊をみな見たくない。人は見たいモノだけを見て、聞きたいモノだけを聞きますからね。

片山　そもそものウクライナ史も、ロシア史とはパラダイムがまったく違う。日中韓の歴史観の対立がしばしば話題になりますが、ロシアとウクライナの歴史観の違いはそれ以上です。ウクライナ側の大本営発表だけを報じ続ければ、どうしても現実と乖離してしまう。

佐藤　にもかかわらず、いまだにウクライナ版皇国史観をもとにした報道を止めないから、妙な方向に世論が向かってしまう。メディアは、日本における『**国体の本義**』（＊3）や国家主義運動を展開した思想家・大川周明の『**日本二千六百年史**』（＊4）のような性格の本を読んで、ウクライナ史を学んでいるようなものです。それでも一度、流布されて、刷り込まれてしまった皇国史観を信じる人は大勢いる。それは日本もウクライナも変わらないのかもしれません。

日本の皇国史観で言えば、キーパーソンは楠木正成ですか？

片山　皇国史観を主導した中世史を専門とする歴史学者・平泉澄《きよし》は、神話のなかで最大のヒーローとして楠木正成を祭り上げました。当時の新聞も「楠公精神に学べ」とさかんに喧伝しました。

佐藤　ウクライナ版皇国史観にも楠木正成に相当する人物がいます。ガリツィア出身のステパン・バンデラです。バンデラの軍団は、第二次大戦中、ナチス・ドイツ軍の指揮下に入り、ソ連からウクライナの独立を図りました。しかしナチスはウクライナ独立の約束を守らなかった。ウクライナ独立を勝手に宣言したバンデラは、ナチスに逮捕され、強制収容所に入れられた。もっとも１９４４年には釈放されてナチス・ドイツ軍と共にソ連軍と戦いました。さらにバンデラは、ユダヤ人やポーランド人の虐殺にも関与している。

ソ連時代のウクライナでは「ナチスの協力者」「テロリスト」と嫌悪されましたが、民族主義の台頭とともに「独立の英雄」と再評価されている。

こうした動きをプーチンはウクライナのネオナチと呼び、今回の侵攻につながりました。

ウクライナではアーカイブや歴史的な資料の保管もバンデラをたたえる団体が行ってい

るし、キエフ（キーウ）の「モスクワ通り」は「バンデラ通り」に名称が変わった。つまり国家として、ガリツィア史観を正しい歴史として管理している。皇国史観が、正統な歴史として世界中に流布されてしまっているんです。このあたりはマルレーヌ・ラリュエルという政治思想家が『**ファシズムとロシア**』（＊5）で詳しく書いています。

片山　ですが、識者はその前提には触れませんね。

佐藤　たぶん知らないのだと思います。ウクライナについての研究書や専門書もほとんどありませんから。駐ウクライナ日本大使を経験した人でも認識に大きなずれが見られます。

たとえば、外交官的な視座のもとウクライナ史を要領よく新書にまとめた人もいれば、まさにガリツィア史観に基づきロシアへの徹底抗戦を主張している人もいる。なかには、ウクライナ侵攻はユダヤ・フリーメイソンの陰謀で、プーチンははめられたんだと訴えている人までいて……。

片山　仮にドイツに駐在すると言っても、ドイツ帝国時代だったのか、1919年に発足して14年で崩壊したワイマール共和国時代か、ナチス・ドイツ時代だったか……。同じ日本の外交官でも、物の考え方や見方は大きく変わるでしょう。現代のウクライナでも似たような現象が起きているということですね。

佐藤　そう思います。専門的な訓練を受けた外交官たちにとっても、ウクライナは複雑で受け止め方が様々なんですよ。

　ウクライナが抱える問題を理解するにはウクライナ発のドラマ「国民の僕《しもべ》」を見た方がずっといい。ネットフリックスでも視聴できます。

片山　ゼレンスキー大統領がコメディアン時代に主演したドラマですね。見なければ、と思っていたのですが……。

佐藤　劇中で、２０４９年のウクライナは、ヨーロッパの最先進国に変貌しています。大学で、30年前の自国を振り返る授業をするシーンからドラマがスタートします。なかでも重要なのはシーズン３。ウクライナが28カ国に分裂してしまう。そこに、大統領に扮したゼレンスキーが登場して、ウクライナが救われる。

片山　現実を予見したようなストーリーですね。

佐藤　「国民の僕」では最後の最後までドンバス地方とガリツィア地方だけは一緒にならずに対立を続ける。いまのウクライナも、国が分解してしまうという、この恐怖感に支配されている。

片山 ゼレンスキー大統領の「最後の一兵まで戦う」という発言はドラマのセリフのようでしたからね。

佐藤 ゼレンスキー大統領自身は、主観的には、戦争を避けてウクライナの統一を維持したいと思っていたと思います。ところがシステムを動かした経験がない。そもそも彼の芸風は、志村けんさんの「バカ殿」なんですよ。彼の〝笑い〟は、まともな周囲の存在があって成立する。政治だってそうなんです。閣僚や側近の力を借りなければならない。実は、大統領のブレーンのほとんどは、このドラマの仲間や番組関係者たちなんですよ。

片山 ドラマに現実政治が飲み込まれてしまったわけですね。この30年間、ウクライナが目指した民主政治の帰結がそれだと思うと、皮肉ですね。

いま清水幾太郎がいたならば

片山 ロシアのウクライナ侵攻以来、核共有について語る識者が増えましたが、佐藤さんは核共有についてどうお考えですか?

佐藤　私は「ニュークリア・シェアリング」という核軍拡につながりかねない議論には反対です。いまの日本には2種類の平和ボケが蔓延している。1つは憲法9条があるから大丈夫という平和ボケ。もう1つが血なまぐさい戦場の現実も知らずに、核共有や核武装などについて勇ましく語る政治家やコメンテーターの平和ボケ。

片山　対極に位置するように見えますが、戦後平和主義がもたらしたという意味では根っこは同じかもしれませんね。

佐藤　日本の核共有の議論には、ねじれがあります。亡くなった安倍さんは、一見すると核共有の議論に前向きでした。しかし安倍さんは、核共有は不可能だと十分に分かっていた。一方で核共有や核開発は右派を引きつける強い切り札になると理解していた。だから自分たちのクライアントの支持を得るために核共有の議論を持ち出した。

片山　そうした老練な手管によって長年、コアなファンをつなぎ止めたんでしょうね。

佐藤　私もぜひ片山さんに核共有についてのご意見をおうかがいしたいと思っていました。以前、社会学者・清水幾太郎《いくたろう》が訴えた核所有について、お話ししていましたよね。

片山　はい、清水は1980（昭和55）年、オピニオン誌「諸君！」に「核の選択　日本よ国家たれ」という論説を発表しました。60年安保の際には「安保反対」の市民運動の先頭に立った清水ですから、大きな衝撃とともに受け止められました。社会主義寄りの知識人とみられていただけに、裏切り者のように扱う声もでました。しかし、冷静にみれば、彼の安保反対の立場とその発言には何ら矛盾はありません。自国の自主性や独立性を高めるには、自国の防衛を他国任せにすることに反対し、自国の軍事力強化に賛成するというだけですから。

日米安保がなくなるとしたら、日本の安全保障はどうなるか。日本国憲法の前文がうたうように「平和を愛する諸国民の公正と信義」に期待すれば無事に暮らせるのか……。リアリストの清水は甘い幻想を持っていなかった。ロシアのウクライナ侵攻でも明らかになりましたが、国際社会には、強き国が弱き国を挫《くじ》くという鉄則がある。きれいごとばかりでは生きていけない。

加えて、当時のアメリカ大統領だったカーターが弱腰で、ソ連の力が強まった時期です。そうした国際情勢のなかで、日本は経済大国としてのし上がっていった。清水は、日本も大国に相応しい規模の軍備を持ち軍事的なリーダーシップを発揮すべきだと考えました。

けれど、いまは日本の経済力も弱まっていますからね。清水幾太郎が生きていたとしても「核武装しろ」「核共有すべき」と積極的に言わない気がします。

いまの日本が強いポーズを取ると逆に反撃を食らう可能性もある。清水幾太郎なら、50年代に**『基地日本』**（＊6）を上梓した時期のようなスタンスを取ったでしょうね。その頃の清水は怯えるのが基本ですから。巻き込まれないために逃げの一手ということです。アメリカに追随して核戦争に巻き込まれるだけだ。だから弱い国として小さくなっていようと。

佐藤　説得力があります。リアリストである清水幾太郎と対極にいるのが、思想家・吉本隆明です。吉本隆明の**『「反核」異論』**（＊7）は怖い本ですよ。本気で核武装を考えている。

片山　本当ですね。吉本隆明は戦時中に理系の大学に進みました。彼の原点には、「敵を科学技術力で圧倒する」という戦中の発想がある。それに彼は科学や哲学、文学などのジャンルを横断した**『共同幻想論』**（＊8）という、ある意味で国家神話と呼べる物語も書いてしまう。

佐藤　いま生きていたら、核武装論を唱えて社会を惑わせていたかもしれません。

片山　とはいえ、現在のようなＳＮＳで拡散されるトンデモ論ではなく、有無をいわさぬ説得力と迫力があります。清水幾太郎にしても関東大震災で焼け出されて全財産を失った。吉本隆明も戦中派。危機が身にしみていますからね。彼らは根っこに酷い目にはもう二度と遭いたくないという思いがある。

佐藤　そうですね。戦争を知らない現代の日本人は、まず本当の危機とはいかなるものかを知る必要がある。火野葦平《あしへい》の『**小説陸軍**』（＊9）のような小説を読んだ方がウクライナの人々が置かれた状況を理解できるかもしれない。私には、ウクライナ戦争が泥沼化した日中戦争と状況が重なるんです。

片山　火野葦平の『小説陸軍』は幕末から日清、日露戦争を経て、日中戦争までを描いています。日中戦争がはじまった昭和12年から日本はどんどん変わっていった。大陸に出征した兵士が何年後かに故郷に戻ってくる。その繰り返しのなかで、日本社会全体が、すべての日本人が危機を共有していった。戦中に書かれた『小説陸軍』からは、そうした同時代の空気が伝わってきます。戦中の空気を知るという点では、第一次世界大戦のドイツ兵が主人公のドイツの小説『**西部戦線異状なし**』（＊10）もいい。

佐藤　映画なら吉村公三郎監督で昭和17年公開の「間諜未だ死せず」です。あれは日本軍による重慶爆撃から物語がスタートする。

片山　日中戦争がはじまってすぐに封切られた田坂具隆《ともたか》監督の「五人の斥候兵」も、生活実感としての戦争が描かれていた。そうした物語をたくさんの日本人が知っていさえすれば、ウクライナへの反応もずいぶん変わると思うのですが……。

佐藤　本当にそうですね。大正9年刊行の大ベストセラー小説『**日米戦争未来記**』（＊11）も、ぜひ読んでほしい。著者は、樋口麗陽という人ですが、ペンネームでおそらくは新聞社か通信社の幹部だと思われます。物語の舞台は20世紀後半で、国際連盟とそれに反対する国々で戦争が起きてやがて日米戦争に発展する。実際には、その20年後に太平洋戦争が勃発しますが、当時は多くの人が戦争という自国に迫る危機を実感していた。だから、ベストセラーになったのです。

片山　猪瀬直樹さんが『**黒船の世紀**』（＊12）で、過去に書かれた架空戦記や未来戦記を読み解き、アメリカとの戦争に進む日本社会を分析していますね。戦前に書かれた未来戦記を読んでみると戦争という現実に対して想像力がおよんでいたのがよく分かる。

現代の日本に話を戻せば、日本政府はウクライナに防弾チョッキを支援したでしょう。武器じゃないから送ってもいいという理屈でしたが、あれも平和ボケの発想でしたね。

佐藤　私はむちゃくちゃな解釈だと思いました。防弾チョッキは殺傷能力がないと言いますが、戦場での使われ方次第なんですよ。仮にどんな銃弾でも跳ね返せる防弾チョッキを装備した兵士が自動小銃を持てば、攻撃性は極めて高まります。

片山　岸田政権は、国際社会と足並みを揃えて防弾チョッキを支援したと話したでしょう。ソ連崩壊後から〝国際社会〟は、便利な言葉として使われてきました。しかし世界情勢のバランスが崩れたいま、国際社会とはなんなのか、という疑問が出てくる。

佐藤　イタリアのベルルスコーニ元首相は、ウクライナ侵攻を受け「ロシアは西側から孤立したが、西側は残りの世界から孤立した」と語りました。西側イコール国際社会ではないという指摘は本質を捉えている。

片山　最近、〝国際社会〟という言葉を聞くたび、私は第一次大戦後に近衛文麿が書いた「英米本位の平和主義を排す」という論文を思い出すんです。近衛文麿は、アメリカ、イギリスが主導する国際秩序に異議を唱えた。いまの国際情勢と似ています。中国、インド、アフリカ……と、あれだけの人口を抱える国々を含まない国際社会に意味はあるのか、という問題が露わになりつつある。

佐藤　ただし、現実には日本が、国際社会と協調しているとは必ずしも言えません。G7のなかで、日本だけがロシア機の飛行を制限していない。それにロシアの意向はともあれ、日本はサハリン1、2からは撤退する意思がない。さらにロシアに、入漁料を払ってサケ・マスを獲る仕組みを維持しています。

片山　なるほど。建前では、国際社会と協調するけど、現実はそうでもないと。ウクライナ侵攻後のロシアとの関係に備えて、保険をかけると考えれば、悪い話ではない気がしますが。

佐藤　見方を変えれば、岸田政権の機能不全がリスクを分散させたとも言えます。岸田総理の側近、経済産業省、国土交通省の間で対ロシアにおける調整が行われていないだけという可能性があります。

片山　戦前、戦中を想起させる状況ですね。当時も総理大臣の権限が弱かったから、内閣、議会、陸軍、海軍などが各々勝手に動いて統制がとれずに最後はバラバラに崩壊した。

佐藤　結果的に岸田政権の対ロ政策で保険をかけた形になっていますが、戦前もソ連に対する日本政府の姿勢は二面的でした。ソ連の駐在武官だった秦彦三郎が戦前に書いた『**隣邦ロシア**』（＊13）からは、ソ連への憧れが読み取れる。

片山　『隣邦ロシア』は当時、本当にたくさんの人に読まれました。石原莞爾《かんじ》のような日本をアジア、さらには世界のリーダーに押し上げたいという方向性を持つ人にとって、計画経済で強靱な国家をつくろうとするソ連は、魅力的なモデルに映ったのでしょう。

佐藤　計画経済を推し進める統制国家だったソ連は、プーチンが目指すロシアに近い。

岸田政権の対ロ政策で言えば、鍵になったのは3月1日に行なったプーチンへの個人制裁です。プーチンは日本に資産を持っていない。制裁を科しても実害がないから影響は少ないだろうと日本の外務省は考えた。でも、これが間違いでした。ロシア人の発想は違う。実効性がないにもかかわらず、制裁を科すのは嫌がらせだと受け止める。岸田にケンカを売られたと。その答えが、平和条約交渉の停止であり、岸田さんの入国禁止です。

片山　岸田政権は安倍元首相の国葬にプーチンの参列を認めませんでしたが、発足当初から弱腰で何を目指しているのか分からないという批判があります。

佐藤　岸田さんのやりたいことは、1つだけはっきりしているんですよ。それが、菅政権よりも1日でも長く権力を維持すること。そのために、支持率があがることならなんでもやる。

片山　そう考えると岸田政権の行動原理も説明できます（苦笑）。

安倍元首相の葬儀ではプーチンから弔電も届きました。安倍政権下なら、プーチンとの個人的な関係もあり、対ロ政策もかわっていたのでしょうか？

佐藤　2014年のクリミア併合と似た対応になったと思いますよ。ウクライナは日本と離れていますが、国際社会も日米同盟も大切だからその範囲でお付き合いしますよ、と一定の距離を置いた。安倍政権下なら、プーチンへの個人制裁はなかったはずです。

絶対的貧困の時代に突入

片山　クリミア併合は、日本人の暮らしにさほど影響を与えませんでしたが、ウクライナ危機は違います。いまはまだ「ウクライナの小麦が輸出されなくても日本にはさほど影響はない」と高をくくっているようですが、生活にも直接的な影響が出はじめている。日本経済も相当なダメージを受ける可能性がある。

佐藤　同感です。この4月は輸入小麦が17・3%値上がりしました。秋にはウクライナ危機の影響でさらに値上がりする。あんパン250円、カップ麺300円、ラーメン1000円という生活が現実になるかもしれません。

片山　日本は何度も食糧危機に直面してきました。それなのに、ラーメンが1000円に値上がりしないと危機を感じられないんですね。食べ物がなくなってはじめて、自分が置かれた危機に気づく。ひどい平和ボケです。

佐藤　いままで日本で問題になっていたのは、相対的な貧困でした。でも、今後は物を食べられない絶対的貧困の時代に突入するでしょう。

たくさんの人が貧しくなって疲弊してしまっている。その文脈で注目しているのが、臨床心理学者の東畑開人さんが書いた『**なんでも見つかる夜に、こころだけが見つからない**』(＊14)です。新自由主義の時代には、大きな船がない。みんなそれぞれ小舟に乗って進もうとするんだけど、個々の力には限界があってボロボロに疲れ果ててしまう……。彼の小舟論を読んで、これは心の逆襲だなと感じました。

心を見つめようという動きは日本では70年代の終わりからはじまりました。ユング心理学が広まり、文学では村上春樹が読まれた。その反動がオウム真理教です。

片山　心とは何か。突き詰めた結果、カルトに向かっていったわけですよね。ただ当初は狂気や攻撃性に気づいている人は少なかった。一般的には神秘主義的でオカルト、超能力をウリにする平和的な団体という認識だった。その影響もあり、事件の反動が大きかったとも言えますね。

佐藤　だからオウム事件後、心に代わり、脳科学が一気に優勢になっていったんです。心の動きは脳の作用で起こるという理屈です。ただソビエト心理学を想起するから、私はどうしても脳科学に対する違和感が拭えない。ソビエト心理学では、脳を操作することで、人間の行動や社会そのものを変えるでしょう？

片山　パブロフの犬ですね。

佐藤　そう。そして、危機の時代になり、再び心が注目されている。

片山　佐藤さんが冒頭でご指摘になった情報過多の社会で疲弊を避けるための「順応の気構え」にも通じる問題です。ハーバーマスは、コミュニケーション的行為の重要性を強調しました。でも私は疑問なんです。ハーバーマス自身が指摘する、なんでも「そうなのか」と受け止める「順応の気構え」が起きる資本主義最終末に、コミュニケーションは可能なのかと。

小舟で生きていこうにも心が保たない。どんどん貧しくなっているのに、セイフティネットが機能していない。そんな時代に果たして人同士のコミュニケーションが成り立つのか。理性が機能する足元は教育とコミュニティでできると思うのですが。そこが壊れているのにコミュニケーション的行為といっても……。

安倍元首相を殺害した山上徹也にしても、統一教会に傾倒し、全私財を投じた母親との確執が重要な動機とされています。信仰にすがるしかなかった母親がいる。その母親に苦しめられて、経済的に追い込まれて、教育による自己実現を阻まれた息子がいる。そういう母子の問題に、脳科学の話をしてもしようがない。そこまで追い詰められた心とその心をまったく救わない現代日本の大構造の問題があるばかりでしょう。

佐藤　そう思います。しかも山上容疑者が抱える問題を解決する民主主義なる回路（法手続きやメディアを通した告発）が機能しなかった。そこで旧統一教会と近いと山上容疑者が思い込んだ安倍元首相の殺害に及んだのです。

イギリスでは『**ボブという名のストリート・キャット**』（＊15）というノンフィクションがベストセラーになり、映画化されました。日本も近い状態なのではないかと思うんです。青年が路上生活に落ち、誰ともコミュニケーションがとれなくなってしまう。ある日、猫を世話しはじめたら、人とのコミュニケーションも回復し、薬物治療もうまくいくようになる。あの物語は猫を描いているようで、実はイギリスの……いえ日本も含めた先進諸国が直面した社会的な問題を突きつけてくるんです。人はホームレスは相手にしないけど、猫ならかわいがる。猫を媒介にして最低限の暮らしから這い上がる。猫を肩に乗せるだけで稼ぎが3倍になるそうです。

片山　別の見方をすれば、猫の力を借りないと這い上がるチャンスもない。猫を媒介にしたセーフティネットという虚妄《きょもう》にしか希望を見いだせない末期的な社会と言えるのかもしれませんね。

佐藤　そう思います。日本では、ペットがいると受給資格があっても、生活保護を受けられないケースがあるそうです。窓口に行くとペットを処分しろ、と言われる。しかし家族同然だから手放せない人もいる。生活保護制度には、ペットを飼ってはいけないという規則はないのですが、窓口が勝手に判断しているんです。そこで、雨宮処凛《かりん》さんが立ち上げた反貧困ネットワークでは「反貧困犬猫部」をつくってペットを飼う貧困世帯を支援しているそうです。

片山　イギリスでは猫をきっかけに社会復帰できたのに、日本では犬猫もあてにできない。絶対的貧困に限った話ではありませんが、いまSNSを見ると犬と猫の画像ばかりでしょう。人間はあてにできないから、犬や猫との紐帯《ちゅうたい》しかすがるものがない。SNSにあふれる犬や猫の動画や写真が人間同士のつながりが断絶した社会を象徴しているようにも見えます。

佐藤　社会に経済的な余裕があれば、まだ人同士のつながりやコミュニケーションを維持できたはずですが……。日本が確実に貧しくなっていると改めて突きつけたのが、最近見た「東京ラブストーリー」です。

片山　昔、鈴木保奈美が主演したドラマですか？

佐藤　そうです。１９９１年版と２０２０年版を見比べてみたんです。91年版ではレストランやカフェバーで飲んで、スポーツカーに乗り、幼稚園教諭が１ＤＫのマンションに暮らしていた。20年版では、それが家飲みに変わり、クルマは普通車、住まいはカンカンアパート。

片山 ドラマのリメイクが30年の衰退を描き出してしまったわけか……。現実がドラマを超えてしまったと言えますね。

佐藤 まさにそう。だって小室圭さん・眞子さん夫妻の物語を超えるドラマや小説なんて出てこないでしょう。

片山 かつて国民は、天皇家に理想の家庭を投影したわけですが、現実社会で賃金が上がらずに結婚できず、子供もつくれず、核家族すら成り立たない時代になった。そんな状況で、家族の模範として天皇家を持ち出されても、リアリティがない。最後の最後に川が決壊して、家族の幸せの象徴だった家が流されてしまう、山田太一脚本のドラマ「岸辺のアルバム」を思い出しますね。

佐藤 その意味で、秋篠宮家は典型的な日本の家族とも言えます。娘が親に逆らって、家を出てしまった。

片山　小室夫妻は皇室の幻影を完全に崩し、国民を支えてきた天皇の物語の限界を国民に知らしめたということですね。

佐藤　小室夫妻は日本の歴史を変える大きな働きをしました。片山先生と平成の30年を論じた共著**『平成史』**（＊16）でも天皇制の問題については、散々論じてきました。平成の時代、天皇は人々の心に「無意識化」していると言いました。天皇が当たり前の時代になって、「譲位」に際しても、マスコミがいくら喚起しても、国民の間で天皇制を本格的に考えるような展開にはなりませんでした。ただし、無意識化はすなわち希薄化しているというわけではなく、日本人の心の中に入り込んでいると感じていました。

しかし、令和に入り、思わぬ形で無意識化されていた天皇問題が可視化されつつあります。

片山　天皇制はこれからの日本に本当に必要なのか。いよいよ国民が考えはじめましたからね。

佐藤　ええ。国民の規範となるべき皇室が役割を果たせなくなってしまった。秋篠宮家の問題は、確実に兄の天皇家にも波及します。戦前とは程度は違えど、戦後も日本人の精神を支えていた天皇制という仕組みは今後、岐路に立つように思います。

現実問題としては日本人は絶対的貧困も避けられない……。日本は、これまでにない危機にあることは間違いありません。

片山　それでも日本は大丈夫と思っている人は少なくない。すぐそこに近づく危機を感じられない——それが、令和日本における最大の危機なのかもしれません。

（対談構成／山川徹）

特別対談ブックガイド

＊1『**後期資本主義における正統化の問題**』――国家が市場に介入する後期資本主義の時代において、政治・行政システムが経済システムの危機に対処不能となる。そして大衆の忠誠を維持できなくなるという「正統化の危機」を分析したハーバーマス、1973年の著。山田正行・金慧訳の岩波文庫は2018年刊。

＊2『**皇国史観**』――明治時代、日本は天皇を中心とした近代国家を目指した。そのよりどころとした日本のアイデンティティと歴史を理論づけた皇国史観とはなんだったのかを問い直した片山杜秀の著。水戸学や明治憲法、南北朝問題、民俗学、網野史学など日本の思想史を横断し、解説する。文春新書、2020年刊。

＊3『**国体の本義**』――日本の国体の正統性に関する解説書。『古事記』や『日本書紀』にもとづき、天皇の支配する日本の特殊性や優位性、天皇への服従を説く一方で、社会主義や共産主義、個人主義などの近代の西洋思想を激しく批判した。1937年に文部省が刊行し、教科書などに用いられた。

＊4『**日本二千六百年史**』――日中戦争から太平洋戦争へと進むなか、アジア主義、日本精神復興を唱え続けた大川周明の集大成。1939年の発売後、軍部や右翼の一部からの批判を受け、翌年改訂版を刊行。さらに戦後、GHQにより、追放図書に指定された。2017年に毎日ワンズより、復刊。

＊5『**ファシズムとロシア**』――欧米主導の国際秩序へ反発し、ウクライナ侵攻、クリミア併合をはじめ旧ソ連の周辺諸国に対して軍事的圧力をかけ、「ファシズム国家」とのレッテルが貼られるプーチン政権の構造と地政学的戦略を解説する。東京堂出版、2022年刊。著者はフランス出身の国際政治思想家、マルレーヌ・ラリュエル。

＊6『**基地日本**』――猪俣浩三、木村禧八郎、清水幾太郎らが編著者に名を連ね、北海道・千歳基地、東京都・立川空軍基地、広島県・呉基地、山口県・岩国基地など日本各地の米軍基地のルポや、基地の問題点が平和運動や経済、農業、漁業教育など様々な観点から論じられた。副題は「うしなわれいく祖国のすがた」。和光社、1953年刊、絶版。

＊7『**「反核」異論**』――1980年代に日本で大きく盛り上がった反核運動に賛同する文学者や評論家が多いなか、著者の吉本隆明は反対すべきは広島、長崎以降に犠牲者が出ていない核兵器ではなく、いまも死者を出し続ける通常兵器であると猛批判した。深夜叢書社、1982年刊、絶版。死後の2015年には『「反原発」異論』が論創社より刊行されている。

＊8『**共同幻想論**』――国家の起源となった共同の幻想を、評論家の吉本隆明が禁制論、祭儀論、母制論など11の幻想領域として追及する。自己幻想、対幻想、共同幻想という3つの構造的な軸で解明し、新たな論理的枠組みを提言する、1968年に刊行した「戦後思想の巨人」の代表作。改訂新版の角川ソフィア文庫は2020年刊。

＊9『**小説陸軍**』――日本帝国陸軍を、ある家族の視点で活写する大河小説。高木家の初代は長州藩の奇兵隊に入隊。以来、三代にわたり、日露戦争、太平洋戦争へとかかわっていく。約70年におよぶ陸軍の歴史を著者の火野葦平の体験をもとに、軍隊生活の底辺を支えた兵士たちの視点から描く。初版は1945年、朝日新聞社刊。

＊10『**西部戦線異状なし**』――1918年夏、戦場は砲弾、毒ガス、疫病に苦しむ兵士たちに埋め尽くされるにもかかわらず、軍司令部への報告は「西部戦線異状なし」。著者レマルクの出征経験を通して、第一次大戦における兵士たちの生と死を描き、世界的反響を呼んだ名作。新潮文庫、1955年刊。

＊11『**日米戦争未来記**』――大正期にSF架空戦記を数多く手がけた樋口麗陽のベストセラー。19世紀末、日米戦争が勃発。開戦後、主力艦隊を失った日本は、空中軍艦などの3大新兵器を発明するが、米軍の本土急襲には間に合わない……。1920年、大明堂書店刊、絶版。2013年に佐藤優氏が現代語で描き直した『超訳 小説日米戦争』（ケイアンドケイプレス）を刊行。

＊12『**黒船の世紀**』――戦争にいたる空気はいかに醸成されたのか。数多の「日米未来戦記」から読み解いた日米開戦秘史。黒船以後の「外圧」と戦争を後押しした「世論」を、日露戦争以後、多数出版された「日米未来戦記」と周辺取材から炙り出した、作家・猪瀬直樹の代表作。角川ソフィア文庫、2017年刊。

＊13『**隣邦ロシア**』――著者の秦彦三郎は、1920年代から30年代にかけて2度にわたりソ連駐在武官をつとめる。内実が知られていなかったソ連を観察し、経済、農業、メディア、軍事工作や軍事教育から、進学、仕事、恋愛、結婚などの市民生活にいたるまでつぶさに記録し、ベストセラーになる。斗南書院、1937年刊、絶版。

＊14『**なんでも見つかる夜に、こころだけが見つからない**』――現代は自らを鼓舞し、コントロールすることが重要視される時代で、それは自分を孤独へと追いやるのではないか。「自分の助け方」や「人生の幸せ」があるのではないか。著者の東畑開人が臨床心理士としての経験をもとに記した著。新潮社、2022年刊。

＊15『**ボブという名のストリート・キャット**』――路上生活、薬物中毒……夢に破れ絶望のなかにいた青年は、茶トラの野良猫ボブと出会い、支え合うことで人生を変えていく。ホームレスと野良猫の心温まるノンフィクション。世界28カ国以上で翻訳出版され、映画も全世界的に注目を集めた。2013年、辰巳出版刊。

＊16『**平成史**』――平成の30年間に何が起き、なぜ起きたか。同時代に生きる佐藤、片山両氏が、政治、経済、事件、文化を縦横無尽に語り尽くした。バブル崩壊、オウムテロ、2度の大震災、安倍一強……。時代を通覧することで平成史30年間の因果を読み解いた1冊。小学館文庫、2019年刊。

本書は、「ＳＴＯＲＹ ＢＯＸ」の連載（２０２０年６月号〜２０２２年３月号）を加筆修正したものです。書籍化に際して、片山杜秀氏との特別対談を新たに収録しました。

佐藤 優［さとう・まさる］
1960年東京都生まれ。同志社大学大学院神学研究科修了後、外務省に入省。在イギリス大使館勤務、在ロシア大使館勤務を経て、外務省国際情報局で主任分析官として活躍。主な著書に『国家の罠』（毎日出版文化賞特別賞）、『自壊する帝国』（新潮ドキュメント賞、大宅壮一ノンフィクション賞）、『十五の夏』（梅棹忠夫・山と探検文学賞）など。

危機の読書

二〇二二年 一〇月四日 初版第一刷発行

著者 佐藤 優
発行人 石川和男
発行所 株式会社小学館
〒一〇一－八〇〇一 東京都千代田区一ツ橋二ノ三ノ一
電話 編集：〇三－三二三〇－五九五九
販売：〇三－五二八一－三五五五
印刷・製本 中央精版印刷株式会社

Printed in Japan ISBN978-4-09-825436-1